吴国平操盘论道五部曲系列丛书

跳入权证与期货（心理）

知名私募基金经理
用心之作

吴国平◎著

SPM
南方出版传媒
广东经济出版社
·广 州·

图书在版编目（CIP）数据

操盘论道升华曲．跳入权证与期货：心理：2.0 版/ 吴国平著．—广州：广东经济出版社，2016.8
（吴国平操盘论道五部曲系列丛书）

ISBN 978－7－5454－4715－6

Ⅰ.①操…　Ⅱ.①吴…　Ⅲ.①证券投资－基本知识　Ⅳ.①F830.9

中国版本图书馆 CIP 数据核字（2016）第 169684 号

出 版 人：姚丹林
责任编辑：易　伦
责任技编：许伟斌

出版发行	广东经济出版社（广州市环市东路水荫路 11 号 11～12 楼）
经销	全国新华书店
印刷	广东省农垦总局印刷厂（广州市天河区棠东横岭三横路 11－13 号）
开本	787 毫米×1092 毫米　1/16
印张	14.75
字数	214 000 字
版次	2016 年 8 月第 1 版
印次	2016 年 8 月第 1 次
印数	1～4 000 册
书号	ISBN 978－7－5454－4715－6
定价	39.00 元

如发现印装质量问题，影响阅读，请与承印厂联系调换。
发行部地址：广州市环市东路水荫路 11 号 11 楼
电话：（020）38306055　37601950　邮政编码：510075
邮购地址：广州市环市东路水荫路 11 号 11 楼
电话：（020）37601950　营销网址：http://www.gebook.com
广东经济出版社新浪官方微博：http://e.weibo.com/gebook
广东经济出版社常年法律顾问：何剑桥律师

作者简介

主要成就：

2006 年 5 月，被媒体评价为奥运版“牛市宣言第一人”。

2006 年 9 月初至 10 月底，以两个月超 150% 收益的成绩在“操盘纪实”大赛中夺得冠军。

2007 年，被《理财周报》评为“2007 中国理财年度人物”。

2008 年至 2009 年，完成了《吴国平操盘论道五部曲》经典操盘书籍体系。

2009 年开始，成为各大知名高校投资研修班的主讲讲师或首席讲师，同时开始正式培养第一代贴身弟子。

2010 年 12 月，被“中欧国际工商学院”邀请为其学员做演讲，并在 2011 年 4 月初成为在中欧工商学院做深度授课的最年轻的学者，获得高度好评。

2012 年，被《证券日报》评为“最靠谱”基金经理。

2013 年初，其期货实战成绩在半年内获得超 10 倍的骄人收益率。

2014 年，新浪财经专栏评论，其证券准确率和前瞻性达到九成以上，实战成绩首屈一指。

2015 年 10 月，《吴国平对股市的六大思考和出牌救市建议》获得北大商业评论“我为证监会支招”有奖征文第一名。

2015 年，参加《大众证券报》和财信网第二季度荐股大赛，以“26 个交易日涨幅 107%”的收益赢得第一名。

2015 年，在水晶球财经网，连续三次获得选股冠军。

2015 年，在金融界旗下爱投顾大师赛中拿下个人赛和名人赛双料冠军。

2016 年，开始实际落地打造最亲民私募孵化和最干货供应平台“私募国中岛”，并开通微信公众号：私募国中岛。

已经出版的书籍：

2010年2月，吴国平操盘论道五部曲系列丛书——《看透F10》《把握价值》《抓住形态》《看穿盘面》《跳入权证与期货》。

2010年8月，吴氏赢利系统——《期指攻略》。

2011年5月，操盘论道五部曲浓缩版——《主升浪》。

2011年7月，吴国平实战操盘大讲堂系列丛书——《看透分时图》《市场与个股的心理博弈》《看穿主力思维》《量能与均线》《透过F10挖掘牛股》。

2011年10月，主力操盘案例系列丛书——《主力选股策略》《主力建仓策略》《主力拉升策略》《主力出货策略》《主力全局运作策略》。

2013年3月，吴国平、陈旭师徒二人合著——《寻牛——如何挖掘投资主线》。

2014年3月1日，《150万到1亿：操盘手日记第一季》。

2014年5月15日，《短线金手：私募实战赢利系统剖析》（吴国平、陈旭）。

2015年5月1日，《短线金手：涨停狙击战法深度解密》（吴国平、陈旭）。

2015年7月到8月，《主力出货策略》《主力选股策略》《主力拉升策略》《主力建仓策略》《主力布局策略》（吴国平）。

2015年11月，《"大海日出"操盘实录：吴国平团队培养成功启示录》。

未来，我们坚信，做到极致就能创造奇迹。一切将拉开新的篇章，期待一起开启下一路口的奇迹……

新浪微博：吴国平财经

个人微信公号：财经听国平

平台微信公号：私募国中岛

联系邮箱：wgp168@vip.163.com

再版序一

厚积薄发：五部曲跨越6年多的思考

《吴国平操盘论道五部曲》是我经历了2006到2007年这两年的大牛市后，在2008—2009年写成的，更多是在休息、沉淀后期的2009年写的，然后在2010年正式出版。

至今跨越了6个年头，这6个年头，世界变化不小。记得那时候，还没有微博、微信，当时最流行的是博客，现在微博和微信成了主流，视频直播等也渐渐发力。世界变化极其迅速，让你有点目不暇接。

或许也正是如此，近几年市场的行情变化也显得极其迅速——2015年上半年的牛市，2015年下半年的崩盘，来去都是如此急速。

时代虽然在急速变化，市场也随着变化万千，但对于投资的本质而言，其实一直都没变，你能否挖掘到牛股的关键因素，依然是相通的。技术的研究方法和思考逻辑，本质是没有太多变化的，更多的只是小的、局部的方式方法随着市场的变化进行一定的完善而已。

因此，回头去看这套"操盘论道五部曲"，本质的东西其实依然是相通的，只是现在环境有所改变，局部、细分的东西需要与时俱进而已，但对于思想本身，过去的依然具有相当的价值。甚至可以说，如果现在重新再写，未必能沉淀出过去的那种思想，现在的思想更多的是在过去的基础上，进行各种完善和提升。

接下来，我要透过视频教学的方式，让它的价值更好地绽放出来。当然，我觉得这对自己也是一种总结、一种梳理。过去的思想我需要温故知新，需要结合最新的市场状况，以更好的方式展现在读者面前，让我们一起继续成长、前行。

过去的书，我们不会做太大的修改，尽可能保持原来的风味，因为它具有穿越时间的思想价值，也是最好的基础教材。所谓经典，就是尽可能地保持原汁原味。

美国很多关于技术分析的书籍，再版无数次，历经几十上百年而经久不衰，关键就是其内在的思想价值能够穿越时间。这里，不谦虚地说，我觉得我的思想也有那样的价值。

记得在2010年出版这套书籍的时候，我就提出了一个理念，那就是金融文化的理念。现在回头来看，至少在资本市场，应该说，我是属于那种非常有前瞻性的人，可以不夸张地说，也应该是提出这理念的第一人吧。

记得当时自己还特意成立了一个文化公司，构建大格局出版中心，为的就是更好地把我的一些金融文化理念能最终一项项落地。但是，当时的环境对这块是没有概念的，也是不热衷的，所以，一直在具体落实上很难执行，做得不尽如人意。

现在环境变了，流行的载体变了，要实际落地并做好它的基础有了，剩下就看你怎么去做了。

我正在做过去出版的所有书籍的教学视频，其实，就是为了我的金融文化梦能最终落地、生根、发芽，这是我一直怀有的执着情怀。

多年来，我坚持每年都出版几本书，至今已出版了差不多30本，准备出版的书籍还有20多本。可以不夸张地说，资本市场做私募的人群里，我们的书籍出版是做得最好的，细分市场我们是第一名。未来我们要继续扩大这种优势，直至最终实现我的金融文化产业梦。

在至少6年的时间里，收到很多读者表达感激和感谢的来信，微博上也有很多留言对我所出书籍的肯定，这是能够持续下来的一种动力。毕竟，书籍本身所创造的经济效益是根本没法跟资本管理所创造的经济效益相比拟的，之所以能坚持至今，除了自己内心的喜好和情怀外，更多的是读者的支持和鼓舞所带来的动力。

另外，在这6年的时间里，我也培养了一些人才。从我刚出版书籍开始，跟随我一直成长的人才不下6个，这6个人为我们的金融文化更快地展开、更好地推广、更深入、更落地打下了坚实的基础。毕竟，任何事情只靠一个人是很难做出多大成绩的，但只要是一个不错的团队，厚积薄发，在某个时刻所带来的能量绝对是惊人的。

与此同时，全国各地受我书影响的职业投资者也很多，在私募行业的人也深受我书籍思想的影响。我深深感受到，更大的使命将摆在我前面，没错，那就是打造一个平台——最亲民的私募孵化平台，最强大的干货内容供应平台，这不就是我要做的吗？2016 年，我把酝酿了几年的私募国中岛想法逐步落地。私募国中岛就是一个平台，一个最亲民的私募孵化和干货供应平台。“私募国中岛”也是我们的微信公众号，一切都将从这里全面展开。更光明的未来必将在远处等着我们。

煜融投资董事长
私募国中岛岛主

“私募国中岛”（微信公众号：smgzdao）是最亲民私募孵化和最干货供应平台。

再版序二

让我们成为你的引路人

这是我们的再版书，虽然对其中的内容有部分更新，但就算不更新，经典依然是经典，对于新读者而言，其价值依然是非常突出的；对于老读者，更多的是温故而知新。

为了让更多读者能够更好地去理解书中的内容，我们结合市场各种工具的变化进行了新的尝试，也有了新的突破。过去读书，有了教材，但还需要名师来指导，才能更快更好地吸收书中的内容，完成蜕变。读者都希望作者能够亲自授课，互联网时代提供了这种可能，线上视频教学就是我们未来要给予大家的增值服务。

未来我们将拿原来在线下各知名大学比如中欧商学院、中国人民大学、浙江大学、广东金融学院等花高价上课的内容，搬到线上来，几万元的课程内容将转变为几千几百元甚至免费。我们将开辟网络视频教学，围绕我们的书籍，为读者做好增值服务。

视频教学，将结合市场最新的动态案例来阐述知识点。书就是教材，虽然书中的案例是旧的，但对于明白要点不构成任何阻碍，同时再结合网上的最新案例及我们视频上的讲解和点拨，读者思想上的突破是必然的。所以，不论是老读者还是新读者，在学习的过程中，最好加入到我们的视频教学中来，以帮助自己更好地提升和突破。书是静态的，我们的教学是结合市场而发的，是动态的，价值可想而知。怎么加入？很简单，请关注我们微信公号：私募国中岛！不论你是新读者还是老读者，只要认购了这本书，我们都将免费送你一集线上的视频教学课程。

什么是私募国中岛？简单一句话来概括就是：最亲民的孵化平台和最干

货的供应平台！这本书是敲门砖，一块敲开证券市场本质的敲门砖，希望我们成为你最好的引路人……

煜融投资董事长

私募国中岛岛主

“私募国中岛”（微信公众号：smgzdao）是最亲民私募孵化和最干货供应平台。

序一　行在资本市场中

我和国平认识，是在万科公司组织的一次活动中。从认识而相识，从相识而相知，从相知而相惜，毫不避讳地说，我对国平的喜爱可谓与日俱增。

国平是那种少见的胸怀大志、脚踏实地而又朴实无华的孩子。这样的孩子，即便像我这样阅人无数的老江湖，一辈子也都见不到几个。这样的孩子，即便像我这样素来以挑人毛病为乐的坏人，也会打心里喜欢。

呵呵，这样的孩子，注定会成为事业和命运的宠儿。如果你信上帝，那你当然应该相信上帝是公平的！所以，我不会神秘兮兮地说，国平，你养得一副美髯，相貌不凡，准保大成！所谓性格决定命运也是谬误，品格才真正决定命运。

胸怀大志方能胸襟开阔、为天下先。脚踏实地才能早点从梦想中醒来，进而去实现梦想。朴实无华才能海纳百川、凝聚团队。有此三样品格，好比怀有三样宝器者，想不成功都难！就算经历挫折，挫折也是肥料，可助东山再起。

呵呵，前面说的是国平之为人。现在要说一下其文。所谓文如其人，“我手写我心”，摆在案前的《吴国平操盘论道五部曲》系列丛书，既是国平的心血之作，又是其人格的表现，是浮躁的书市上不可多得的佳作。

先说胸怀大志（胸襟开阔、为天下先）这一条。时至公元2010年，江湖上已尽人皆知，股指期货的推出在中国已是倒计时。这意味着中国资本市场将深度市场化以及越来越国际化。股指期货并不改变股市的长期趋势，但一经推出，股市波动将大大加剧，如国平书中所讲，一月之内收益翻倍或全部赔光是完全可能的事情，这对散户的操作水平将是极大的考验。中国股市的游戏规则一旦变化，赢家输家也将重新洗牌。过去，股神说过“退潮时才知道谁没穿裤子”，其实，大浪时也将抛出一批没穿裤子的。在大浪来前，认真学一点操盘之道，穿上游戏裤，积累重新下海游戏的本钱，实在是最重要的事情。国平的书，可谓是面向中国新资本时代的先锋之作。

再说脚踏实地这一条。遍览国平的书，你会发现尽是他自己的操盘心得。他从业的每一步都是踏踏实实走下来的，而他的书也是这样认认真真、一步一步写下来的。没有空洞的理论，全是实战的功夫；没有陈腐的见解，全是智慧的珍珠；没有对洋人的崇拜，没有引经据典卖弄知识，全是实实在在、招招见血的经验。想要学真本事，而不是徒得谈资的人，一定要读读国平的书。

再就是朴实无华这一条。读国平的书以及接触他的为人，你会发现他骨子里有一种不服输、不屈不饶的精神，但实在难得的是，他又很谦卑，对人不卑不亢、对市场深怀敬畏。他的文字，则潇潇洒洒，娓娓道来，全无一丝的造作，有些地方，甚至透着孩子般的透明和挚诚，让我乐不可支！如果你喜欢一位坦诚、赤诚、性如明月的朋友，那你一定会喜欢国平的书，并且有可能成为他的朋友（至少是通信朋友）。

国平的书是一个完整的系列，既有谈如何把握股票内在投资价值的，又有谈市场趋势以及盘面信息的，还有详细介绍如何理解F10奥秘的，更有介绍权证与期货操作的。可以说，这是一套中国股市实战操作的百科全书。一卷在手，仔细精研，一定会大有心得，至少可习得驾驭中国股市的本领，甚至于摩拳擦掌、跃跃欲试。

我真的很高兴看到一批行在中国资本市场中，与中国资本市场共同成长的中华宠儿。原因很简单，我偏激的骨子里是不相信海外投行尤其是西方投资银行家的。我认为中国经济未来最危险的就是走上日本式泡沫经济的道路，而中国财富最危险的敌人就是海外金融机构以及投资银行家。此外，国人还知道，落后就会挨打，而中国最需要锻炼出本领来避免挨打的领域不是军事，而是金融，特别是资本市场领域。因这个缘故，我特别盼望着包括国平在内的中国一代土生土长的投资金融家们兴起，御敌于国门之外，保护好父辈们通过改革开放辛辛苦苦数十年创造起来的财富。

是为序！

北京科技大学经济管理学院教授　赵晓

序二　真诚自见风流

国平兄的大作终于在两年的期待中呱呱坠地了，厚厚的五本书，着实是近年证券类书籍鲜见的大手笔，由衷恭喜他。

和国平相识，纯粹属于神交，或者说是一种情怀。

2007 年大约 10 月份的时候，那是《理财周报》刚创刊三个月的时候，一切都显得如此生涩和吃力。而对刚刚转行的我来说，资本市场几乎是一片深不可测的黑洞，那时我还是一个记者。

那时候盛传股指期货即将推出，市场正是疯狂得火上浇油的时候。在某周的周一例会上，副主编罗老师谈及此事的时候，突然神情严肃地扫了一圈会场说，我周末的时候在深圳跟吴国平喝了一次茶，他说再这么下去，股指期货是“80 后”翻身唯一的机会了。

一语惊醒梦中人。

当时股指正在驶向 6000 点的高速路上一路狂奔，对绝大多数依旧一贫如洗的“80 后”来说，百年一遇的股市机遇已经绝尘而去——也正是如此焦灼的情绪使得为数众多的“80 后”成为 6100 点最顽固的站岗者。我清楚地记得，当时不少媒体都报道了在各大校园中小股神正雨后春笋般地冒出来。

但这是极不正常的。吴国平这句话突然让我的“80 后”同事感到的是荒谬、绝望和恐慌。

吴国平是谁？我问老罗。

江湖人称“少帅操盘手”，曾经以前瞻性预测 2007 年大牛市而名动华南私募圈，重要的是 1980 年生。

这让我心生疑惑，此人到底有什么三头六臂的能耐，竟能若此？

从那以后，理财周报资本市场版的稿件中开始不断出现吴国平的小专栏，或者理财周报记者的采访言论。我记得我们曾经策划了一期《鬼K线股票》，一时洛阳纸贵，其中跨版的十大“鬼K线”股票点评，就是我请吴国平操刀的，那是我第一次拨通他的电话，电话那边一个劲的说：“没问题没问题，好的好的。”古道热肠，诚以待人，这就是国平，也是他这套书区别于其他书籍的最重要品质。

直到今天，我们的资深记者张伟湘，动不动就抓起电话：“喂，吴老师吗？哦，那个你怎么看今天的大盘啊，暴涨啊……”

如果说，“80后唯一机会论”和“鬼K线”，是我对国平的前两个深刻印象的话，最深刻的印象应当是一只股票——海信电器。在这个股票的判断上，充分体现了他的投资功力和哲学。

尚在2008年8月的时候，我们做过一期市场策略的采访，采访了多位知名市场人士，也询问了他们看好什么公司，其他投资家推荐的公司到现在我已经完全失去了印象，唯独记得国平看好的公司。他说：“我看好海信。”

这个说法显得十分标新立异，甚至有点怪异，因为家电板块被边缘化已经非常之久了，而海信也看不出有什么利好的支撑。他说：“我看好它的未来。”

曾经因为这个事情，有热心读者打电话给我，说国平曾经“忽悠”过他关注海信电器，但是一直不涨，他被搞烦了，也根本不知道是因为什么。老实说，那时候我也是不清楚，我对那位读者说，我们等着时间来验证吧。

而现在，我们都应该知道答案了。

一直到后来我接管了《理财周报》资本市场部的工作之后，我才与国平真正谋面，也才把这个压了很久的疑问抛出来。他说：“我做了这几件事：去公司调研，看公司高管的作风和战略，看他们对ST科龙的处理方式，研究股权激励实施，研究F10尤其是他的液晶项目运行状况，最后我发现这家公司很健康，很清晰，厚积薄发。”

就这么简单。够了。这是很多基金经理没有做到的事情。

他从大学就开始操盘，历经数次牛熊波折而未灭，青涩过、莽撞过、浮躁过、绝望过，但却没有走入歧途，心态越来越宽和，投资手法越来越大气，智慧也越来越纯熟。

而现在，他把他这几年的想法和经历一并奉献给了读者，我想说的是，这是一本跟资本市场平行的书，来自于市场又回到了市场，与市场血肉相连。他没有像很多“技术派大师”那样写神功秘笈，玄之又玄，凌驾于市场；也没有像“江湖骗子”那般东拼西凑、投机鬼吹。

他以五部曲的规模，系统地阐释了他的投资哲学。他的哲学一点都不复杂，稍微有投资知识的人都能读。整套书娓娓道来，只说他切身的体会，说人心的沉浮。

这套书的规模和结构，的确是开创了一个新的历史标记，对诸多细节的铺写让人身临其境，平凡中贮藏着真知灼见。而我觉得最为重要的是，我从书中读出了难得的真诚，真诚自能动人，真诚自风流。

祝国平成功！

《理财周报》首席编辑　江勋

序三　一个不像“80后”的“80后”

认识国平是因为他的文章，2006年上证综合指数从1500点附近起步到后来的“半夜鸡叫”引发的“5·30”震荡，这个年轻人几乎没有看错。在瞬息万变的股市中寻找若隐若现的脉搏，这对诸多的市场老手都是一个巨大的考验，而吴国平用其独特的视角来揭示行情发展的能力让我对他刮目相看。

2006年，在参加腾讯网证券频道主办的“私募基金论坛”之后，他被《北京商报》誉为奥运版“牛市宣言第一人”，他的人气在2007年也达到一个高峰。2008年A股市场连续暴跌，亲历股市“悲欢离合”“千金散去”的我本以为年轻的吴国平也将很难“幸免”，2008年3月我前往深圳参加当年的“私募基金论坛”，在会场旁边的一个贵宾休息室，他笑着告诉我，“股市虽有受伤，但更多的是一份坚定，目前重心正在期货市场进行博弈”。从他的言语中，我看到了更多的沉淀与收获。

2009年他告诉我，他要写书，要写他自己的投资和生活，要用他的书来表达对投资的理解和对金融人生文化的感悟，要结合自己的亲身经历带给广大的投资者一些帮助，初衷很简单。他曾经征求过我的意见，我一口气说出我的看法，尤其是在“有用”的立意上，甚至有些苛刻。2010年初，他的书稿终于成型。《吴国平操盘论道五部曲》系列丛书基本满足了A股投资者由初级进入高级的知识结构需求，也反映了作者本人对投资、对生活的认识更趋理智和成熟。吴国平在完成著作的同时，也完成了他自身投资境界的突破。知识是用来分享的，不是用来炫耀的，也不是一个人用来自己发财的，从这个意义上来讲，这套书的出版，也让我看到了吴国平自身品质高度的蜕变。在媒体呆的时间长了，总会有一些喜欢挑刺的臭毛病。尽管我不认为这是一本每个人看完都能赚钱的书，它也不一定是适合每一个人的投资灵药。

但是，我在字里行间看出这是吴国平真正用心去写的一套书。书里面有他大量的实战案例，有成功的也有遗憾的，我相信每一个读完这套书的人都能体会到吴国平的睿智、机警、谦逊与平和。

这就是吴国平，一个不像“80后”的“80后”！

腾讯财经　韦洪波

序四　期待国平走得更精彩

国平是我校2003届的毕业生。他毕业后投身资本市场，正所谓“生逢盛世”。新世纪的第一个十年，无论是中国还是世界，资本市场风起云涌，以极其澎湃的力量给人们带来前所未有的冲击，也令国人比以往任何时候都更加关心与资本相关的知识。“全民皆股”是近年来国内证券市场的生动写照，在“股海”中惘然四顾的人们，渴望能有一些指引帮助他们去看懂其中的奥秘。

国平的这套书，出得正是时候。这是一套有关证券投资交易实践操作技巧的书籍。一方面，其体系具有较好的系统性，涉及公司基本面的分析、股票价值的分析、股票技术形态的分析、股票交易盘面的分析、权证与期货交易的分析，等等；另一方面，其内容具有很强的实操性，是国平长期投资实践的经验探索和总结。这对那些在操盘系统分析上仍未完善的投资者来说无疑是大有裨益的！

作为一所培养应用型人才的本科院校，建校60年来，我校为社会培养了数万名金融、保险、证券等方面的专业人才。这群莘莘学子，活跃在祖国的大江南北，为国家尤其是华南地区的金融事业奋力奉献，他们以优异的业绩为母校争得了荣誉。国平就是这千千万万学子中的一员。

新世纪之初，经济社会正经历着极其深刻的变革，与之伴随的是大学生就业难、房价居高、创业多艰等社会现象，反映了当前社会部分青年的境况不如人意。而国平作为“80后”的年轻人，却始终秉承着一种不断学习、不断实践、不断奋斗的朝气，实在难能可贵。为国平作序，正是对这种宝贵精神的肯定和赞赏。

2010年恰逢广东金融学院建校60周年，这是母校的甲子之庆，看到许许多多像国平这样的学子成为社会的有用之才、成为经济改革大潮的弄潮好手，母校深感欣慰，也期待国平今后的路走得更加精彩！

广东金融学院院长 刘庄

自序　听君一席话　胜读十年书

“听君一席话，胜读十年书”是我在成长过程中感受颇深的一句名言，现在把它送给广大的读者朋友。我在私下也有个小小的愿望，希望本套丛书对投资者来说，能有“胜读十年书”的价值。

一、带着平静心面对书与股海

夜客访禅登峦峰，
山间只一片雾朦胧。
水月镜花，
心念浮动，
空不异色，
色不异空。
回眸处灵犀不过一点通，
天地有醍醐在其中，
寒山鸣钟，
声声苦乐皆随风，
莫要逐云追梦，
拾得落红，

叶叶来去都从容，

君何须寻觅僧踪。

读书让我明白“学海无涯”，佛学使我感知“博大精深”，股市令我清楚“股海无常”，这“常”，就是“常态”的意思。

股海，就是因其没有“常态”，其波动性带来的机会与风险才更显魅力非凡，使无数人为之竞折腰。很多人，面对股海，面对“无常”的状态，心往往也跟着“无常”起来，于是，情绪跟着股海走也就成了“常态”，生活由此就可能进入了一个难以平静的状态。那是会让人偶尔失去理智的状态，就如武侠小说中谈到的练武功一样，一旦不能把持自己，就很容易走火入魔，这是危险的。

身在“无常”股海中，成为最后大赢家的最难因素是什么？答案其实已经不言自明，就如武侠小说中的绝世武功那样，只有把持住自己，潜心静气地去修炼，才能达到最终的成功。投资境界的高低跟武功境界的高低，有些路是相通的，原理也类似。

希望你能带着一颗平静的心面对本套丛书，太浮躁，可能看不了几页，也不会有什么太多的启迪与收获。看书如此，把握股海，何尝不是如此？静静地感知这“无常”股海，既是我的操作思想，也是对读者的期望。

利用五部曲来构建每个人适合自己的赢利系统，是本套丛书的核心理念。只要你们能建立起适合自己的赢利系统，资本市场就会逐渐掌握在你们手中。

二、图书有价，操盘赢利系统无价

图书有价，思想无价。在本套丛书中，我将毫无保留地把我十多年来积累的操盘经验和思想系统地展示给广大读者，读完它，你就会明白我的投资系统是一个什么样的状况。真实而力求震撼投资者的内心深处，这就是我想要达到的效果。

《吴国平操盘论道五部曲》系列丛书共分五本，分别是《操盘论道入门曲——看透 F10》《操盘论道基本曲——把握价值》《操盘论道深入曲——抓住形态》《操盘论道升级曲——看穿盘面》与《操盘论道升华曲——跳入权证与期货（心理）》。

在资本市场能否长久生存，关键就是要建立一个赢利系统。“冰冻三尺，非一日之寒”，赢利系统的建立是一个不断沉淀的过程，是一个循序渐进的过程，更是一个不断升华的过程。所以，这必然是一个相对长期的工程。妄想速成的投资者，最终能学到的仅仅是花架子而已，经受不住时间的检验。

本套丛书也经历了不断沉淀、循序渐进与不断升华的过程，只要投资者细心读下去就会发现，不论是书本身的结构还是内容的编排，都有这样的特点。不谦虚地说，本套丛书是我的用心之作，里面包含不少自己过去秘而不宣的思想，其中蕴涵的价值，绝对能够在目前国内证券市场之中大放异彩，当然，这最终需要投资者的检验。只是，就我自己的感受而言，本套丛书蕴涵的价值是——无价。

既然那么有价值，本来应该秘而不宣的东西，为何要公之于众呢？道理不复杂，一是写书过程就是自我系统的巩固、完善与提升的过程，这对自我赢利体系的升华是有极大帮助的。二是本套丛书让我的价值得到了更大的体现，人活着不就是要充分实现自我价值吗？人的生命相对宇宙而言，犹如一粒尘埃，但，我坚信每粒看似毫不起眼的尘埃都各有自己的使命，我是属于资本市场的，我的使命就在于此。图书有价，操盘赢利系统无价，希望本套丛书能给读者带来收获的喜悦。

三、各册图书的不同点逐一阐述

本套丛书共五本，各册图书内容不同，结构相似，下面对每本书的不同点进行逐一简要阐述：

1.《操盘论道入门曲——看透 F10》

F10 是我们操作股票软件时经常接触但又常被大多数人所忽略的地方，其包括的范围很广，例如公司概括、股东研究、主力追踪、行业分析、高层治理、财务分析、公司报道、百家争鸣、分红扩股等等，可以说，这里面的内容就是上市公司基本面的一个大综合。

很多人可能只是找到上述栏目中的几个自己认为能看得懂的或者是自己认为较为重要的看一下就算了，但是，蜻蜓点水式的阅读，一是无法形成系统化的研究，二是很容易忽略掉真正具有价值的基本面信息。重视基本面，其实就应该从重视 F10 的阅读与研究中开始，这里的信息虽然是公开的，但内涵却是大有乾坤，懂它的人很容易就能够挖掘出真正有价值的基本面信息出来，从而在具体博弈过程中占据先机。

我们不妨让自己系统地去看待 F10，在这本书中，我也毫无保留地把自己对 F10 的系统方法展示给读者，希望读者通过书中由浅入深、由点到面、由远及近的剖析方式，感悟并掌握 F10 系统，这将会给你的投资过程带来巨大益处。

本书共分三章：

第一章对 F10 的各个要点逐一简单剖析，让读者能够形成初步印象以及打好建立系统的基础。

第二章对F10的关键要点、重点进行深入剖析，让读者能够深入F10的精髓之中，从而起到印象加深、系统开始逐步形成的作用，并激发举一反三的潜力。

第三章对F10的具体运用作了全面详细的剖析。此处以大盘、中盘以及小盘三种不同类型的上市公司为例，逐一展开，详细剖析，让读者最终形成对F10较为完善的认知系统，从而使读者在未来投资的过程中，对F10的阅读与研究能力能够有质的飞跃。

看透F10的过程就好比是恋爱到结婚的过程，虽然繁琐，但却必要，如果你想要幸福的话。按部就班，循序渐进，全面了解，其实并不是一件坏事，尤其是在做长期投资打算之时，更是如此。很多资料，你看多了，熟悉了，自然就会生出一种感觉，那是一种直觉。如果你曾经为本书而废寝忘食过，恭喜你，你升级了。读书有“由厚到薄”的过程，看透F10也同样如此。

不管你是否在F10这块领域建立了自己的认知系统，透过上面书中的三章内容，我相信，你都会有或多或少的收获，因为这是我投资经验的精华沉淀，是毫无保留的用心之作。读了这本书，你一定会有“听君一席话，胜读十年书”的感觉的。

2.《操盘论道基本曲——把握价值》

投资时，很多人都会谈到价值，但“价值”到底是什么？我们应该如何看待它？如何把握它？这些问题都是投资者需要解决的，也是把握市场的一种基本功。

本书第一章探讨的是“看透价值的基本思路”，从股票是什么谈起到最后价值的心理博弈，虽然这个章节内容不算多，但却少而精，学习完这个章节，会对价值有个基本的认识。

第二章探讨的是“价值概念的深入”，明确提出价值的组成部分为“本身的价值”与“交易的价值”，并结合案例进行剖析，同时对其衍生出来的如“破净”等思想进行总结。

第三章是“价值概念的升华”，在价值体系中占据重要地位的“成长性”的秘密以及消息对价值的影响，在本章毫无保留地总结出来，价值的“轮回”与“变异”为本书的结尾，使得本书对“价值”的论述成为一个完整的体系。

3.《操盘论道深入曲——抓住形态》

形态是在市场波动过程中投资者必须面对的一个重要环节，也是一种运用最广泛的股票技术分析手法。它看似简单实则复杂，看懂容易，但要娴熟运用很难。本书是我对这一领域长久以来的积累与总结，把形态方面的系统毫无保留地展示出来，因为我深知，只要形态把握好，一切都可以变得简单，利润就可以说是尽在我们掌握中了。

第一章，“形态就是形态”，这里将结合具体个股波动来阐述形态的两大种类，一类是反转形态，另一类则是持续形态。每一类形态都将分为若干个具体形态；每一个具体形态，在此，我都是重点剖析形态本身而非其他，结合具体个股的波动来逐一作出具体的对比描述。这章的内容可以说是形态的基本，是必须植入脑海之中的，对此需要做到条件反射般的反应。

第二章，“形态系统把握”，这章一是对反转形态的重点进行深入系统的剖析，二是综合地对持续形态进行系统剖析，结合各种具体的案例，把形态的系统串联起来，最终形成一个更为真实、具体、实用的形态体系。在这里，把看似繁杂的各种形态，用不同的视角作了全新而深入的阐述，尤其是对持续形态的把握。最后把各种形态联系起来，形成一个综合的思路，会让很多东西都变得清晰起来，这在具体实际操盘过程中，其价值会显得尤为珍贵。

第三章，“形态的综合战役”，这章将结合大盘股、中盘股与小盘股三种不同的类型，展开三大战役，把前面的形态体系深刻融入三种具体不同类型的品种上，让整个体系更具实战价值，发挥出最大的威力。根据我过去经验的总结，告诉你形态在不同类型、品种上的把握，做到具体类型具体剖析，总结出看似无规律市场背后的规律特征，从而让我们在具体操盘上占尽先机。这一章，可以说是形态融会贯通后的升华篇。

4.《操盘论道升级曲——看穿盘面》

盘面的内容虽然包罗万象，归根到底反映的还是具体市场或具体品种的波动，透过盘面波动去看透其本质。这不仅需要长期经验的累积，更需要系统地去剖析波动背后的真相。盘面上的功夫是要落到实处的，来不得半点虚假。书本有价，盘面功夫无价。

第一章，“盘面的基本交易思路”，这里透过如何去把握好市场的感觉以及市场的脉络等内容，建立起对盘面系统的基本认识。把握好对市场的感觉与脉络是盘面的基本要素，其具体的策略与心得则是把握好盘面的辅助工夫。这一章重在理解，其意义是建立盘面系统的地基。

第二章，“盘面系统逐个击破”，这章展现的是我过去积累、总结出的如何去看大盘以及把握强势股等具体盘面特征的心得，再结合案例深入剖析所显示出来的成果，其中每一小节内容在具体实战过程中都具有相当分量的价值，需要读者用心体会、感悟。第二章是把盘面整个系统更深入地提升上来，尤其是“避风港”以及强势品种中的操盘思路，一旦掌握好，势必对市场盘面的理解有更高升华的认识。

第三章，“盘面运用的三把宝剑”，内容涉及上下影线、缺口以及时间窗口三大领域。上下影线是研究K线过程中，我认为最为关键的环节，在这一环节上攻破它，对于其他K线而言，就有着举一反三、触类旁通之效果，因此，要把这里作为系统中一个重要武器对待。缺口很普遍，但很多人却不太明白缺口背后的具体含义，有些在特定环境下出现的缺口对研判和把握市场常常能够起到奇效，因此，我也把它列为系统中一个重要武器对待。时间窗口带有相当的神秘色彩，在这块上很大一部分投资者要么是钻牛角尖走进死胡同，要么就是只知其一不知其二认识肤浅。透过我长期操盘经验的总结，尝试着为读者揭开其神秘的面纱，让它也成为盘面系统中一个不可或缺的重要武器。

5.《操盘论道升华曲——跳入权证与期货（心理）》

建立研判与把握市场的赢利系统需要一个过程，前面四部曲分开来为独立的小系统，综合起来则成为复合的大系统，威力将远超4个1相加带来的效果。要建立起一套真正属于自己的赢利系统，绝非一招一夕所能达到，欲速则不达，厚积才能薄发。同时，我们更应认识到很多原理在不同市场上道理都是相通的，因此，运用也是大同小异，但随着市场的变化，有些要求也必然要随之有所加强与升华的。期货市场是需要在基本功扎实的背景下再提升才能在里面真正有所成就的领域。第五部曲《跳入权证与期货（心理）》，就是要让读者认识到资本市场的博大精深，学无止境。在学会举一反三的过程中，更需要一颗谦卑的心。

第一章"权证的世界"，第二章"期货的世界"，我以自己过去操盘的案例再结合赢利系统展开剖析，目的就是要让读者认识到这里的水到底有多深，它是一个比股票更考验人的领域。

我们要知道，股票上的很多技术其实都来源于期货，不是有句话说"能做好股票的人未必能做好期货，但能做好期货的人肯定能做好股票"，这里反映的就是期货领域更考验人，更需要全面的系统才能生存的思想。毕竟期货上的风险与机会是成倍放大的，对资金管理以及风险控制等都要有更高的要求。

第三章"重点出击与综合运用"，这里既有权证和期货，还有期货与股票的综合运用，可以说，是一个集各种领域于一体进行深入浅出操盘论道的一章，对一些基础相对薄弱的人而言，可能在阅读过程中会有些吃力，但对于有一定基础的读者而言，这里会找到让你感到更精彩的价值。

四、全套五本书的相同点阐述

第一本至第四本书的第二章与第三章里，在编排上，其内容章节里，都会涉及到五大环节，分别是：基础认识、操盘论道、温故知新、课后习题以及市场随笔。这五大环节是五本书中的相同点，虽然这些环节具有共性，但每本书具体的内容都会带给大家不同的惊喜与收获。特作如下简单阐述：

1. 基础认识

这个环节体现的是一种基本功，是最浅度的认识，也是必须要清楚的常识性内容。放在最前面，就好比打好地桩一样，接下来盖大楼才能平稳而起。这个环节的内容虽然不多，但里面提炼出来的思想却是不可或缺的，把基础环节认识清楚后，剩下的学习往往能达到事半功倍的效果。

2. 操盘论道

这个环节的内容是全书精粹，几乎集中了所有重要的学习内容，采取结合各种案例图的形式，深入浅出地把一些需要形成体系的内容表达与提炼出来，让读者在反复阅读学习的过程中，自我的能力能够得到不断的提高与升华。有些内容可能会让人感觉比较长，但这却是深入剖析后进行总结的一种体现，其内容都是我本人十几年来的心得精粹，我毫无保留地展现给读者，值得读者好好珍惜与把握。

3. 温故知新与课后习题

这两个环节体现的是一种巩固与自我提升的意图。我们知道，要把他人的思想精华真正掌握在自己手中，仅仅靠看书中的重点与感悟，那很快就会忘记，很难真正融合到自我体系之中。真正要掌握好，不但要靠不断的巩固与思考，而且必须有个沉淀的过程。我在上大学时对这点感受颇深，那时候，为了把学习到的一些证券技术真正掌握于心，除了实战感受外，靠的就是勤于做笔记与勤于思考。因此，在系统自我完善的过程中，这样的学习方法也是必不可少的。作为过来人，我希望这里设计的两个环节，对于那些处于学习提升阶段的读者，千万别忽视，用心且耐心完成之。只要经历了这个沉淀过程，绝对会有质变的感觉。

4. 市场随笔

“功夫在诗外”，市场随笔这一环节体现的就是这样的一种意境。透过我的市场随笔，希望能够让读者对市场有更多更深的感悟，从而与系统学习相得益彰，最终形成“无功胜有功”的境界。

很多时候，你对生活的态度，你对世界的看法，你对未来的思考，这些都将会影响到人最终对股市的判断和操作，尽管看似不那么明显，却往往是关键所在。我是个比较多感的人，因而也就不时会有一些随感，这些都真实反映和体现了我阶段性的内心世界，希望能够给读者带来“心灵鸡汤”般的感觉。投资是一件极其辛苦的事，它的艰难在于不论什么情况下，赚钱或是亏损，都需要战胜“小我”，持续做出最倾向于正确的选择并最终取得胜利。

随笔反映的是一种心态、一种心情、一种思想，多写随笔，就我的体会而言，对自我系统的完善与提升有着不可或缺的效果，因此，市场随笔，希望读者能够在其中找到共鸣，找到启迪，发现价值。

五、最后的期盼

我浮躁过，也沉淀过，失败过，也成功过，每个人或许都要在不断起伏之中才能寻找到真正的自我。很庆幸，自己在过去几轮牛熊阶段过程中活下来了。

见过不少投资者面对市场的那种盲目，也见过不少大学生对资本市场的那种无知，看着自己比他们多一些经验和感知，很迫切地想帮帮他们。体现自我价值的想法一直都有，本套丛书的诞生，就是希望能为资本市场投资理念的改善尽一点自己的绵薄之力，希望这套书能够给读者带来理念与心灵上真正的震撼与收获。

当然，有时候，我认为有价值的东西，未必他人也这样认为。就好像投资一样，当投资的标的无法一时绽放光芒的时候，往往容易被打入冷宫。无论如何，是否有价值，需要市场的检验；不管怎样，这套我的用心之作，出版面世相当一段时间后，希望还能有人谈及。如果届时还有人说，吴国平写的书真是不错，那就谢天谢地了。

最后，如果有人认为我还有点水平，能够胜任他人师傅的话，那就不妨好好去完成书中的一些作业，不是说要完成全部，最少要能够完成一部分，字数达到2000字以上则可。完成后欢迎以邮件的形式发送到我的作业反馈邮箱：wgp168@vip.163.com。不一定每封邮件都会回复，太多的话，毕竟个人精力有限，但我会尽可能地一一去回复那些用心完成作业的读者。这里能否得到回复其实就犹如很多人刚开始找工作一样，每次出击不一定就成功，但只要用心出击了，机会才可能有，否则，连基本的机会也不会有。这世界很多时候就是需要不断反复地碰壁尝试之后，才有可能真正把握住属于自己的大机会，这也是我人生历程中的一种启迪。当然，如果还有读者有书以外的想法要交流的话，也请发信到 wgp168@vip.163.com 上来吧。

最后的最后，我想说的是，资本市场的海洋很浩瀚，我也仅仅是其沧海一粟而已。人虽然渺小，但思想却可透过渺小的个体无限度地延展开去，“听君一席话，胜读十年书”，书本有价，操盘赢利系统无价！《吴国平操盘论道五部曲》系列丛书，希望能让你衷心喜欢！

“输得起”是赢得一切的基本，
“笑到最后”才是真正的大赢家！

吴国平

Contents 目录

第一章 权证的世界

第三章　重点出击与综合运用

附　录　证券私募基金发展的未来之路

第一章　权证的世界

第一节　看透权证——六点谈权证

一、什么是权证

如果一个人连权证，以及它的两大类别——认购权证与认沽权证都搞不明白是什么的话，那么，具体的感知就无从入手了。因此，对权证尤其是认购权证必须要有一个比较清晰的认识。对认沽权证，我们在此采取忽略的思路，因其在国内市场已经不存在，而且其本质就是认购权证的相反品种，只要把握好认购权证，认沽权证就算有，也一样可以理解把握。当然，还有一个重要原因，就是认沽权证最终的结果往往都是归零，投机性过强，在此就不做深入阐述了。

1. 权证概念

权证，是指由标的证券发行人或第三人发行的，约定持有人在规定期间内或特定到期日，有权按约定价格向发行人购买或出售标的证券，或以现金结算方式收取结算差价的有价证券。

权证实质反映的是发行人与持有人之间的一种契约关系，持有人向权证发行人支付一定数量的价金之后，就从发行人那里获取了一份权利。这种权利使得持有人可以在未来某一特定日期或特定期间内，以约定的价格向权证发行人购买或出售一定数量的资产。购买股票的权证称为认购权证，出售股票的权证叫做认沽权证（或认售权证）。权证分为欧式权证和美式权证两种。所谓欧式权证，就是只有到了到期日才能行权的权证。所谓美式权证，就是在到期日之前随时都可以行权的权证。持有人获取的是一种权利而不是责任，其有权决定是否履行契约，而发行者仅有被执行的义务，因此为获得这项权利，投资者需付出一定的代价（权利金）。权证（实际上所有期权）与远期或期货的区别在于前者持有人所获得的不是一种责任，而是一种权利，后者持有人有责任执行双方签订的买卖合约，即必须以一个指定的价格，在指定的时间，交易指定的相关资产。

从定义就容易看出，根据权利的行使方向，权证可以分为认购权证和认沽权证，认购权证属于期权当中的“看涨期权”，认沽权证属于“看跌期权”。

权证价值由两部分组成，一是内在价值，即标的股票与行权价格的差价；二是时间价值，代表持有者对未来股价波动带来的期望与机会。在其他条件相同的情况下，权证的存续期越长，权证的价格越高；美式权证由于在存续期可以随时行权，比欧式权证的相对价格要高。

认购权证价值 =（正股股价 - 行权价）×行权比例

认沽权证价值 =（行权价 - 正股股价）×行权比例

2. 权证的技术用语

溢价：权证交易价格高于实际价格多少的值。

认购权证溢价 = 认购权证成交价 -（正股股价 - 行权价格）×行权比例

认沽权证溢价 = 认沽权证成交价 +（正股股价 - 行权价格）×行权比例

溢价率：溢价率是量度权证风险高低的一个重要数据，溢价率越高，获利越不容易。溢价率为负值，行权获利。

认购权证溢价率：在权证到期前，正股价格需要上升多少个百分点才可让权证投资者在到期日实现平本。

认购权证溢价率 =［（行权价 + 认购权证价格 ÷ 行权比例）÷ 正股价格 -1］×100%

认沽权证溢价率：在权证到期前，正股价格需要下跌多少百分比才可让权证投资者在到期日实现平本。

认沽权证溢价率 =［1 -（行权价 - 认沽权证价格 ÷ 行权比例）÷ 正股价格］×100%

3. 认购权证举例

当天某正股收盘价格：19 元

行权价：9.9 元

行权比率：1:1

当天认购权证收盘价格：8.59 元

该认购权证溢价：8.59 元 -（19 元 -9.9 元）×1 = - 0.51 元

该认购权证溢价率：[（9.9 元 +8.59 元）÷19 元 -1] ×100% = - 2.684%

当天某正股收盘价格：35 元

行权价：29.9 元

行权比率：1:0.5（每 2 份认购权证可按行权价购买 1 股正股）

当天认购权证收盘价格：4.59 元

该认购权证溢价：4.59 元 -（35 元 -29.9 元）× 0.5 = 2.04 元

该认购权证溢价率：[（29.9 元 +4.59 元 ÷0.5）÷35 元 -1] ×100% =11.657%

二、认清两栖作战才能利益最大化的本质

由于含有认购权证的本股与其认购权证成正相关性，因此，对于机构资金而言，势必会采取两栖作战的策略，也就是说，如果做多本股，那么在其相对应的认购权证上也势必会采取同样的策略；同样，如果做多认购权证，其本股也会有相应的动作。只不过结合阶段性不同环境的市场对其投入不一样的兵力而已。总之，机构资金在本股与其认购权证上只有很好地配合，才能让收益最大化。

当然，要真正做到让本股与认购权证很好地配合目前很难，毕竟机构资金要不就是不够庞大，要不就是不具备两栖作战的能力与勇气。但无论如何，本质的东西摆在那里，我们还是需要认清，市场会按其本质运行。

两栖作战是一种必然的运作方式：当看好本股，溢价合理，则买入认购权证；当认购权证大幅上涨，本股反应不明显，则本股本身也蕴涵一定的机会。

三、把握住认购权证"先知先觉"的特性

由于权证市场本身具备两栖作战套利的机制，而认购权证本身流通性非常好，同时又会把其本股的风险与机会相应地放大，因此，那些喜欢两栖作战的机构资金，在试图对本股采取动作的时候，往往会在其认购权证上先动手。

如果要让本股涨，那么，其认购权证可能率先启动，这就很好解释，为何有时候看似本股没什么动作，但其认购权证的溢价率却早已在不断悄然攀升；相反，要阶段性派发本股筹码前，其认购权证则可能早已让自己的溢价率悄然下滑了。

所以，要特别注意那些突然出现溢价率异常的上涨认购权证。

四、认购权证"后知后觉"的特性也不容忽视

真正能做到两栖作战的庞大机构资金毕竟是少数。因此，认购权证"后知后觉"的特性，更多是在出现一种波段较大机会的时候反映出来，毕竟这种庞大资金的运作肯定是来者不善，不会是单纯地为了短期的一点利益而兴师动众。

但市场大部分的资金都是处于一种"后知后觉"状况，比如钢铁板块整体有利好，不少资金"埋头杀入"，作为钢铁本股其也得到了相当资金的追捧，认购权证则采取了相应的跟随动作。这种"后知后觉"的机会有时候把握得好，短期而言可以说是无风险套利的机会，当然，这里是建议利用有限的资金进行追击。

无论如何，其告诉我们一点，如果要做认购权证，我们就要时刻留意其本股的动态，尤其是整个板块的动向。当你看到钢铁板块龙头都已起来的时

候，虽然钢铁认购权证所属的钢铁本股还没有反应，但这个时候你就是要果断地提前介入了，抢那么一点滞后时间所带来的机会。

五、大盘的动向与权证息息相关

认购权证的涨与跌，很大程度上是看其本股的脸色，而其本股的脸色则又很大程度上受到整个大盘的影响。因此，大盘的一举一动也会直接影响到认购权证的起伏。从这个层面来研究，有时候，特别是市场处于转折期间，权证的波动可以相对独立于其本股运行。

市场转折期间，阶段性会出现大盘上涨，本股跟随力度不大，但认购权证却反应非常激烈，走出远比市场强的暴涨走势；相反，在市场转折期间，阶段性也会出现大盘下跌，本股跟随力度不大，但认购权证却反应非常激烈，走出远比市场弱的跳水走势。

对认购权证，我们不仅需要好好分析其本股所处的格局，同时也需要不断跟进市场感觉，否则，有时候就很难跟得上权证运行节奏。

六、具体结合实战分析——攀钢钢钒认购案例

1．2008 年 2 月 28 日上证指数上午分时走势图（图 1）

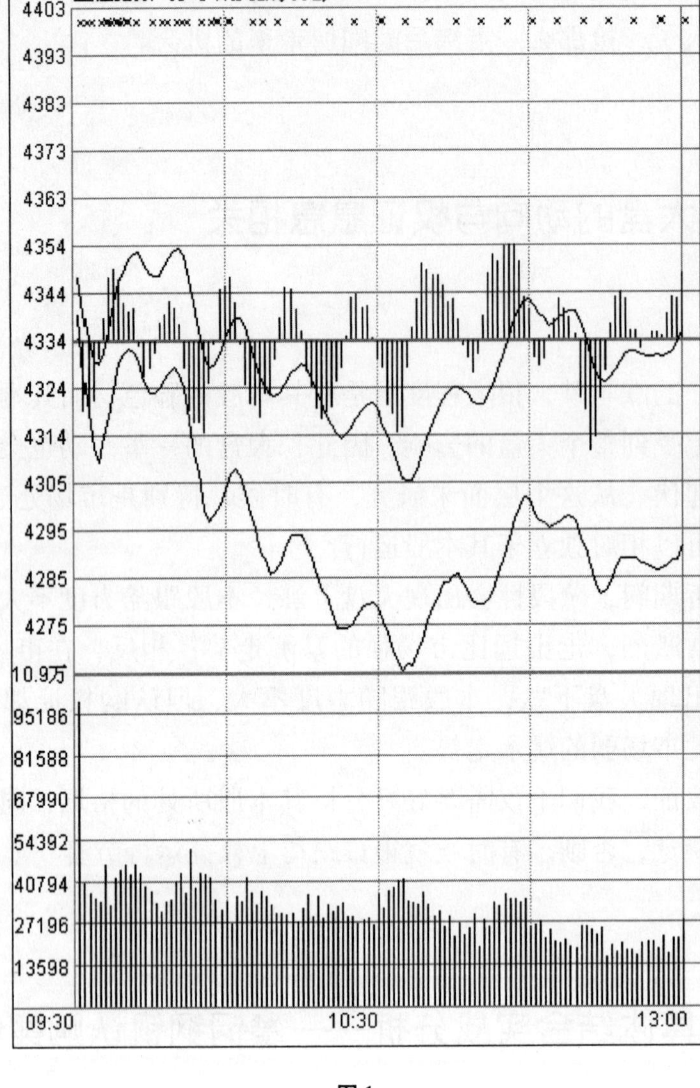

图1

开盘后逐级下探的格局给人感觉不稳定，10:30后开始逐步走稳。

2. 2008年2月28日上午攀钢钢钒分时走势图（图2）

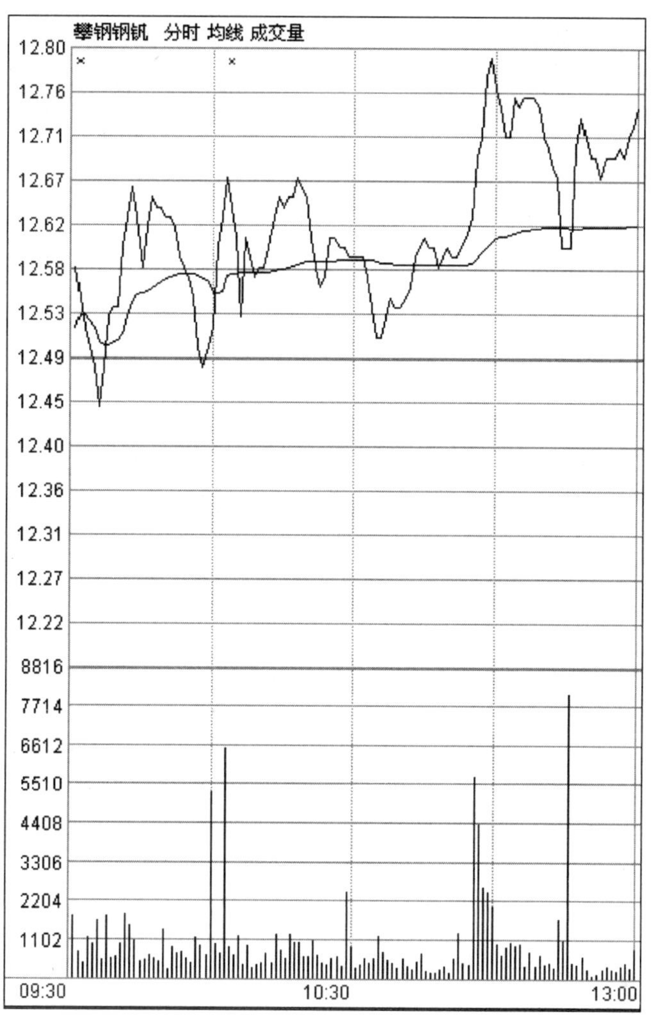

图 2

对比（图 1）上证指数的走势，显然这是较为独立的强势运行格局，大盘在逐步下探过程中，其出现强势反复震荡的姿态，而大盘一出现较为稳定的走势，它就马上创出当天的新高。

3. 2008 年 2 月 28 日上午钢钒认购权证分时走势图（图 3）

对比（图 1）大盘，其也是较为独立的盘面走势，整体态势跟随其本股攀钢钢钒波动。

之所以拿上面（图 1、图 2、图 3）来说事，是因为现在我想就上面三幅图来谈谈短线如何去把握一些具体机会。

图 1 是大盘运行分时图，做任何品种，先要看大格局，在这里就是大盘运行

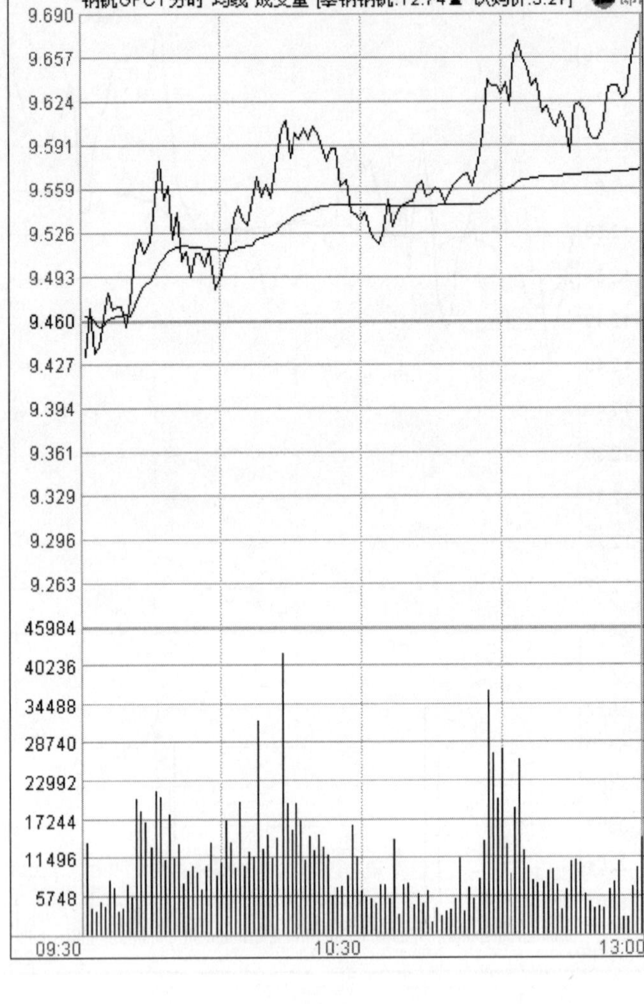

图 3

状况。我们可以发现，开盘后整体是不够理想的，但在目前这个点位，本身应是构筑阶段性底部的时候，这时候若要具体去把握市场机会的话，我们则不妨转移到第二幅图了。

图 2 是攀钢钢钒的运行分时图，这是我熟悉的品种（做自己熟悉的品种），为何会看上它，道理不复杂，就是对比大盘，其走得相当的稳健，能够抵御大盘压力、表现较为强势，它本身就是一种资金积极的盘面特征。因此，无疑具备了进一步观察与把握的基础。而作为短线，或者超短线，我更喜欢的是把握权证的机会，其认购权证当时处于近 12% 的负溢价状态，价值突出，在本股有可能作出突出表现的时候，没有理由不好好观察。这个时候，我们就要开始关注图 3 了。

图 3 就是攀钢钢钒认购权证的运行分时图，可以发现，其总体是跟随本

股运行的，而且本股一旦有拉升动作，其表现往往会更为激烈，因此，具体把握的时候，完全可以等待其本股有大单扫货或者从盘面看出有可能马上就有大单扫货的时机，一旦发现，果断杀入！这样操作最终的胜算率会高很多，而且由于权证当天可以反复交易，也就使得超短线操作可以达到随时进退的目的了。

第二节　日内交易超短线实例分析

日内交易，需要娴熟的技巧以及敏锐的观察力，思维一定要转得快，紧密结合整个大盘，敢于果断操作，敢于做回马枪动作。现以国内葛洲坝认购权证（580025）为例来深入分析给大家欣赏（以 2009 年 1 月 6 日上午的走势为分析样本）：

2009 年 1 月 6 日上午 580025 的分时走势（图 4）：

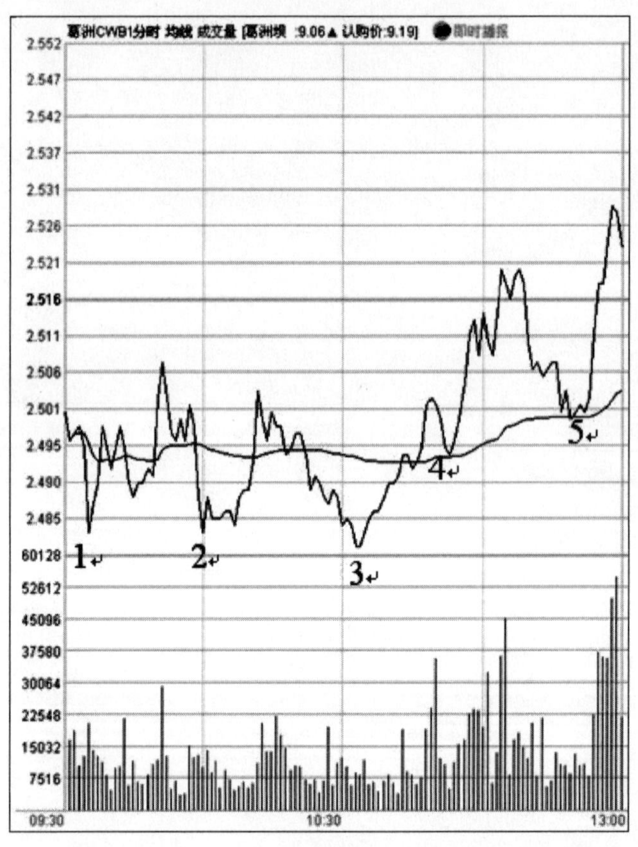

图 4

2009 年 1 月 6 日上午上证指数分时走势（图 5）：

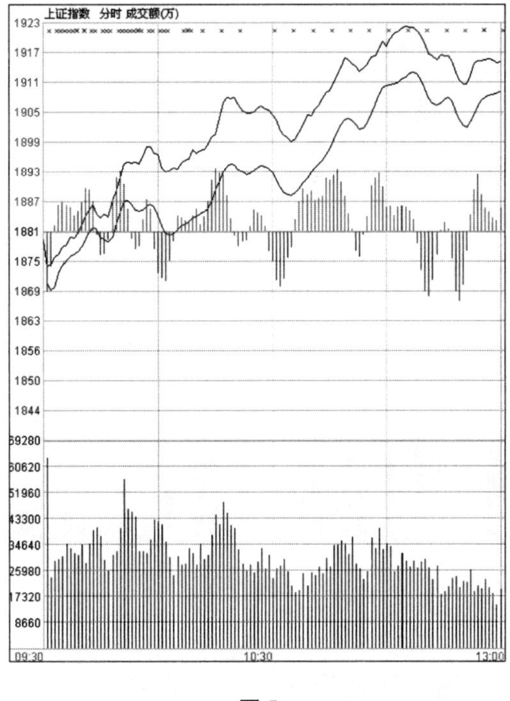

图 5

2009 年 1 月 6 日 600068 上午分时图（图 6）：

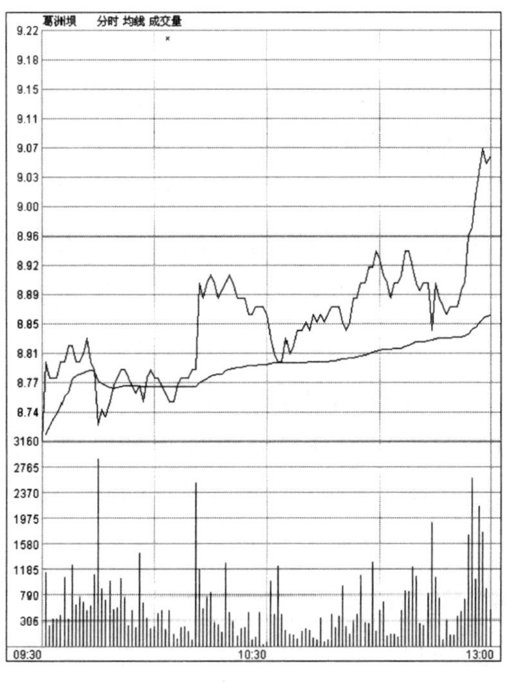

图 6

2009 年 1 月 6 日上午在 600068 截取的阶段性日线图（图 7）：

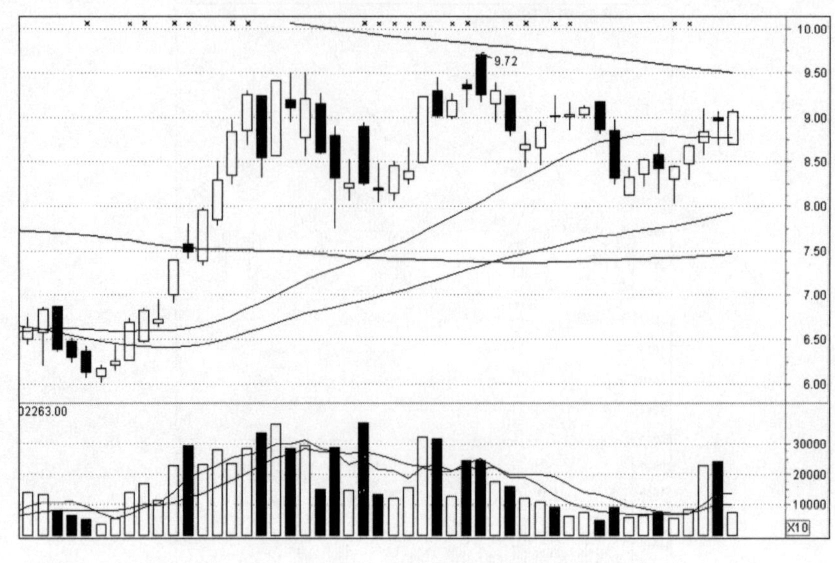

图 7

图 4 是低开反复震荡后回补当天缺口的走势，从图中可以发现，一下一上反复震荡具备可操作性的来回次数至少达到 5 次，2. 485 元这一支撑位的较大来回有 3 次，接近 11∶00 时均价 2. 493 元附近这一支撑位的较大来回有 1 次，尾盘当时均价接近 2. 5 元这一支撑位的较大来回有 1 次，共 5 次。

（1）把握机会前观察为先。

在具体操作上，图 4 中 "1" 这个阶段，很多时候只是一种观察，并不会实际操作。因为，刚开盘具体哪里开始出现反弹只有出现了 "1" 完整的走势才能清晰，当然，我们在具体把握权证机会的时候，更重要的是一定要结合大盘与其本股的走势。开盘后刚开始的阶段，大盘的走势对其权证的影响往往更为重要，因为刚开始大盘的状态将直接影响到权证多空双方采取的策略。

（2）注意普通缺口带来的无风险套利机会。

从图 5 我们可以发现，当天开盘后出现短暂急跌，因此，对于该权证而言，空方初期往往就会占据一定的优势。这个时候，相对保守的策略就是观察，看其跌到哪里才反弹。当然，如果你已判断出该天大市肯定会震荡回升，那么，该权证在急跌的过程中，你就可以采取大胆逐步吸纳的方法，因为，今天其跳空向下的缺口，将很大可能会成为一个普通缺口，这无疑就是机会！（在此，需要解释的是，普通缺口的特点就是会很快回补，这在日内交易是非常重要的观察信号，一旦出现类似这样的信号，常常就是无风险套利的好时机。）

（3）大盘、本股与分时走势紧密结合。

图5中我们可以发现，大盘很快就从急跌的状态转变为回升的姿态，而且把开盘的向下缺口迅速回补了，以接近V形反转的走势回到红盘状态。这个信号很重要，它说明，该天的大盘相对趋强的概论偏大，能够如此迅速把失地收回，在技术上就是一个强烈的看涨信号。而对当天580025走势的影响，无疑意味着其跳空向下缺口将很有可能是一个普通缺口，接下来一旦其再次回落，那么，就是一个非常好的吸纳机会！

换句话说，在图4中的“2”就是接下来具备可操作性的时机，因此，在再次下探考验当天低点的时候，一要看大盘，看大盘是否保持相对的强势；二要看其本股。显然，从图5我们可以发现，当天的大盘已经处于再次冲高后的回落状态，但整体比较强势，反馈出值得交易的积极信号。从图6可以发现，其分时图上，并没有击穿当天开盘后创下的低点，那么该权证再次回落不会击穿开盘时创下低点的概率很高，进一步加大可交易的概率。最后，从图7（该本股阶段性的日线图）可以发现，其整体是处于一种上涨旗形的姿态。这是一种看涨中继，而且前四个交易日的K线组合是三阳后一十字星的形态，短期整体是处于一种相对强势的攻击形态，十字星之后完全可以再次出现攻击形态，而一旦如此，也就意味着该天其本股势必会出现先抑后扬的走势，不仅会把缺口完全回补，更是有机会大幅度地上攻，这对其权证而言，无疑就更具冲击力。因此，阶段性考验开盘低点时机会大于风险的概率进一步大幅度提升！综合来看，图4中的“2”是个相当不错的可交易的作波段机会！

（特别说明：在此分析的思路都是以日内交易次数尽可能多为原则的前提下来展开的，这是提供给大家一种如何在日内交易、更好地把握超短线机会的一种操作策略，其后，按上面所谈的分析思路操作后，剩下来的就仅仅是等待了。等待什么？等待其把该天的缺口完全回补，并在上攻过程中出局就是。显然，在这里，我的要求并不是那么简单，我需要更全面、更细微地去分析与把握这580025的日内交易。）

（4）瞬间冲高是卖出机会。

当我们在“2”这个区域大胆介入后，剩下的就是等待接下来出现的短暂抛出机会了。而这时我们依然需要观察大盘与其本股，当然，这里主要就看图5与图6了，紧密观察他们的波动，因为权证的走势是紧密跟随大盘与其本股这两者结合的走势。我们可以发现，图5继续大幅上攻，显然大盘有利于权证的进一步反弹，因此，当我们看到其权证价格突破当时均价时，可以在均价附近进一步加仓，为多方力量提供更进一步的动力；与此同时，马上转为卖出状态，紧密盯着大盘进一步放量上攻后随时有可能引发的回调姿态，一旦有此迹象，马上作出卖出策略。当然，这个时候也要密切观察其本股（图6）的状态。可以发现，虽然其有瞬间冲高的姿态出现，但量能还没有明显放大，最重要的是，没有达到把缺口完全回补的境地，结合大盘随时有可能回调，以及其本股有可能再次回落整理的迹象，这时候，波段卖出策略就要实施了，价格锁定在2.5元以上，从而完成从“2”买进到卖出的全过程。

（5）耐心等待具有攻击力形态的出现。

整个“2”从买进到卖出结束后，这时，大盘则已经运行到接近上午中盘地步。需要注意的是，由于大盘已经冲高回落，而且这次行动是超短线，我们需要防范市场就此进入调整的风险，因此，需要观察大盘这次回调后是否能够在前期反弹高点位置再次反弹。这在技术上来说，非常重要，因为能够再次反弹才说明这次震荡向上的走势是非常健康而且仍有空间的，对于超短线的操作而言，无疑就意味着还有机会。

耐心等待下一次机会的到来，是整个“2”全过程结束后的动作。图5中，在回调至1899点之时，出现了要再次反弹的迹象，这个时候，其权证也回落到前面操作低点的位置，换句话说，如果这个位置能够站稳再次反弹的话，其分时图将形成小三重底的形态，而这是比较可靠的筑底形态，对接下来的上涨将形成极大支撑，而且这上涨力度势必会变得更为猛烈。即一旦支撑得到确认后再次反弹，将极有可能就是力度达到红盘的状况。

买入点“3”的到来，前提就是发现其本身形态有可能形成小三重底，同时大盘没有跌穿前期反弹高点就延续反弹态势，强势格局形成，可操作性的成功机会大大增强。可以说，这次操作机会一旦成功将是最具有杀伤力的。因此，“3”的买入机会到来后，要做的就是疯狂吃进。

（6）本股未动，权证脉冲上涨又是个短期卖出的好时机。

当然，初期吃进是试探性，或者说还留有一定余地，而当价格走势再次突破分时均线，则可以确定为进一步做多的信号，因为这时候的做多动能与信心将会得到极大的增强。当然，此时要抱着一个信念，那就是不到红盘不罢休的思路，均线附近的动荡可以按兵不动，只要没有再次回落到小三重底部附近，那就等待多头力量阶段性脉冲式释放冲高带来的抛售机会。

在大盘继续向上拓展空间的积极因素配合下，其权证经历了小幅震荡后则很快冲上到红盘区域，胜利回补了当天的缺口，普通缺口迅速回补的理论在此得到极大的实战交易作用。在此，对于超短线而言，由于本股（图6中可以看到）并没有出现大幅度上攻的动作，这种只有其权证回补缺口的走势就显得有点虚，换句话说，此时又是一个非常好的趁机抛售做波段的时候，红盘后抓紧时间卖出则是“3”的结束策略。

（7）本股上攻权证买点再现，量能不足，防范中午香港市场影响不妨空仓。

权证已经回补了缺口，而其本股依然没有回补缺口，大盘虽然出现回调态势，但完全有理由相信，在大盘下次上攻的过程中，其本股完全有机会出现回补缺口的走势，而到那时其权证必定会跟随本股走出进一步上攻超越第一次回补缺口形成红盘后的高点。因此，这时候，要做的就是密切留意（图6），对大盘（图5）的关注度可以减少，因为市场的强势从前面的走势已经基本可以确立了，同时，密切关注权证的回调，等待又一次的买入时机。

这个时机可以锁定在分时均线附近，因为此时经历过小三重底的权证走势，整体姿态已经变得较为稳定而且趋于强势，要随意跌穿分时均线则有点不是很现实。

“5”买入战机的形成完全是因为其本股有意发动回补缺口走势而形成的（图6）。本股很迅速就回补了缺口，而且上攻的幅度比较喜人，只是由于量能显得并不够积极，因此，回落风险是随时存在的。最重要的是，此时已经接近尾盘，中午收盘之前最好的策略就是空仓，毕竟A股停牌期间，香港市场的走势会对下午开盘后的市场带来影响，在市场变幻万千的阶段，最好的策略还是静观其变再采取策略。因此，买入后，卖出价格就要迅速制定出来并提前挂出去，等待出现那些后知后觉的资金疯狂往上扫货之时使自己的筹码得以脱身，卖出价格的制定原则则是比前期高点稍微高一点的位置。

整个上午出现的可操作机会，达到至少4次，每次获取利益的幅度虽然不大，但累积效果还是比较可观，最重要的是，通过这样的操作与分析，实战超短线水平将会得到大幅度的提高。

(8) 总结：敏锐大胆，速度很重要。

总结一下，战机把握先要观察整体，整体积极胜算将大增，注意形态的形成，从多空双方力量心理层面去分析，密切留意大盘的具体分时走向，特别关注普通缺口带来的操作机会，对于形态本身要有充分清晰的认识，敏锐观察好后更要大胆操作。强调一点，速度很重要！

第三节　江铜认购权证（580026）波动的操作启示

权证操作是我的强项之一，很多启发都可以从权证的操作中获得。这次，就拿2009年2月20日江铜认购权证（580026）的波动来作为讲解例子，谈谈如何具体去看与做。

580026在2009年2月20日的分时全图（图8）：

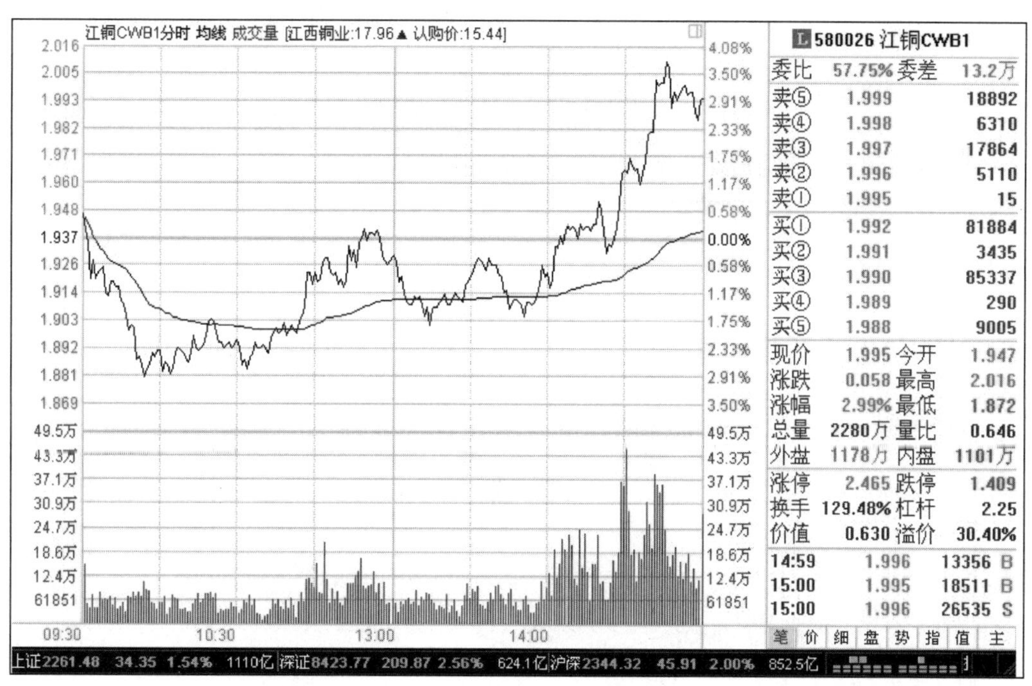

图8

580026 在 2009 年 2 月 20 日的下午分时图（图 9）：

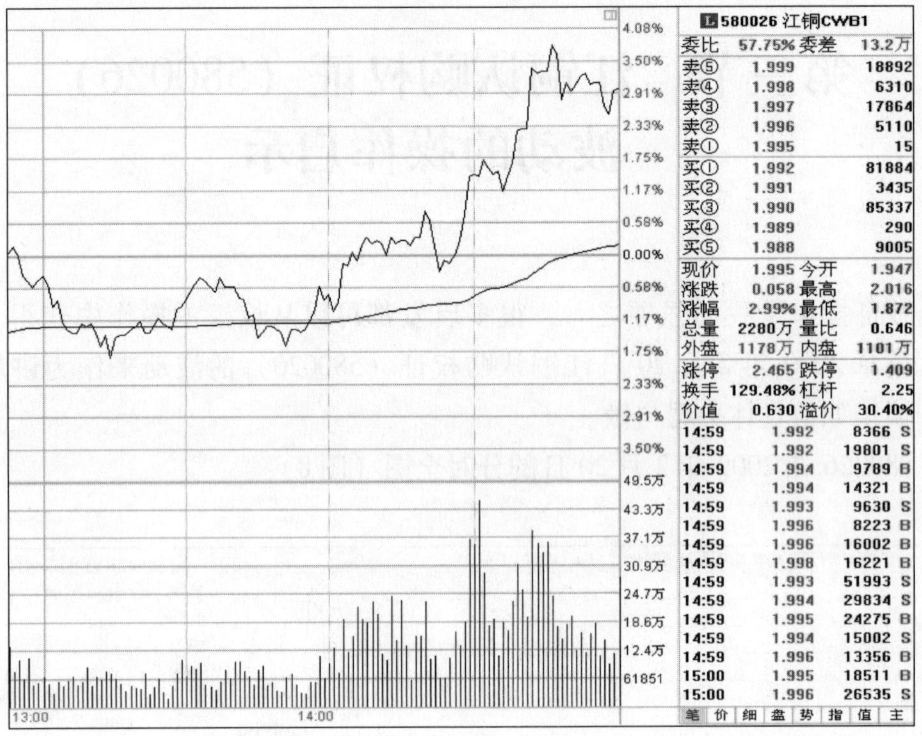

图 9

580026 自上市以来至 2009 年 2 月 20 日的日线全景图（图 10）：

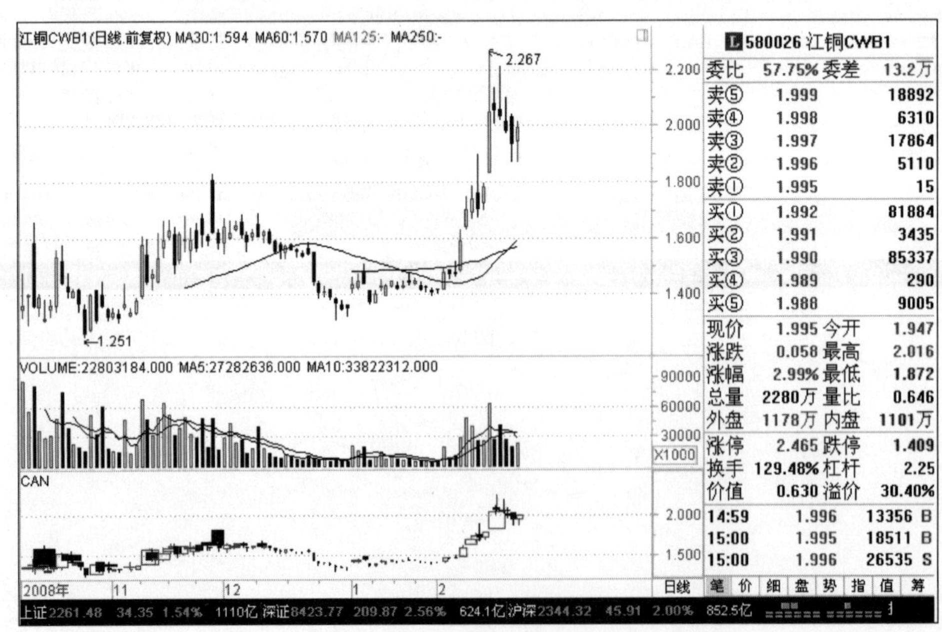

图 10

一、振荡走强的波动无须担心

图 8 是其在当天的分时全图。可以发现，从整体来看，其波动在上午形成了阶段性圆弧底，下午前半段形成了一个双底形态，后半段则突破了前面两种形态共有的颈线位，呈现一种放量反复拉升的形态，最终以涨幅近 3%来结束一天的战斗。

可以说，多方前面是洗得漂亮，构筑的图形也相当不错，而在构筑图形的反复过程中，也确实给很多投资者带来了极大的迷惑性，不明就里的人可能早就在这反复的过程中被残酷洗出局，又或者是在这反复的过程中把握不好节奏，追涨杀跌以致损失巨大。

我的心得是，面对这种反复比较多的状况，请留意它的低点，只要没有呈现低了还有更低的反复波动，那么，就完全不必担心，更是完全没必要频繁在盘中追涨杀跌，耐心等待其突破拉升就可以了。因为，一旦其最终突破拉升上去，也就意味着接下来还会有不少空间，为了那吸引人的空间，舍弃一些没有太大把握的超短线，这是值得的。

在图 8 中，上午曾经有波回调形成了在 1.881 元附近的低点，接下来的反复，可以发现，并没有再次击穿前面的低点，而是稳住后再向上收复失地。在向上收复失地的反复过程中，也可以发现下午的双底形态，跟上午这回调后的反复类似。因此，其波动可以说都是非常正常，而且是偏强的，根本就不需要担心。当然，如果你没有亲自参与这种细微波动，可能很难体会到其中的感觉。

二、主力收集筹码很多时候都伴随假动作

没关系，看图 9，这是将图 8 的下午放大的分时图，我特别要指出的是

下午后半段开始放量不断震荡走高的过程。可以发现，初期的放量显得比较温和，这跟价格波动没有太剧烈有关，而且图形上显得有点吃力。这很好理解，重点与向上过程中遇到的抛压有关，但这肯定多少也跟运作主力刻意制造盘面有一定关系。因为只有这样，才能让更多的筹码抛售出来。尤为值得一提的是，在正式突破颈线位，正要作出加速拉升动作之时，突然来了个急速回撤，硬是回撤到了上午收盘点位之下，呈绿盘。这个戏剧性的变动，对于有些不坚定的投资者而言，那是非常致命的，很有可能就在这假动作之下，作出了接下来坚决抛售的策略。

好，正是这个漂亮的假动作后，在接下来的走势中再次急速回升，突破当天所有前面高点的过程中，你会发现，最终是变成了全天放量最大的时段。现在你应该明白为什么了吧，没错，那个时候就是分歧最厉害的时候。当然，这是主力刻意做出的效果，多亏了前面那个假动作，正是有了假动作，在急速拉升再次向上突破之时，才有了收集更多筹码的可能。

之后，分歧肯定也是存在的，但至少会呈现继续保持较大量能的姿态，这是好事。请记住，有量能的这种拉升不用担心。而且一旦把空头筹码收集得差不多了，多头就可以一马平川了。这里告诉我们的是，不要被一时的现象所迷惑，要看到更远的可能。

三、一旦大突破，一切皆有可能

说到这里，我们就不妨把眼光放回图 10，那是 580026 截止到 2009 年 2 月 20 日的日线全景图。这是非常经典的大突破后形成的旗形上涨姿态，而且你可以发现，自那根跳空向上创出 2.267 元新高的带长上影大阳线出现后，其已连续五天收盘都是站在前面区间整理的最高点之上。这意味着，这种大突破是非常有效的，未来的涨升空间是令人狂喜的（涨到 4 元、5 元甚至更高都不是没有可能）。因此，现在要做的，就是要耐心等待，等待其继续向上拓展空间，而且自突破以来，其上涨的角度是呈现近 75 度状态，这是属于超强进攻姿态，未来一切都皆有可能（事实上后来的走势验证了一切皆有可能）。

第四节　趋势形成，别贸然做短线

趋势形成，强势格局已定，千万不要贸然做短，一个不小心，你就要错失一个主升浪。

说起来简单，做起来难，尤其是在市场波动较为剧烈之时，人性的弱点就可能让你作出错误的判断。我也是深有体会，不妨拿具体案例来阐述分析吧。

截至 3 月 20 日的 580026 日线图（图 11）：

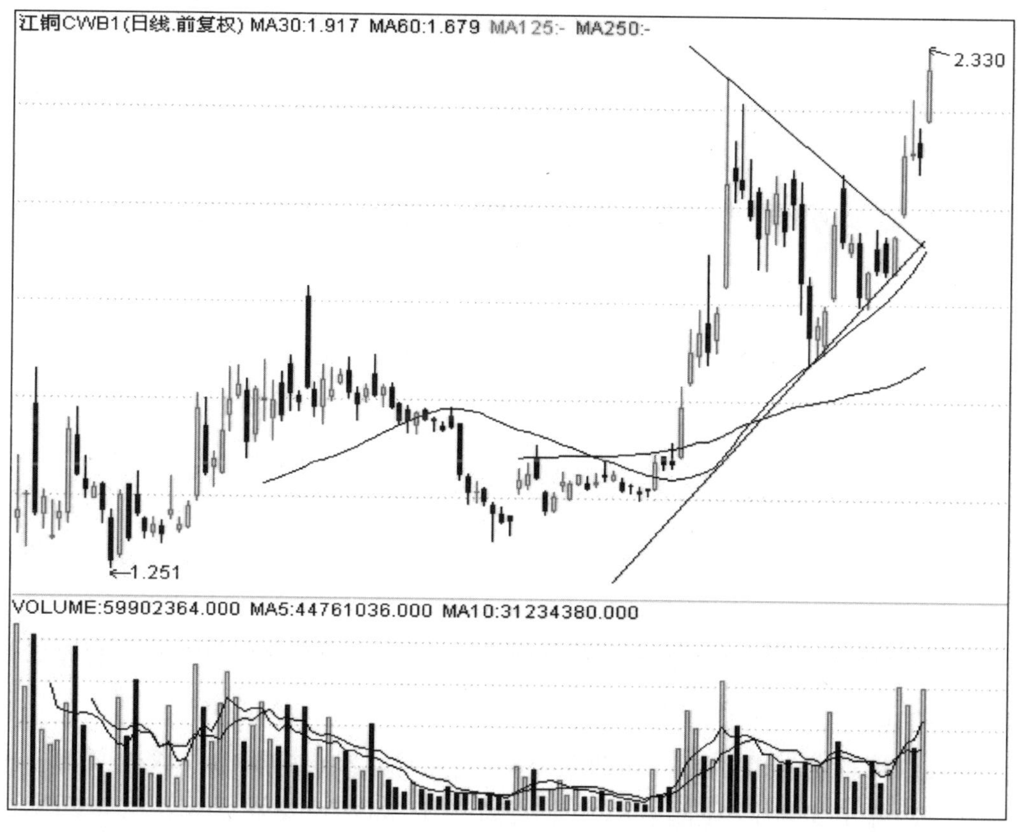

图 11

截至 3 月 20 日的 580019 阶段性日线图（图 12）：

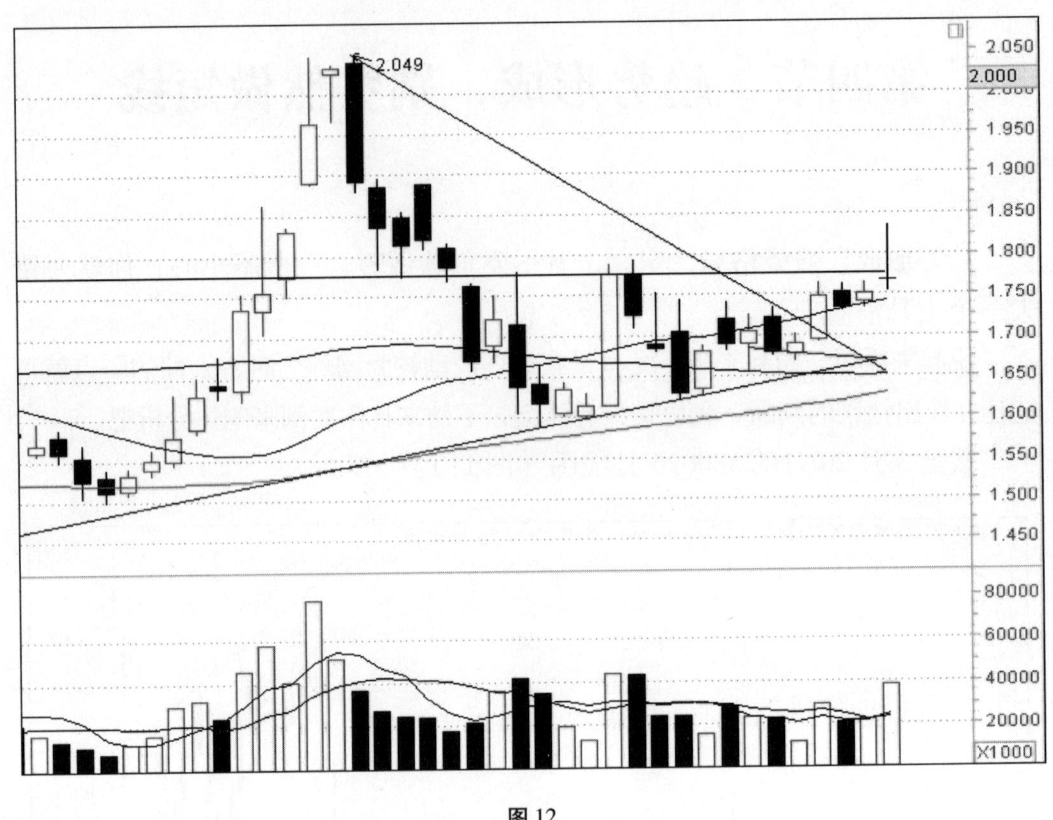

图 12

一、贪欲是错误的开始

对比图 11 和图 12，都是三角形态突破后的走势，但整体强弱走势却是截然不同的，580026 明显强很多。

我们现在要看的就是上面两幅图最后五个交易日形成的日线图对比。可以发现，除了 580019 在倒数第二个交易日比 580026 要强点外，其余四个交易日都走输 580026。

580026 与 580019 三角形正式突破都是发生在倒数第四个交易日，对于 580026 的波动趋势，其实我早已了然于胸，正式突破后，我的判断就是很快就会见新高但不排除需要先整理，正是因为不排除需要先整理的思路，让我有了考虑短线换品种做个超短线然后再杀回来的思路。

这时候，我看到了 580019，580019 也是刚突破三角形态，但其离前期高点仍有相当距离。我当时的思路就是，突破后应有补涨过程，毕竟 580026 已经提前到达前期高点附近，580019 也应有这个可能性。当然，我也明白，强者恒强，有时候不需要贸然做短，否则极容易错失接下来的主升段。

只是，人都是有贪欲的，我也不例外，另外，当时 580026 如我预期大幅突破上来后，我对自己的把握能力已经到达了一个阶段性高度自信的地步，这时候，我其实已经有点失去冷静了。

很快地，我采取了换仓策略，把 580026 全换成了 580019，就发生在三角形正式突破时的那一天。其实，正常情况下，那应该是坚定信念、继续持有等待又一次暴涨的时刻，可那时的我就是想继续扩大战果，认为 580019 接下来马上就要进行补涨。

二、过早换仓带来 6 个点的价差损失

事实显然不是，或者说是太过前瞻性了，过早采取了换品种的策略。结果后面三个交易日，除了倒数第二个交易日 580019 当天赢 580026 外，其余两天都输给 580026，尤其是 3 月 20 日最后一个交易日那天，更是大幅度输给了 580026，而这样带来的结果就是平白至少少了 6% 的利润。

6%，其实已经是一个大阳线的状态了，对大资金而言，更是让人心痛的损失，这就是贸然换品种做短线所付出的代价。

这个案例整个发生的时间段，仅仅是 5 个交易日而已，如果把这时间再拉长些，那错误带来的损失完全是有可能进一步扩大的。

当然，也不排除 580019 接下来的补涨行情把这些损失弥补回来，但无论如何，这五个交易日，已经是确实做错了。

三、强者恒强，别贸然做短线，高点随时可能刷新给你看

最后，虽然已经错了，但错并不可怕，可怕的是错上加错，接下来其实要做的就是保持冷静，万不能让历史重演，既然 580019 已经看好并投入重兵，那么，在没有触及底线之时，就坚定信心，让资金稳定增值。

记住，一旦你的品种如你预期开始走强，尤其是在历史高点附近继续走强的背景下，请千万不要贸然做短线，因为强者恒强，高点随时有可能刷新给你看！

第五节　从失败中带来的“收获”

2009 年 3 月 25 日，是成品油跟随外围原油反弹全面提价的日子，上证指数戏剧性波动，结束连续 7 个交易日上涨的日子，这天，不论是消息给相关个股带来的机会，或者是大盘本身戏剧波动带来的差价机会，都是令人难以忘怀的，最重要的是，其在短线波动带来的心得尤为珍贵。下面将结合当天图逐一总结解读，共 7 幅图。

2009 年 3 月 25 日上证指数分时图（图 13）：

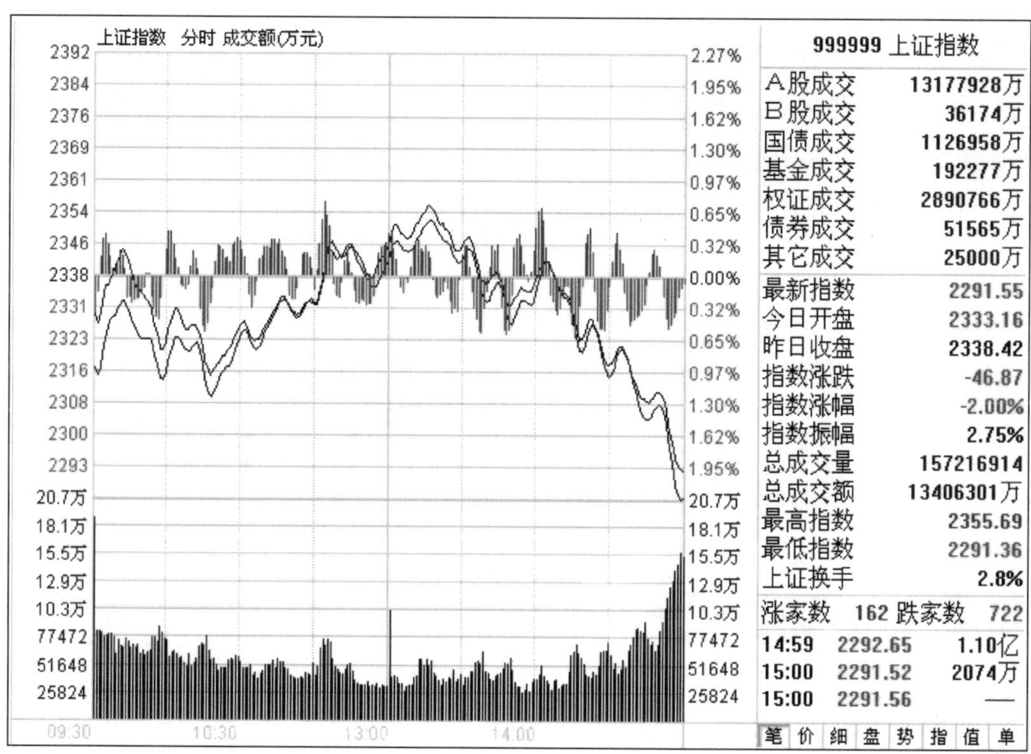

图 13

一、把握好戏剧性转折

从图 13 我们可以清晰地看到市场戏剧性的地方——上午一波冲高回落后转折再上涨，这波转折上涨会让人很兴奋，毕竟创出了当天新高，但其实从创当天新高后对应的成交量来看，显然是有点背离的，其实也为接下来的再次戏剧转折埋下伏笔。

我在看当天盘面时的错误就在于：没有重视已经连涨 7 个交易日后第 8 个交易日随时有可能短期戏剧性转折变盘的可能。

午后稍微冲高一段就展开了一路不回头的戏剧性变盘，尤其是下午的后半段，速度之快令人咋舌，不过尾盘那放出的成交量却是好事。在这里放大成交量，是洗盘的必然特征之一，只是，自己没有把握好这波戏剧性转折带来的短期一出再一进的做差价机会，这是当天最大的可惜。

截至 2009 年 3 月 25 日的阶段性上证日线图（图 14）：

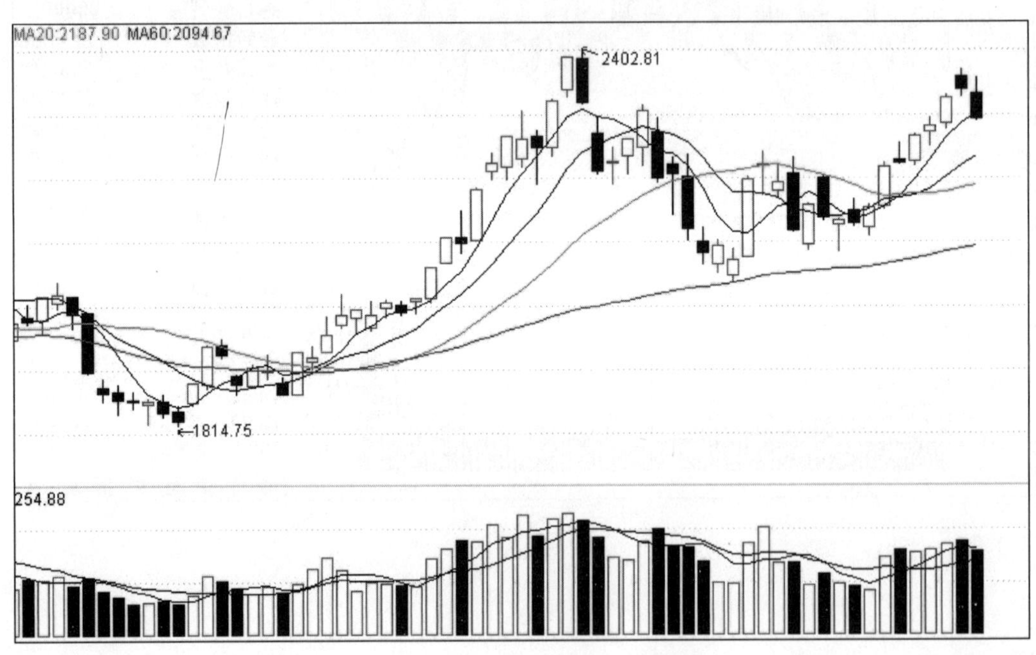

图 14

二、熊市反弹该做不做，可悲

如果图 13 在分时走势上谈大盘还不够让人明白的话，那么，看了图 14，就清晰很多了。很明显，这是突破前的回挡，只是，自己只看到大的机会，却对这种比较剧烈的波段差价机会没有把握好。不过，我在这里并非强调多做短线，只是强调在能够把握好大波段的前提下，关键时刻如"25 日"要懂得把握好小波段，因为同时把一个小波段把握好，这样最终的收益将更高。来到市场，不就是追求利益的最大化吗，在有可能的情况下就是要懂得去把握好属于自己的机会，尤其是在熊市反弹的过程中。

从上波牛市高点 6124 点到"25 日"的日线全景图（图 15）：

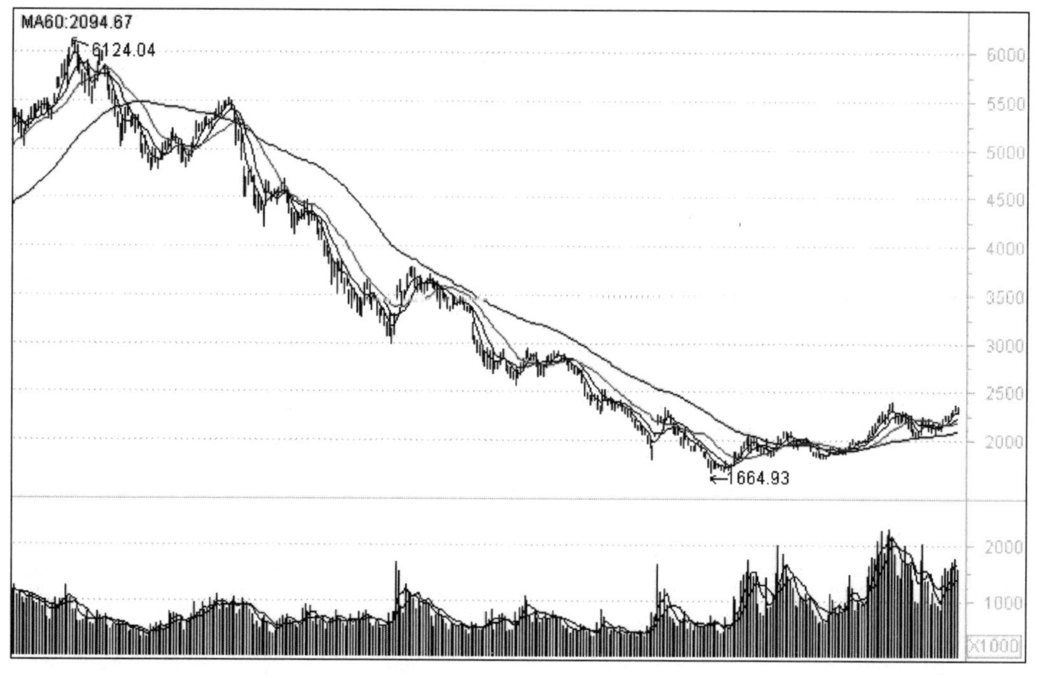

图 15

三、看“大”放“小”并非任何时候都适用

看了图15，就会明白，什么是大波段了，6124点跌到1664点，1664点再逐波反弹，现在的高度对比过去6124点，不就是有小巫见大巫的味道吗，我的大波段思路就是从这大格局中去考虑的。

毕竟现在反弹趋势形成，那么，顺应趋势是必要的，尤其是在历史高点下来后，目前的高度显然并不用太以为然，具体哪里是反弹高点，完全可以耐心等待市场发出的信号，现在并不需要太过担心。

不过也正是这种只看“大”而忽略“小”的思路，才酿成了“25日”的无所作为，而正是这无所作为，才让本可以把握好的差价最终付之东流，而且还要倒贴，真是无奈且有点沮丧。

580019在“25日”的分时图（图16）：

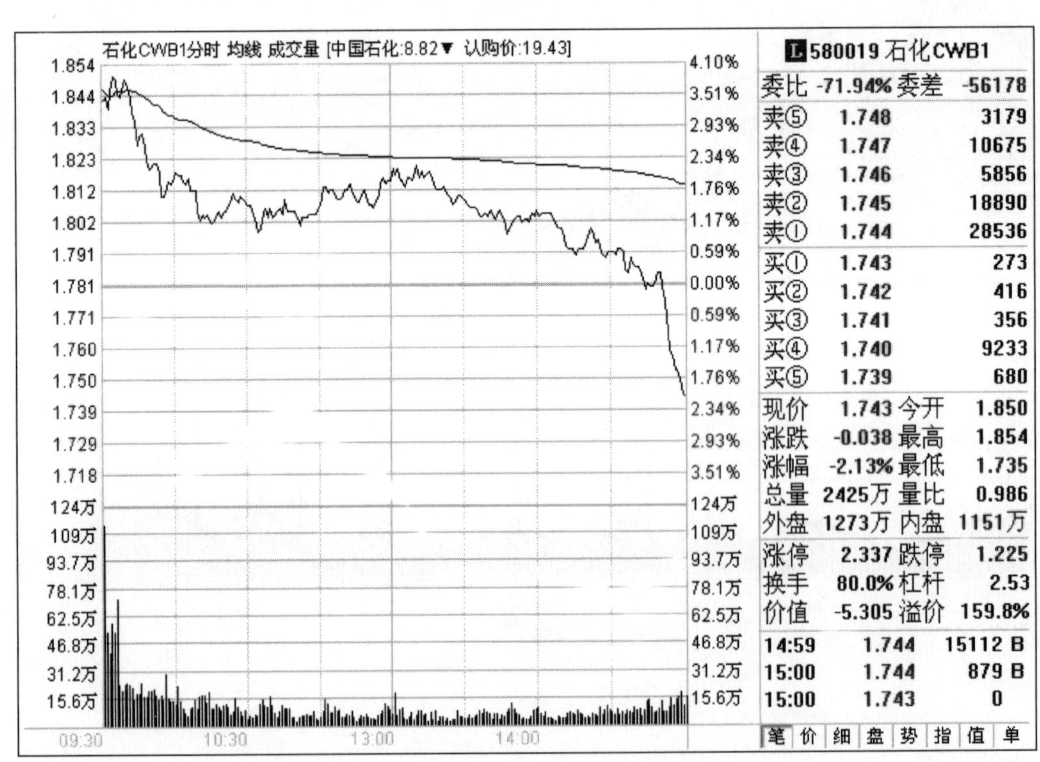

图16

四、权证交易要注重细节

580019 是前一天已经拿在手中的品种，成品油上涨的消息，让它一开盘就在其他权证低开背景下大幅高开超过 3 个百分点，这显然是消息刺激带来的结果，能否持续上攻最关键是要看大盘是否配合。

而当天我是全然忘记第 8 个交易日带来转折的可能性，沉浸在大幅高开的兴奋之中。如果能够清醒些，然后再果断些，那么，就算不能在冲高时出完也肯定能在下跌反抽过程中出完，把握机会做差价。

这告诉我们，权证或股票都要注重细节，很多差价性的机会就是从细节中产生的。

580019 自低点 0.941 元以来到 25 日的日线全景图（图 17）：

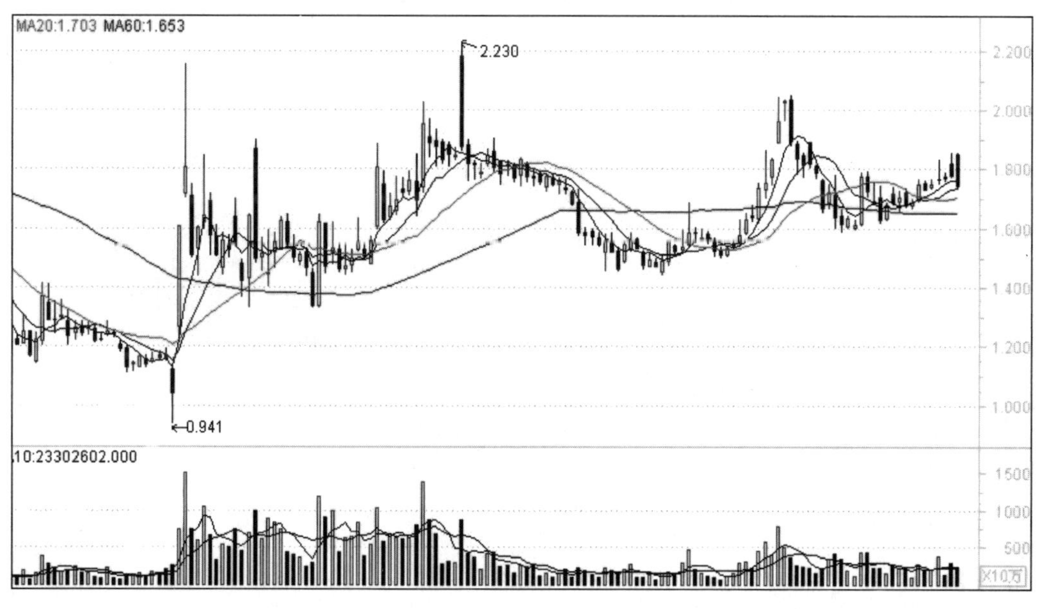

图 17

五、矛盾中更要果断

看到 580019 这幅全景图，你就会明白，为何我会忽略那高开带来的差价机会。没错，那是因为，太向往这已经逐步形成的多重底区间波动形态。因为在我看来，一旦向上，那么突破后的空间将是极其诱人的，至少，在目前基础上翻倍是完全有可能的。

不过，有时候，这种过于看重大而忽略小的思路，在短线波段操作过程中，会让我处于极其被动的局面。这也告诉我们，有时候别太好高骛远，要把握当下，尤其是基本上非常有把握的细节波段操作。

说真的，难得消息如此配合，有个让你高开出局做差价的机会，却不够果断，真是可惜。这也告诉我们，有时候，犹豫会让你流失财富！

580026 上市以来到 25 日的日线全景图（图 18）：

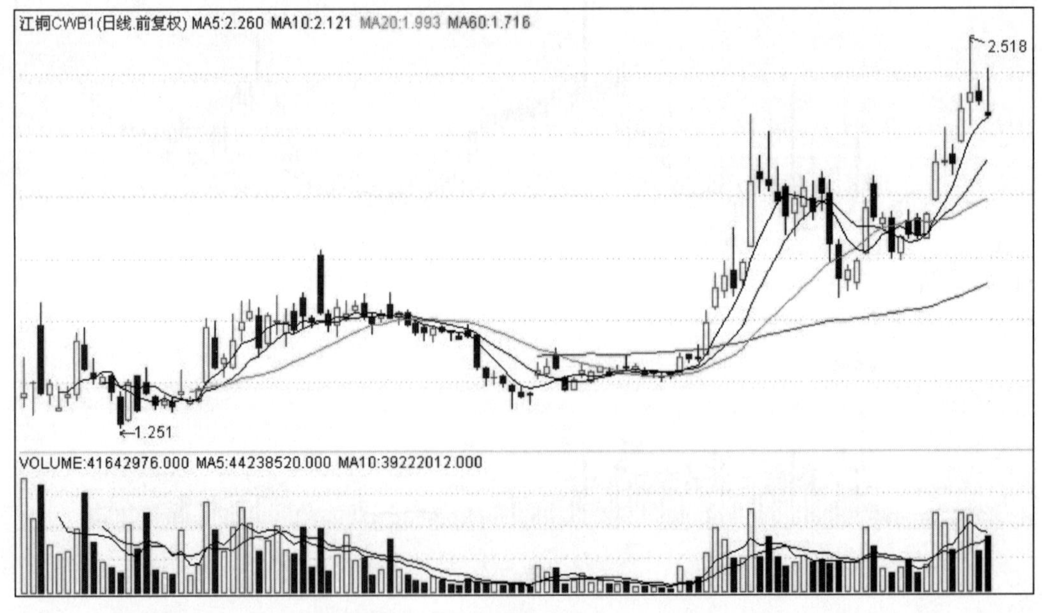

图 18

六、强者恒强，千万别忽略

除了 580019 是一个教训外，580026 也是。2009 年年初，我喜欢做的权证无非就是 580019、580026、580024 或 580025 这 4 个时间寿命比较长而且溢价也比较合理的品种，尤其是 580026，更是成为我 3 月阶段性的重点品种，因为我非常看好有色板块的反弹力度。

其实市场也是这样走出来了，25 日前的背景就是有色板块成为市场近期最为疯狂的板块，其实看看 580026 的走势，也可以看出，它比 580019 要强多了，而且是已经创出新高，处于新高后的上涨运行格局之中。强者恒强，这点我在 25 日彻底忽略了。

580026 在 25 日的分时图（图 19）：

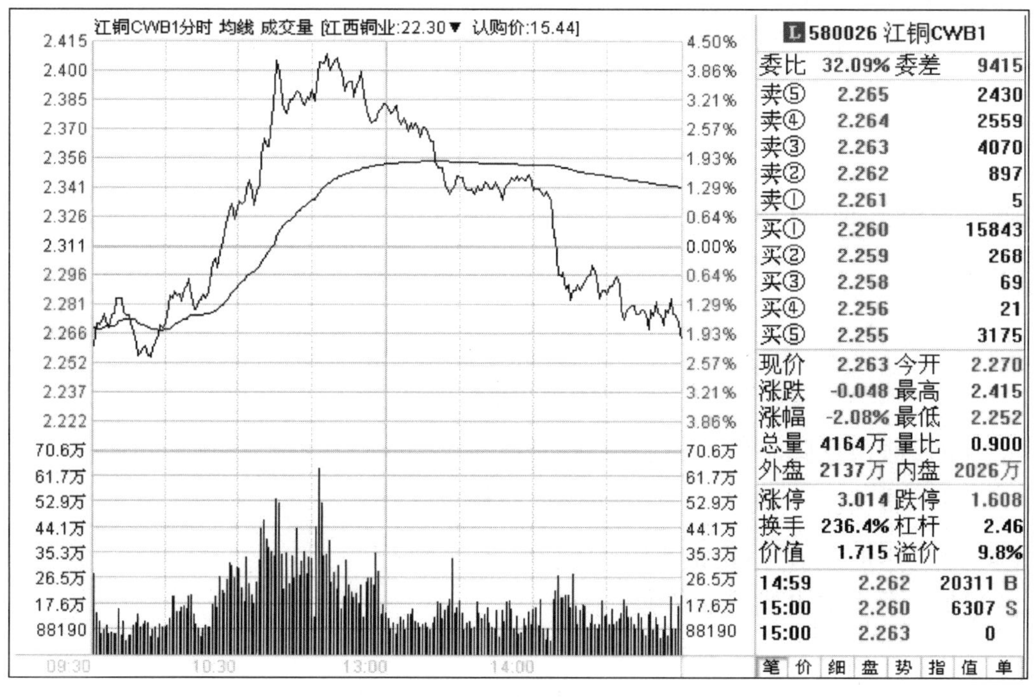

图 19

七、不一样的交易模式带来的结果是很不同的

当时 580019 大幅高开提供了一个做差价的机会，而 580026 作为当时权证中最强的品种，却因短期上涨幅度过大以及大盘低开的缘故，选择了低开。如果当时我能够果断把 580019 在高开阶段出完，然后再全部换入低开震荡的 580026 的话。那么，看看上面 580026 的分时图，你就会明白，当市场进入正常交易模式，大盘开始盘中反弹后，强者恒强的特征就表现出来了，其对比 580019 在盘中交易阶段要强的形态也就出来了，盘中最高竟然上摸超过了 4 个点，而同步的 580019 其在盘中反弹高点始终都没越过当天 2% 的涨幅范围。580019 高开近 4 个点时出局，然后趁 580026 低开震荡 1 个点附近杀入，最后再在其拉高近 4 个点时出局，排除不能最高出局与最低介入这正常操作带来的误差，保守估计也能至少带来 6 个点的差价收入！

有时候，如果你看到了，但没做到，这是一件令人痛苦的事情。

八、心得

（1）不要可惜，要把握好戏剧性转折。

（2）熊市反弹该做不做，可悲。

（3）看“大”放“小”并非任何时候都适用。

（4）权证交易要注重细节。

（5）矛盾中更要果断才是。

（6）强者恒强，千万别忽略。

（7）不一样的交易模式带来的结果是很不同的。

第六节　跟图走一圈：权证超短线的实战思路与案例

做股票需要敏锐的盘感，做权证的超短线更是需要如此。这里的超短线指的是从买进到卖出获利时间一般不超过 15 分钟，获取的利润尽可能超过 1 个点，有时可能不到 1 个点，偶尔运气不错碰到疯狂时可能获取 10 个点以上的超常规收益。

一、超短线的思路

做超短线的思路如下：

密切留意其本股的动向，一旦有爆发动作，要迅速判断出它可能的力度。

介入权证时动作不仅要快，更要果断，机会稍纵即逝。

一旦作出买入决策，买进价格定要大胆挂高买进，在这里特别要提醒的是，要确保挂高价格一定能买进。

买进后密切留意本股的持续动向，看是否能再次爆发，如感觉不能，果断把握高点出局。

一般情况下，我们只做超短线，在利润已经在眼前之时，更要及时套现，否则随时可能被套。

学会联想操作，在爆发临界时迅速介入往往是收获最大而且最为安全的方式！

二、超短线的注意事项

1. 耐心等待也是一种策略

就2009年4月2日，上午下午两个时段，针对一个医药品种和一个钢铁品种，现在阐述我的超短线实战思路，希望能够给你带来更多的感悟与理解。投资者务必需记住一点，所谓超短线并非什么机会都去做，必须是那种有一定把握度的才可以去做。有时候，没机会的时候，就要耐心等，耐心等待也是一种操作。切记，别为了超短线而乱动，一个不小心就是套，那没必要，我们是要获利，而不是其他！

2. 别做赌徒，一定要有原则并节制

另外，还有个很多人会犯的错误：那就是在做超短线感觉很好、收获已经不菲之时，很多人都会抛弃原则，开始进行更大的冒险操作。为何会这样？因为当人在得到一定收获后往往胆子就大起来，就好像很多赌徒控制不了自己膨胀的欲望，没有原则，没有节制。当赢了不少的时候，就开始抛弃原来设定不碰的品种，比如去博弈一下风险极大的末日轮，其实这是非常危险的，因为，最终你会因为你的一个不小心吃亏，很多人往往都是输在此。因此，切记，赢了也要当没赢，时刻保持一种归零的心态，要有原则并节制！

三、跟图走一圈实战解读

回到实战案例，这里，我采用配图解说的方式来阐述，读者依照图的顺

序往下看，跟着图走完一圈，相信你会有收获的。

1. 实战解读：观察本股是否强势拉升

超短线首先就是要关注本股，东阿阿胶本股开始拉升时，你可以发现其拉升角度在 75 度与 90 度之间，这说明是强势拉升，而成交量的异常放大也可进一步支持强势拉升这一判断，一般情况下，突破高点后往往都会有回抽。在 17.5 元附近可以发现，没有回抽迹象（此时权证有回抽迹象），结合如此大幅度拉升，我们应该迅速反应到其还有大拉升，而这就是最好的支持权证进一步拉升的机会，此时应马上转到权证操作上去。

2009 年 4 月 2 日东阿阿胶上午分时图（图 20）：

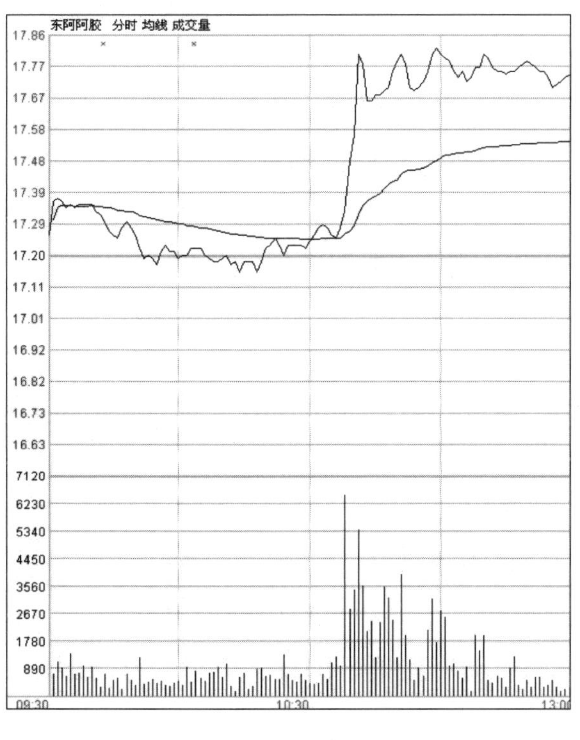

图 20

2009 年 4 月 2 日东阿阿胶认购权证上午分时图（图 21）：

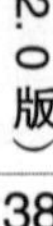

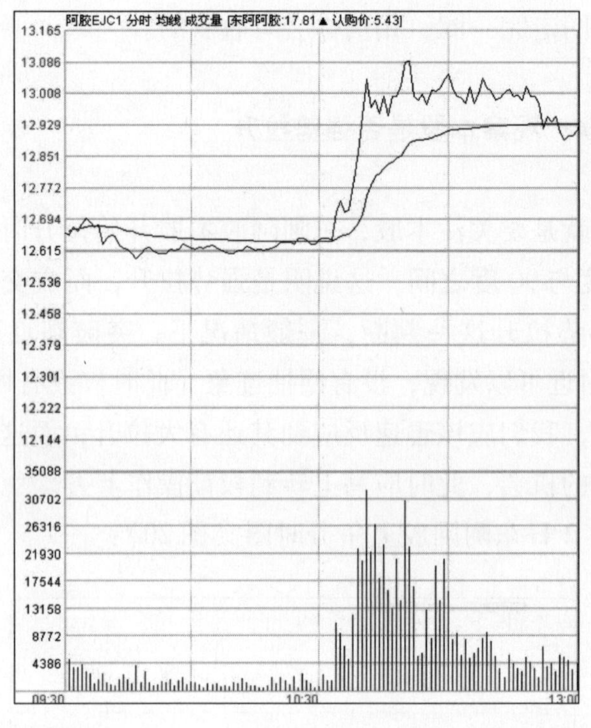

图 21

2. 实战解读：权证跟随本股时的回抽是机会

本股以一路不回头方式大幅拉升，而其权证毕竟是跟随者，因此，在初期跟随过程中出现一定反抽现象是正常的，因为，跟随者在犹豫，不知道本股是否要继续拉升还是回抽，部分资金就采取了套现策略。

这个时候，如果你对其本股已经看透的话，那么，此时就是最好的介入跟随时机，不过，这机会也就那么一瞬间，图中显示，如果没有及时介入，后面的拉升就可以考虑放弃了，因为你做的是超短线，不是“超超短线”。实战过程中，这样的机会一般很难把握，不过，这可以给同属医药类权证带来“后发制人”的机会。

2009 年 4 月 2 日康美药业上午分时图（图 22）：

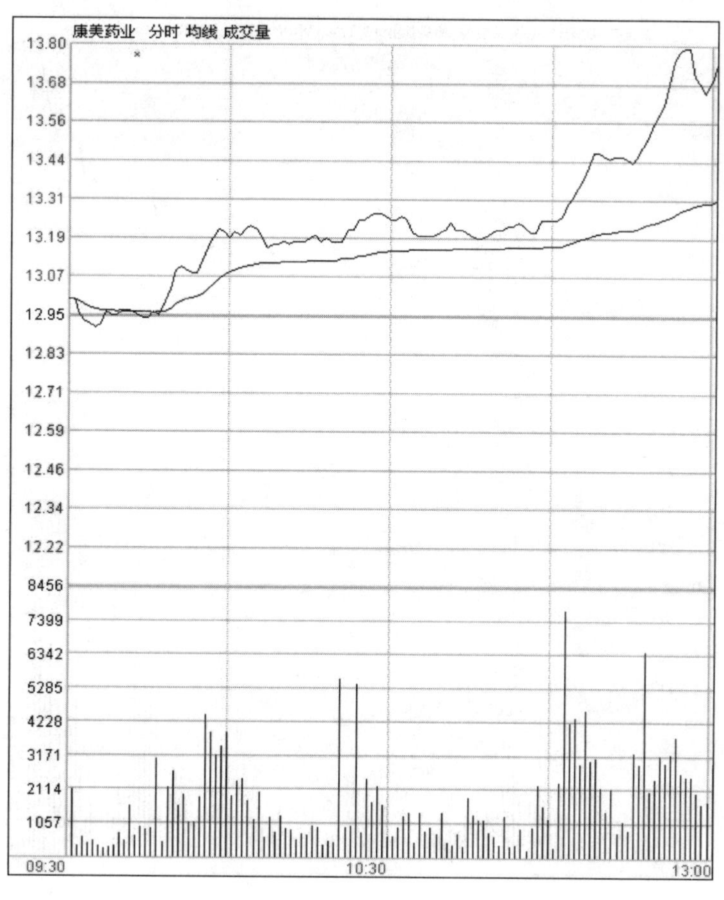

图 22

3. 实战解读：注意同一板块的其他权证联动机会

东阿阿胶的爆发，带动了其权证的超短线机会，只是，那机会有时候不容易把握，而通过联想，我们很容易就可以把目标锁定在同类医药权证上，要把握康美认购权证，当然首先要看其本股是否具备带动爆发的可能。从图 22 中，很显然，在东阿阿胶爆发前，其走势已相对比较强势，是处于一种强势震荡横盘的状态，东阿阿胶爆发后，其也没有马上跟随突破向上，而是继续横盘，这也说明不少资金还没充分意识到这跟随机会，不过从其分时图上的强势状态以及阿胶的爆发，最终向上突破的机会是非常大的，因此，此时，思路应该再次转换到康美认购权证上，要密切留意其权证，一旦出现积极现象，马上采取跟随动作。

2009 年 4 月 2 日康美认购权证上午分时图（图 23）：

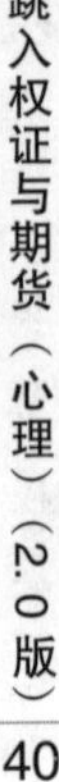

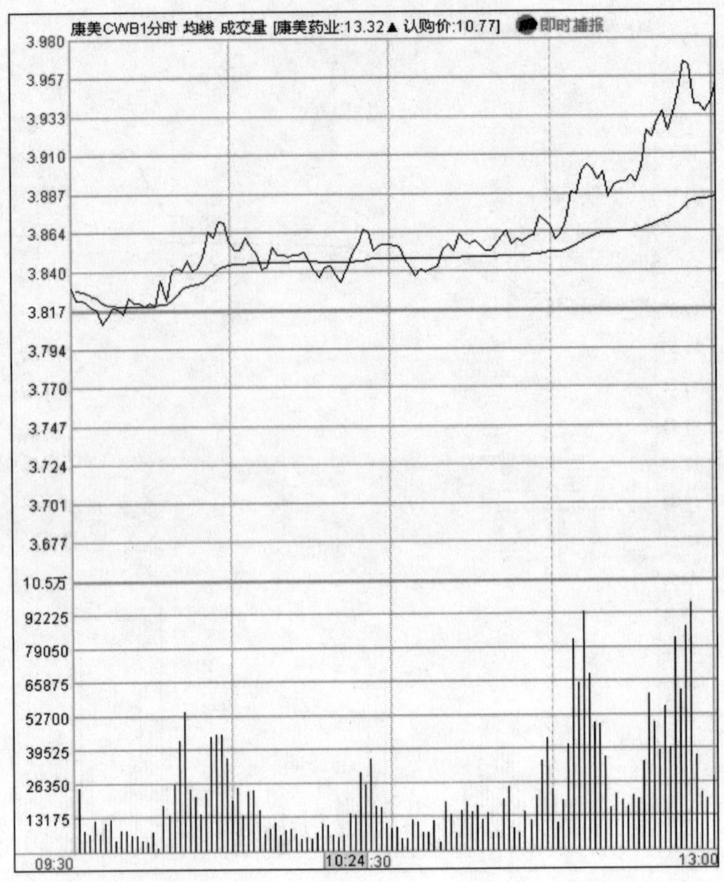

图 23

4. 实战解读：有所为有所不为

什么地方有机会，就要关注什么地方，这是做超短线权证的信息。当然，它是有原则的，有所为有所不为。在看到武钢股份再次爆发的时候，其虽然有认购权证，但此时的认购权证已经是处于末日阶段，剩下的交易时间不多，可以说风险远远大于机会，因此，就算其本股再次爆发，也不用多看。因为这是原则。想不出现大失误，就要坚持原则，很多人输就输在一时冲动无原则上！

2009 年 4 月 2 日宝钢股份下午分时图（图 24）：

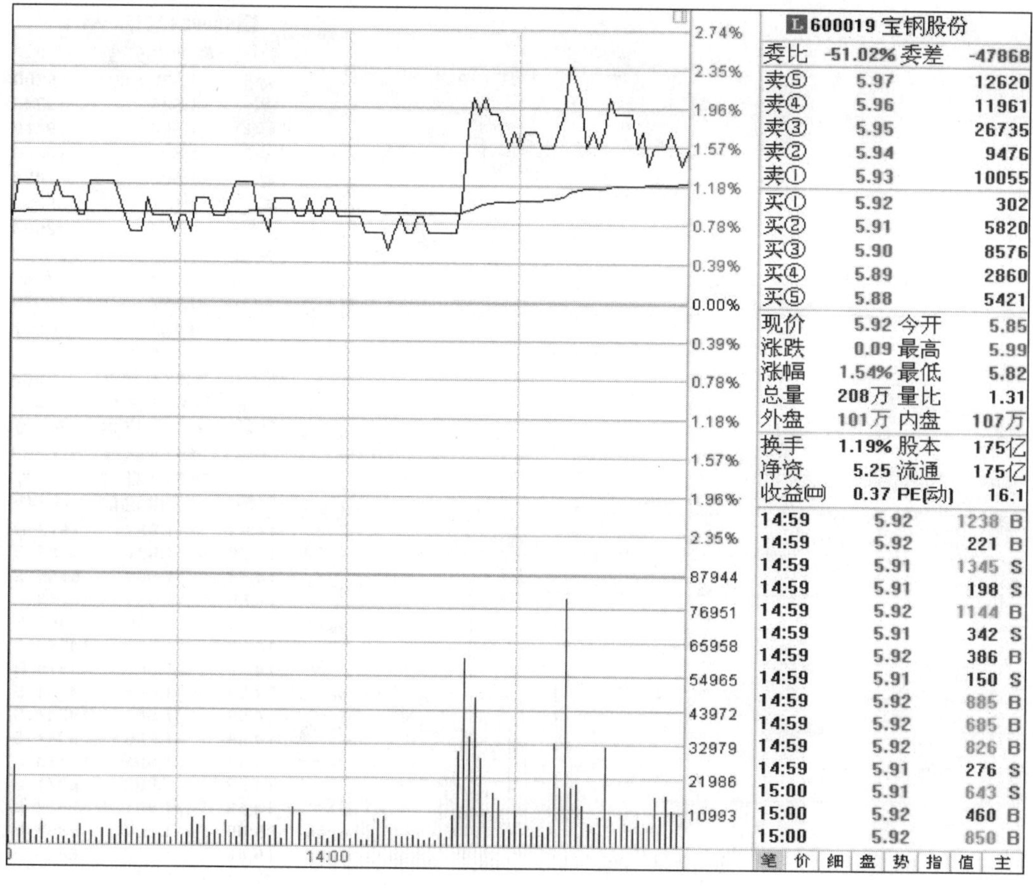

图 24

5. 实战解读：学会马上联想

武钢股份再次爆发，要马上联想到同为钢铁板块的宝钢股份。因为，其也有权证，而且其权证目前还有相当长的寿命。从联动的角度来看，其机会来了。当然，我们需要先观察宝钢本身的状态。很明显，在武钢再次爆发的刺激下，宝钢明显开始放量拉升。无论如何，拉就是机会，就是导火索，就完全能够把宝钢权证激活。这个时候，我们清楚，就算宝钢动作不大，只要武钢动作够大，那么，宝钢认购权证还是能够趁机疯狂一把。想到这，要做的就是马上准备买宝钢认购权证了。

2009 年 4 月 2 日宝钢认购权证下午分时图（图 25）：

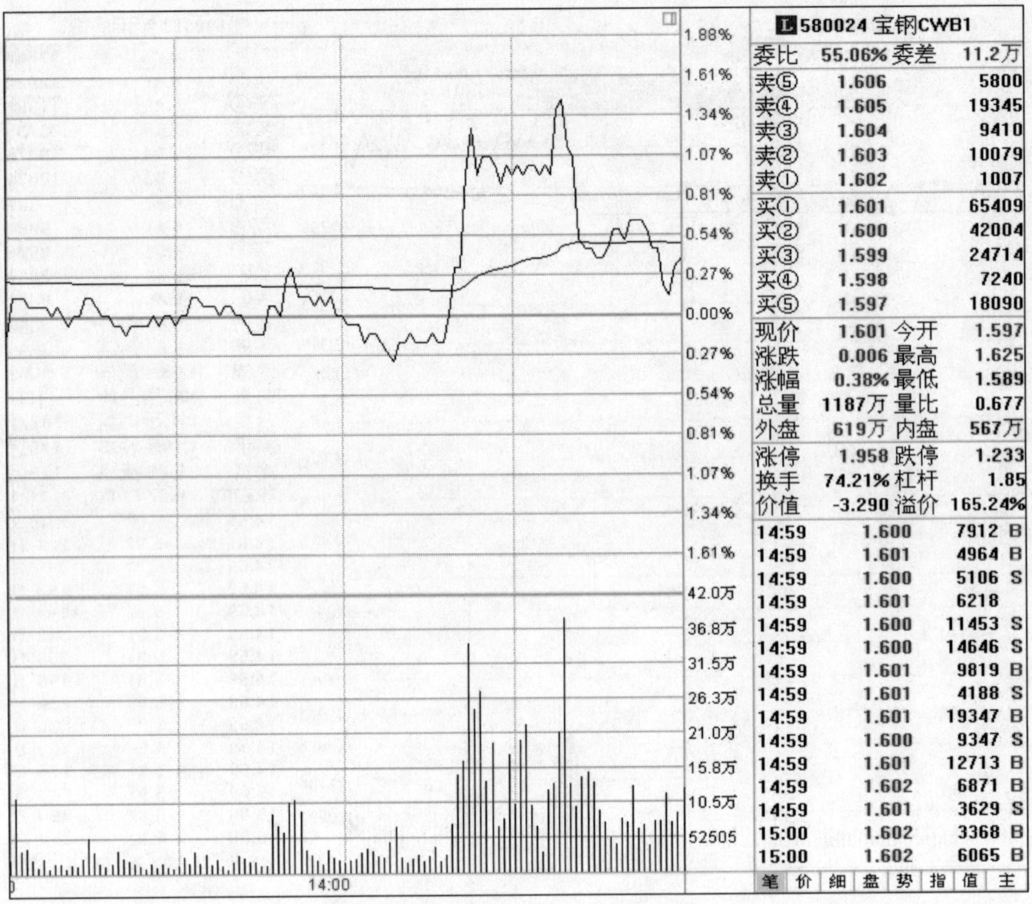
1.88%
1.61%
1.34%
1.07%
0.81%
0.54%
0.27%
0.00%
0.27%
0.54%
0.81%
1.07%
1.34%
1.61%
42.0万
36.8万
31.5万
26.3万
21.0万
15.8万
10.5万
52505
14:00
580024 宝钢CWB1
委比 55.06% 委差 11.2万
卖⑤ 1.606 5800
卖④ 1.605 19345
卖③ 1.604 9410
卖② 1.603 10079
卖① 1.602 1007
买① 1.601 65409
买② 1.600 42004
买③ 1.599 24714
买④ 1.598 7240
买⑤ 1.597 18090
现价 1.601 今开 1.597
涨跌 0.006 最高 1.625
涨幅 0.38% 最低 1.589
总量 1187万 量比 0.677
外盘 619万 内盘 567万
涨停 1.958 跌停 1.233
换手 74.21% 杠杆 1.85
价值 -3.290 溢价 165.24%
14:59 1.600 7912 B
14:59 1.601 4964 B
14:59 1.600 5106 S
14:59 1.601 6218
14:59 1.600 11453 S
14:59 1.600 14646 S
14:59 1.601 9819 B
14:59 1.601 4188 S
14:59 1.601 19347 B
14:59 1.600 9347 S
14:59 1.601 12713 B
14:59 1.602 6871 B
14:59 1.601 3629 S
15:00 1.602 3368 B
15:00 1.602 6065 B
笔 价 细 盘 势 指 值 主

图 25

6. 实战解读：快、快、快

在武钢股份再次爆发，宝钢股份开始有所动作之时，宝钢认购权证出现了一波快速拉升动作，此时，要跟随，一个字：快。由于钢铁板块盘子相对较大，在上攻过程中，一旦发现武钢股份出现滞涨，要做的就是两个字：快走。否则，你很容易就回到介入时的成本区，甚至最后套住你。当然，宝钢认购权证此时就算被套问题也不大，因为钢铁板块已经开始被激活了，未来还是有大把机会获利出局的。只是，在这买进到卖出不到 15 分钟的超短线过程中，你宣告失败了而已，这个失败带来的结果就是失去一个点左右的利润，别小看这一个点，长期下来，也不是小数目，因此，请记住，做超短线玩的就是迅速与果断！

四、总结：长短可互换，举一要反三

一轮下来，不知道读者是否有所感悟，有所收获。这个市场，短有短的玩法，长有长的做法，如果想要更深入了解这个市场，就要用心去体验。其实，短与长，是相互转换的，此时的短，放在大的周期里，很多东西也是实用的，一通百通，该短则短，该长则长。只是，你一定要有自己的赢利模式，要懂得举一反三，融会贯通。

第七节　总结：“短时”果断，“长时”大胆

兵法有云：不打没有准备的仗。权证交易之“仗”要想赢，也是如此。

很多人对权证，别说准备，就是权证是什么也不太了解。这等于在打仗前对“仗”的具体状况是什么都没弄清楚，试问准备如何打？不败才怪。

权证毕竟不是股票，这“仗”有其特殊性，因此，在准备的过程中，要充分结合其特性来制定具体的策略。记住，这里要“有所为有所不为”，有些权证如果定义为碰不得，那么，就不需要为其准备具体操作策略，采取回避战术，千万别意气用事。很多人输，往往就是输在意气用事带来的一时冲动上。

操作权证，选择品种很关键，一旦选择好，可短可长，随机应变。

短时切记“果断”，该撤则撤，该进则进，不可犹豫，宁可损失一寸，也别后退一尺。

长时切记“大胆”，机会来时，要敢想象，大胆持有，一旦转强，强者恒强，不到底线，就把它大胆做透！

总之，面对权证，有所为有所不为，短时“果断”，长时“大胆”，长此以往，赢利自然来！

第二章　期货的世界

第一节 中国期货铜近十四年的周线图研究心得

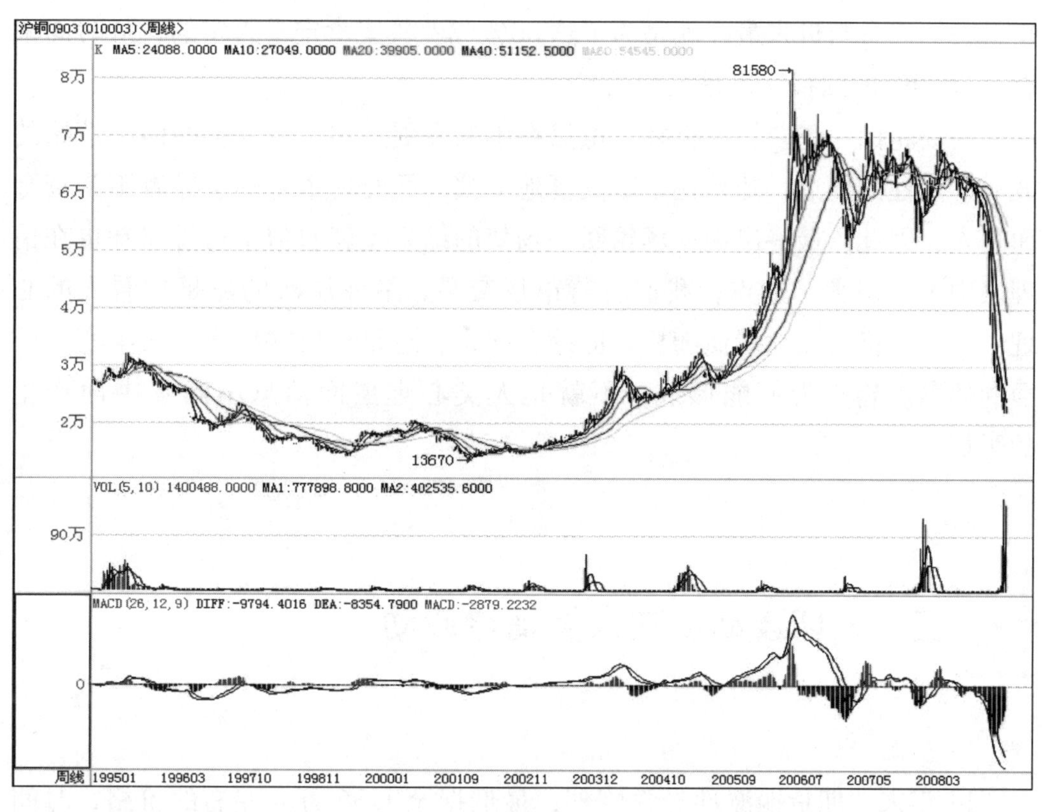

图 26

一、一场轮回一场梦，反复总难免

1995 年期货铜从开始交易近 3 万元的价格，到现在 2008 年年底近 2 万元的价格，14 年过去了，价格不仅没有出现上涨，相反，还缩水近 30%。人类社会在发展进步，可一些商品的价格却出现了如此的情况，这说明什么呢？有一点很重要，那就是没有什么东西是永恒的，更没有什么东西是绝对的，存在的只是相对事物而已。回顾这14年的波动，其实是非常剧烈的，把握好其中的做空做多波段机会，那么财富的增长是异常惊人的。换句话说，“真正的大赢家是懂得把握机会的人，而不是一直沉寂在里面的人。”1995年开始到2008年年底，价格不涨反缩水30%就足以说明问题。当然，如果说你是做空者的话，你是把这30%左右的利益拿到手了，但试问，14年过去，你参与进来最终就是为了这30%吗？答案肯定是否定的，从时间来看，这30%的回报，也是失败的。

一场轮回一场梦，人类社会虽然在不断发展进步，但人类的内心情绪的波动，人性的弱点，却是在不断反复地上演。而交易本身的主导者不是资金而是人，因此，最终出现一场轮回一场梦的结果也就看似不可思议却也在情理之中了。洞悉了这点，我们看待市场交易，最深层次的还是要看人的心理。交易价格的波动看似随机，但综合起来，总是会反映出很多人类心理层面的信息。趋势为何能形成，不就是人类心理层面信息不断集中而产生的吗！

二、一切波动反映人类情绪波动

14年来，期货铜波动异常剧烈，最低探至1.36万元左右的价格，时间在2001年，对比1995年其上市价格足足缩水60%左右。从2001年1.36万元左右的最低价格开始，到2006年年初，价格达到最高峰：8.15万元左右，比最低点足足又上涨了6倍多。这里需要指出的是，其真正大幅上涨的时间是在2006年，几乎从3万元直接奔上了8万元！从2006年最高点开始，则又开始走下坡路，5万元到7万元这个区间，其震荡了三年，最终真正大幅下跌的时间锁定在2008年，一下从近7万元的价格急剧缩水至2万元左右！

从上面14年来期货铜的波动历史来看，真正波动异常剧烈的时候其实并不长，都是在大概一年的时间里就已经完成了疯狂表演。换句话说，14年里其实就大概2年左右的时间是真正疯狂的，其余时间都是一种相对区间波动。当然，这区间波动有些也并不小，但就整体而言，最令人兴奋或崩溃的行情就那两段一上一下的急速波动。这说明什么？说明这些交易价格的波动，其实都跟人的情绪是相似的。人有极度兴奋之时，也有极度低落之时，大幅波动的背后就反映了交易者极度兴奋或低落的情绪。

进一步来说，期货铜的波动状况，就跟人的心理波动状况类似，或者说简直就是一样。人是交易主体，不知不觉就把其本身内在的情绪波动反映在期货铜身上了。期货铜则变成了一个载体，一种人类情绪波动的载体，这就是最后的本质。

当然，这背后充满着各种人的博弈，展现出来的结果就是期货铜波动的状况。分析研究期货铜的交易机会，本质上就是分析研究人们内在情绪波动的状况，只不过，在这里是把人们兴奋或低落的情绪波动反映在了铜身上，这是发展的根源。

三、阶段性做大波段不失为上上策

综观近 14 年期货铜的走势，可以发现，虽然剧烈波动的实际时间不长，但幅度却异常夸张，在这过程中，如果谁能够比较好地吃到其中一个大段，那利润至少有几十倍，再加上获利资金的再持续投入，在一个大波段中获得巨额利润则不是梦了！

期货由于其杠杆效应，风险与机会都会成倍放大，因此，很多人都喜欢短线交易，但却不知，如果你大方向把握准的话，做阶段性中长线波段，那带来的收益不仅可观，而且省心。这说明什么问题呢？要耐得住寂寞，毕竟真正的大波段行情并不多见，但一旦有机会出现大波段行情，请千万别忘记做中线波段。

当然，在这过程中，资金的仓位控制是需要相当的艺术，在这就不专门谈了。我们需要明白一个道理，那就是商品期货在控制好风险的前提下，阶段性做大波段不失为上上策。

第二节　2008 年最后一天美国原油期货剧烈波动的启示

惊心动魄的美国原油期货波动（2008 年的最后一个交易日）（图 27）简要说明：

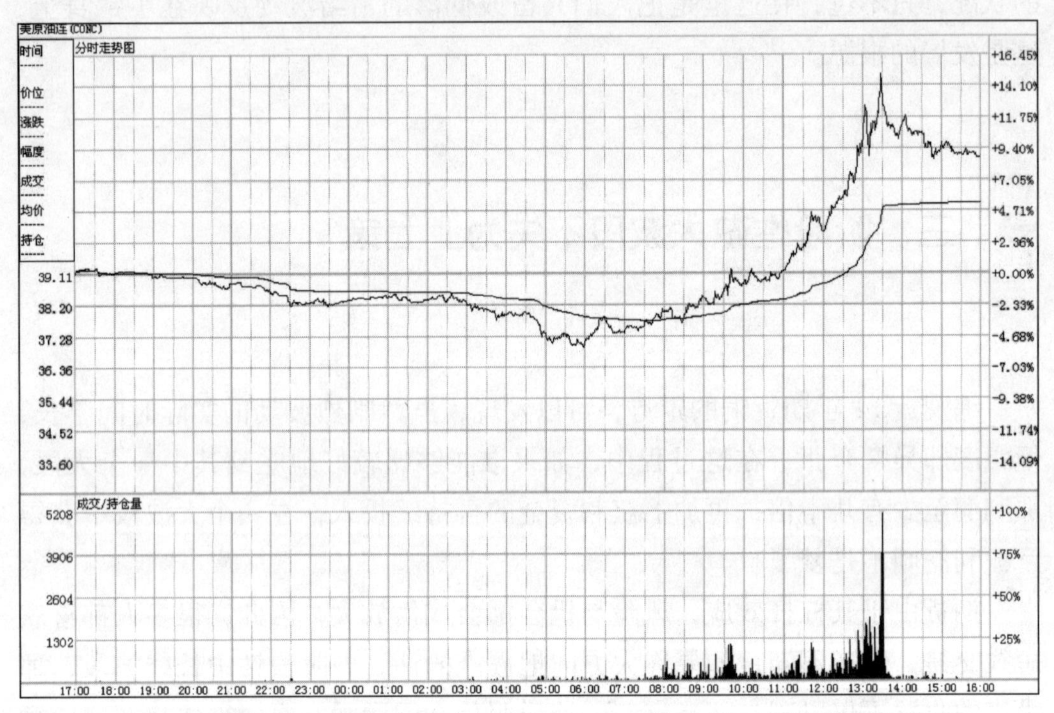

图 27

2008 年 12 月 31 日美国原油期货市场波动状况：

最低下跌幅度超过 5%，最高上涨幅度超过 14%，全天波动幅度达到 20 个点左右。39.11 元为前天收盘价，最后收盘上涨近 9%。

一、波动剧烈，暴仓或翻倍都很容易

美国原油期货波动状况如此激烈，当天稍微把握不慎而仓位较重的人就有可能面临灭顶之灾。请记住，这是期货交易，每一个点的波动都可以起到放大作用，一般都能达到10倍以上的杠杆效果。全天20个点左右的波动状况，就是至少200%以上的放大效果，100万元的资金接近满仓时稍微不慎，就有可能在波动10个点左右暴仓，何况20个点左右的波动！风险巨大的同时，当然，赢利也由此变得巨大，把握好方向，若仓位重的话，在当天交易利润翻一两倍不成问题。

二、一天逆转上涨背后的意思就是也可一天逆转向下

剧烈波动意味着多空双方争夺处于博弈异常激烈的状态，面对如此的情况，在把握不准的情况下，最好的策略应该是观望。虽然该天波动交易巨大，但放在大的原油走势图上，却并不显得非常突出，至少从近150美元以来的下降趋势并没有因该天的波动状况而有所改变，只是表明原油期货在近40美元附近受到市场更为广泛的关注。在技术图形上，也只能说因为这个波动有可能形成阶段性的低点而已。当然，期货市场瞬息万变，一旦其中一方主力占据上方，形势有可能马上逆转，既然可以一天如此剧烈波动后大涨，当然也可以一天如此剧烈波动后大跌，这是必须有清醒认识的。

三、技术分析在日内交易中的应用

技术分析在该天的日内交易中，无疑起到了非常关键的作用，图形中非常经典地走出了一波圆弧底或者说头肩底的形态，而其前天收盘价则成为一个非常明显的颈线位。这条线作用也非常明显，一旦突破后，只有再结合形态带来的信号进行操作，才能成为大赢家，至少不至于因该天的剧烈波动而致命。原理是这样的，对于多方而言，一旦突破，则可以大胆尝试进行加仓动作；相反，对于空方而言，一旦突破，则是要抓紧离场的时机，因为，一波圆弧底形态的上涨幅度，往往都是比较惊人的，而且有时候颇具速度和冲击力。显然，该天的交易非常经典地展示了上述原理。

四、大部分输家都是在最疯狂的时候看不到风险

尾盘急速冲高的过程也伴随着量能的急剧放大。可以发现，量能放得最为剧烈的时候，恰恰就成为了该天交易的最高点，大概在上涨14%一线，之后则逐步回落，最终回落至9%一线收盘。这里从实战角度告诉我们，在做多的过程中，要把握好时机，不是任何时候都是恰当的。量能急剧放大、价格急速向上过程中，机会充分展现的背后就是风险要降临了，毕竟高潮的时间是短暂的，指望高潮不断持续下去，是不现实的。因此，在看到上述有近似疯狂波动的时候，请千万要让自己冷静下来，宁愿不操作，否则一个不小心，可能就被背后的风险所吞没。市场大部分的输家往往就是在最疯狂的时候看不到背后的风险！

总的来说，期货市场不是普通人所能玩得起的市场，这是相对专业级别的市场，里面非常精彩，可以让人异常快乐，但更可能让人后悔终生。这是一个人心理博弈放大10倍以上的战争，没有绝对的赢家，但需要充分

准备，每一步都很重要。上述仅仅是从一幅图来说事，但管中窥豹，我爱这个市场，因为，我喜欢挑战，更因为，我觉得我本身就是属于这个市场的，而且有能力成为大将！把自己看到的想到的表达出来，无他，就是在让自己更好认识的同时，让他人也更好地去认识这个市场。思想是有价值的！

第三节　严格遵守操作纪律乃生存之本

成功操作 N 次，但一次大的失误就足以毁灭全部胜利果实。操作纪律真的非常重要，这在期货市场尤其突出。在此，特利用下面两幅图来讲述一些心得体会：

橡胶 0905 品种 27980 元至 8715 元后反弹的全景（图 28）：

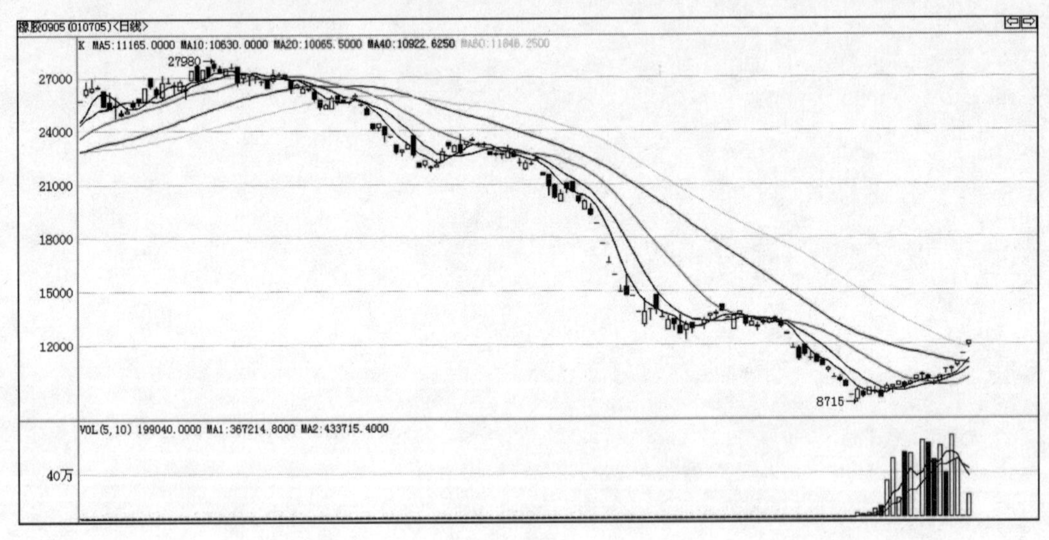

图 28

截取图 28 后面小半段的图形（图 29）：

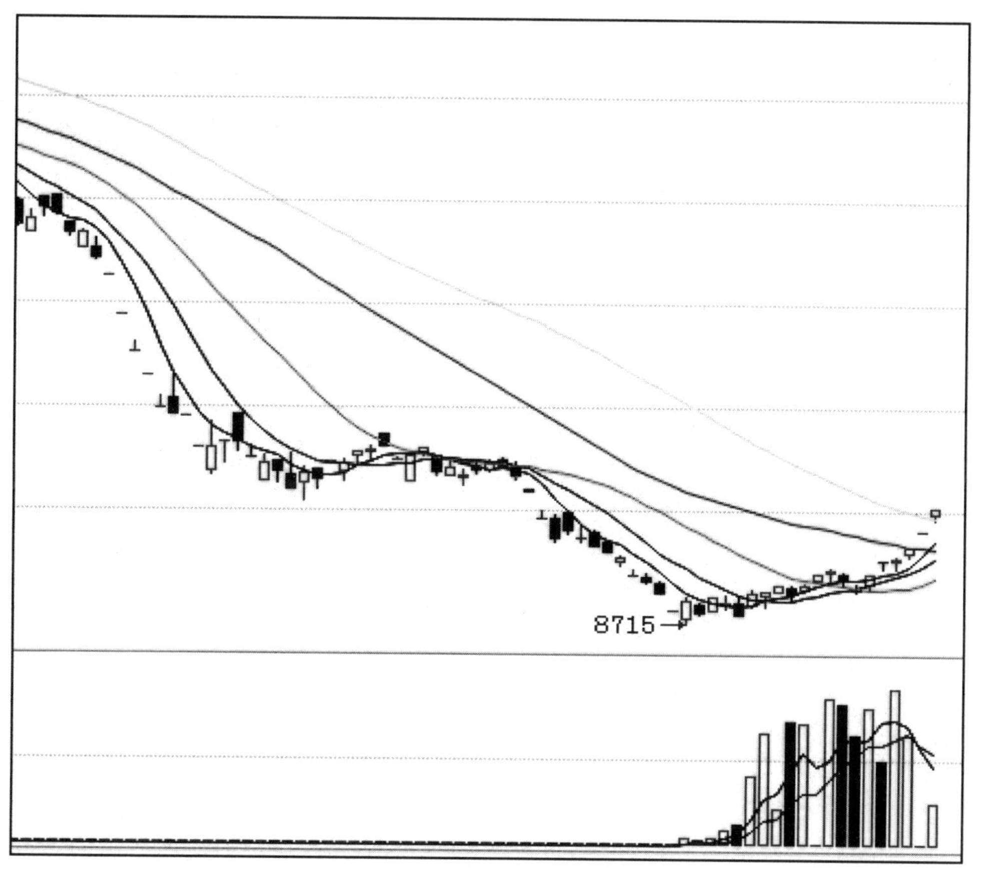

图 29

从图 28 可以发现，价格波动异常剧烈，大的下降过程中，伴随着连续疯狂跌停的走势。期间任何一个阶段，如果你的方向没有把握好，且仓位较重的话，可以说，不管之前你获利多少，一旦在此疏忽，结果只有一个，那就是“全输光”。因此，特别强调，宁愿损失些，也不要把自己全赔进去。

图 29 是一个放大的局部走势，放大来看，就更能感觉到其中的凶险。前半段基本上就是下跌再下跌的走势，后半段则是一个较强反弹的走势。两者的波动幅度都是相当大的，这从其中不时出现跌停或涨停的走势可见。

在这过程中，有什么规律可循吗？当然有，技术上来说，一是要顺应趋势；二是要懂得反手做多或做空；三是最重要的——要及时认错，遵守纪律；当然还有第四点也不可忽视，在看不明白的时候，最好的策略就是休息，虽然失去一些机会，但也因此可以防范不少操作失误带来的风险。

记得过去自己在具体操作的过程中，曾经非常漂亮地把握住了很多波段，得意之后带来的自满情绪，使得自己放松了警惕。明明已经决定只做日内交易坚决不过夜的策略，却在最后关头，因为觉得今天操作并不理想，想再等一天看看的想法下，过夜了，结果第二天的涨停，让我来了个措手不及（我是做空），损失比起昨天的更是放大了好几倍，好在该品种仓位不重，否则就真的很难收拾这个局面了。因为强势涨停，当天卖不出去，最终的结果是等到第三天的震荡过程中才退出，损失再次扩大，这可是实实在在惨痛的教训！

期货市场是非常现实更是非常残酷的，就算以前自己操作很成功，但只要一次大的疏忽，就完全有可能把过去的收益都赔进去，甚至还要搭上不少本金，严重的就全军覆没！

这个市场只认赢家，输家是不会被同情的，市场只会自然地把输家淘汰掉。因此，要想赢，首先确立一点，那就是纪律。纪律是控制风险的前提，股市中或许有些人感觉不是特别明显，但期货市场，只要你来了，你就能深刻地体会到我所谈的。

纪律是保持长久赢利的最根本内在因素。至于能力方面，这当然也非常重要，但人就算能力再强，有时候，在特定环境下，也很容易受到外在的因素影响而发生情绪上的大波动。这个时候，就算你明知应该怎么操作最好，但结果却在那情绪大波动下，做了反向操作的策略，其教训不言而喻。

总结来说，要想在资本市场长久生存下去，成为最后的赢家，懂得纪律并在任何环境下严格执行，是至关重要的，也是一个真正成熟的操盘手具备的素质。请别把纪律不当回事！

第四节　商品期货阶段性反弹的具体操作分析

美国原油期货阶段性走势（2008 年 12 月至 2009 年 1 月 7 日）（图 30）：

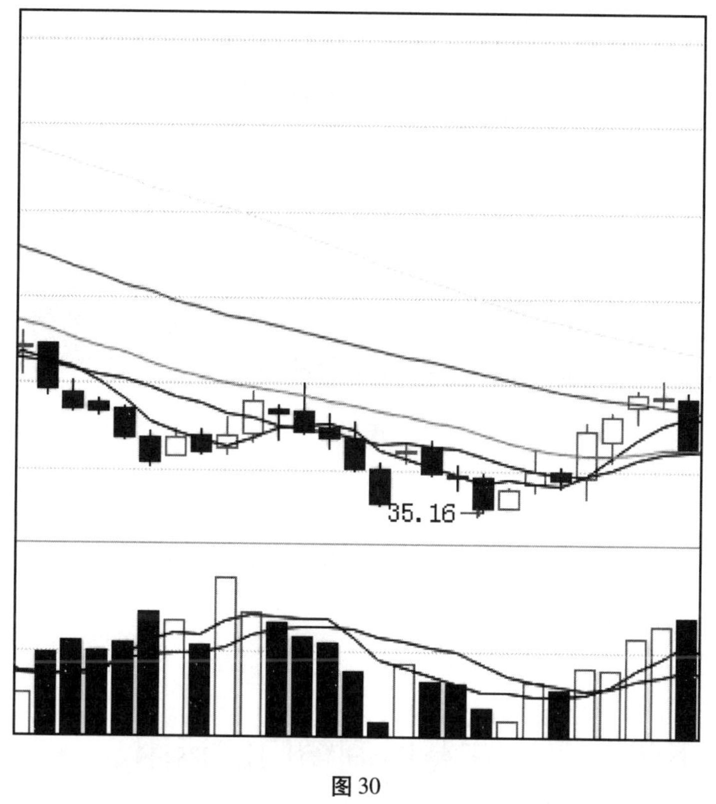

图 30

国内橡胶 0905 阶段性走势（2008 年 11 月中旬至 2009 年 1 月 7 日）（图 31）：

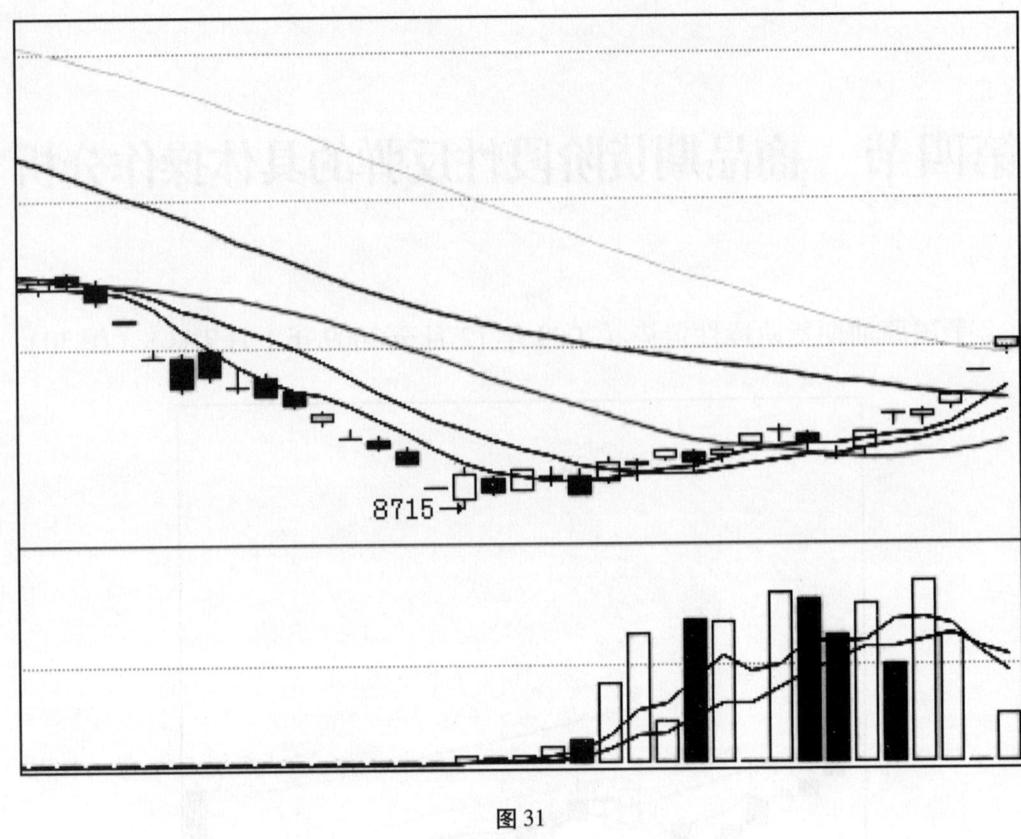

图 31

原油跟橡胶走势的关联度是比较大的，现在特举例就这两个品种的阶段性走势（图 30、图 31）来阐述一些具体实战操作上的问题。

一、下降趋势中注意时间窗口的运用

首先，不论是图 30 还是图 31，在这两个阶段性走势的大背景下，这两个品种依然处于长期下降通道的过程中，可以从图中 60 日均线大部分时间压制着价格波动看出。说白了，这两幅图中的反弹走势都仅仅是一个阶段性熊市反弹格局。这个大格局对于具体实战把握具有至关重要的作用，先把握好大的战略思想，其次才是具体的战术方针，这是作战原则。

我们先研究图 30，原油期货的走势是在 35.16 美元创下了阶段性低点，自该日后（包括该日）市场在连续 8 个交易日过程中，是出现了六阳二阴的组合走势。客观来说，这是多方阶段性占据绝对优势的走势，一般情况下后市是绝对有机会进一步向上大幅拓展空间的。但我们可以从图中发现第 9 个交易日，也就是图 30 最后一根大阴线，其是一阴吃掉了前面三根中小阳线，一下就把累计 8 个交易日的反弹成果吐回一半，杀伤力不可谓不惊人！

在此，我们要研究的就是为何会出现这样的走势。

1. 时间周期中的十字星要重点留意

自 35.16 美元反弹开始，8 个交易日后往往是重要的转折日，而那天是收出了一根阳十字星，显然，没有给出具体方向，但这十字星在技术分析上来说，却是选择方向的前兆。

2. 短期压力位不容忽视

自 35.16 美元反弹以来，也就是到了第 7 个交易日时，就已经意味着要面临着冲击 35.16 美元前的高点位置。从图 30 中也可以看出，当时那高点一线堆积了不少筹码，换句话说，要随便突破上去，并不是一件很容易的事情。因此，在接近高点这个位置，同时时间窗口开启，无疑要重点留意市场再次杀个回马枪的巨大风险。

3. 尊重长期趋势的力量

这是最关键的。从长期趋势来看，原油期货并没有到底的迹象，因此，任何反弹都有可能夭折，虽然自 35.16 美元以来的短期反弹看上去气势不错，但这点力量还不足以改变整个趋势。因此，面对大趋势向下的指导力量，反弹达到关键时刻，务必要注意风险。

以上三点，就是第 9 个交易日为何出现如此走势原因的简单分析，具体到操作层面上，初期阶段，我们如果把握不了多方反弹，可以观望，采取不建立多单的策略。当然，如果一定要参与进去的话，要耐心等到时间周期打开，因为反弹往往是比较急速而且具有一定冲击力和持续力的，过早建立空单，风险会很大。真正要试探性开始建立空单的日子，是在接近第 8 个交易日时。采取的策略可以是累进式的建仓方式，一旦发现转势的预期得到进一步加强，就要敢于大胆继续追击。这一点基本上要等到第 9 个交易日方能明朗。第 9 个交易日为何如此大幅下跌，这也跟那些长期或者短期坚定做空的投资者发现有转势迹象后加大力度操作有关。

二、多点联想、少点幻想、保持客观

对图 30 的解说暂告一段落，我们再来看看图 31。可以发现，国内橡胶 0905 走势，比起美国原油来，会更显杀伤力。因为其阶段性过程中的涨跌非常有艺术性，基本上不会有太多让你休息思考的时间，步伐节奏非常错落有致。

对比图 30，显然，国内期货的反弹是提前于国际原油走势的，这也从一个侧面再次反映出其活跃特性。从 8715 元开始的日内交易 K 线算起，到最后站上蓝线（60 日均线）的那根涨停阳线，刚好 20 天，第 21 天将开启一个重要的时间窗口，而那时怎么走，其实答案已经从上图中的第 9 根大阴线找出来了。因为，那第 9 根大阴线是已经于 1 月 7 日在美国发生，1 月 8 日的中国也就是国内橡胶 0905 的第 21 个交易日，怎么走，按照联动强的特性，答案似乎已经出来了。没错，就是逆转，在国内由于有涨跌停限制，那么出现戏剧性跌停不可避免。（但事实真的会是如此吗？我只能说世事无绝对，尤其是资本市场，很多时候看似那样，往往就不那样走出来，出其不意是资本市场的本性。）

图 31 中，在第 20 个交易日的反弹过程中，走得强悍、流畅，对于做多主力而言，真的是一次非常好的舒服阶段。相反，对于空方而言，则会是煎熬，尤其是对于短线空头仓位较重的部队，相信大部分都在这过程中被“杀死”了，这也是为何多方最终敢于站上 60 日均线来炫耀自己实力的原因之一。21 日的反弹过程毕竟不比 8 日的反弹过程，此时的多方部队会更显能量。

但是，我们不要忘记时间周期的魔力，不要忘记前面谈到的前期阻力点，更不要忘记大的趋势依然向下。从图 31 来看，上面三点都是处于非常具有杀伤力的阶段，试问多方能够那么容易就突破上去吗？不要有太多幻想，在期货市场，最怕的就是侥幸和幻想心理。现实告诉我们，空方其实不是不作为，只是诱敌深入，一旦机会到来，将是一次毁灭性的回击。正所谓骄兵必败，在图中，我们其实可以感受到多方有点目空一切的味道，这不就是在酝酿着物极必反的结果吗。

说白了，在具体对该品种操作的过程中，时刻都要对大局有所了解，面对具体关键时刻的操作，要有大胆反其道而行的决心，不是站在阶段性人数的部队，而要站在真正具有决定力量的部队里。当然，这需要一双慧眼，但通过研究分析，这个能力是可以迅速得以提高的。

三、胜利是多因素的综合

最后，总结一下，针对期货大熊市阶段性反弹的具体操作，要把握好时间窗口的运用，反弹初期也可顺势而为，建立阶段性多单。但在关键的时间窗口开启背景下，尤其是面对前期压力，务必要多留一分清醒，多单要迅速提前出局，同时逐步建立一些空单，等真正转势之时，可加大力度扩展战果。做期货，犹如打仗，没有绝对，只有相对，具体问题具体分析，多总结多感悟，最终成为常胜将军应是水到渠成。耐心，信心，坚定，都不可或缺！

第五节　市场不断在变化，要学会联系分析

请切记这个市场，没有绝对，只有相对；既要遵守铁的纪律，也要灵活应变；该跌不跌往往就要涨，该涨不涨往往就要跌，看不懂的时候最好观望！

本章第四节“商品期货阶段性反弹的具体操作分析”中谈到的要点，都是在一般情况下需要注意的地方。可以说，那是基本功。但真正到了战场，往往就会面对意想不到的状况。很多时候，分析预测往往赶不上市场盘面的实际价格变化，这种情况下，我们要如何去博弈呢？

希望通过实战操作以及我的一些心得让更多的人有所启发，少走一些弯路。

沪胶0905阶段性反弹22天走势图（图32）：

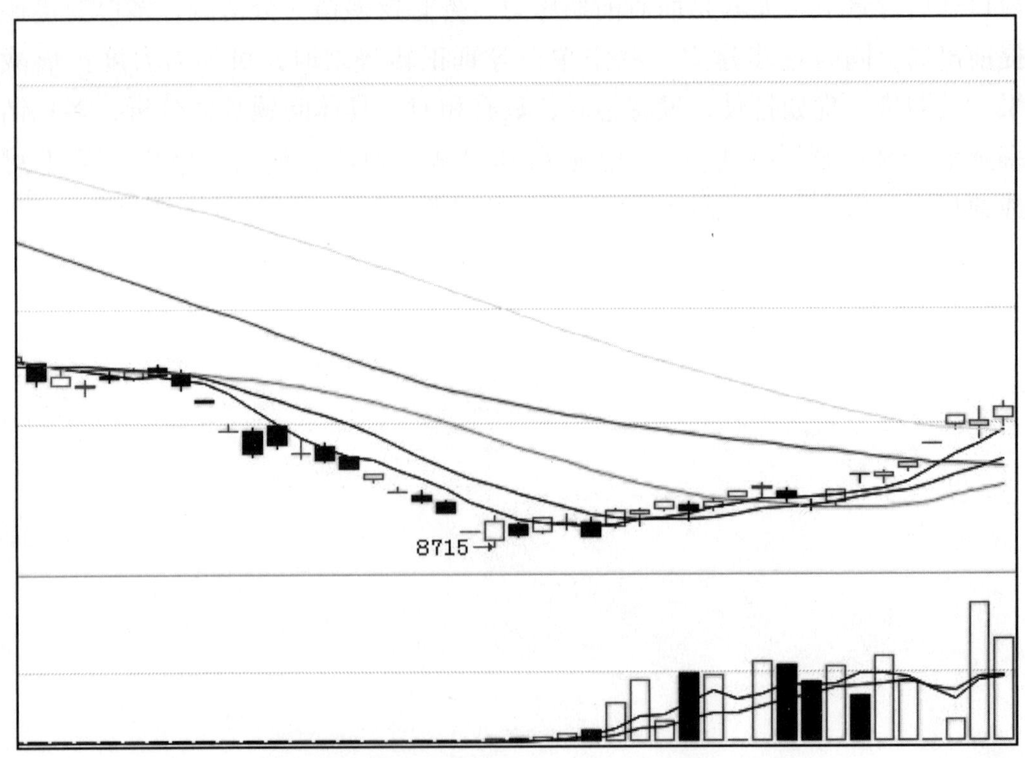

图32

一、预期一旦赶不上变化，要坚决认错

我们现在不妨来看图 32，第 21 天的走势。原本以为在国外原油大幅下跌的冲击下，橡胶这一联动品种也会有个大幅下挫的走势。而事实呢，第 21 天，它出现了宽幅震荡，最终并收出一根再创新高的阳十字性走势，强势得简直让人有点难以理解。

面对这种情况，我们可以这样去理解，毕竟前 20 天的反弹走势中，多方占据了绝对的主动，而且走得相当凶悍，这也从一个侧面反映出其本身并不容易被空方力量所折服。在资本博弈的过程中，有时候谁占据了更大的优势谁就是最后的赢家，尤其是在一些局部阶段性博弈过程中，有时候，可以完全忽略基本面与技术面，纯粹比资金面！

该跌不跌理应看涨，但我们也不能够就此认为其必然上涨，虽然第 21 天表现强悍，但并不意味着接下来就一帆风顺，继续上攻，我们需要研究一下这次强势震荡背后资金的真实意图。因此，可以观察第 22 天的走势（当然，较为激进的空仓资金在第 21 天时可以试探性建立一些多单）。

第 22 天的走势，依然是那么强悍，再次刷新了高点。此时，我们需要考虑的是，这完全有可能演绎成为阶段性进一步强势上攻，多方一旦再次控制局面，完全可以再来一次疯狂逼空，那则是最致命的。因此，对于空方而言，此时，一定要先认错，因为第 21 天、第 22 天这两天都没有走出大幅下挫走势，既然不是按空方预期走，那么就完全有可能转变为多头走势，而如果再次逼空上扬的话，空方是很难再输得起，风险异常大。当然，未来也不排除在此位置震荡横盘后再大幅下跌，但那是后话，如果真那样走，到时再做空也不迟，此时既然没有出现预期走势，从纪律的角度来说，那就是要坚决认错，出局观望，或者试探性反手做多！

总结上面告诉我们，一定要及时结合盘面来作出具体策略，一旦出现非预期走势，达到偏差极限的话，要坚决认错，出来观望或反手做盘！

沪铜 0904 阶段性走势图（21940 元开始的反弹一共 13 天）（图 33）：

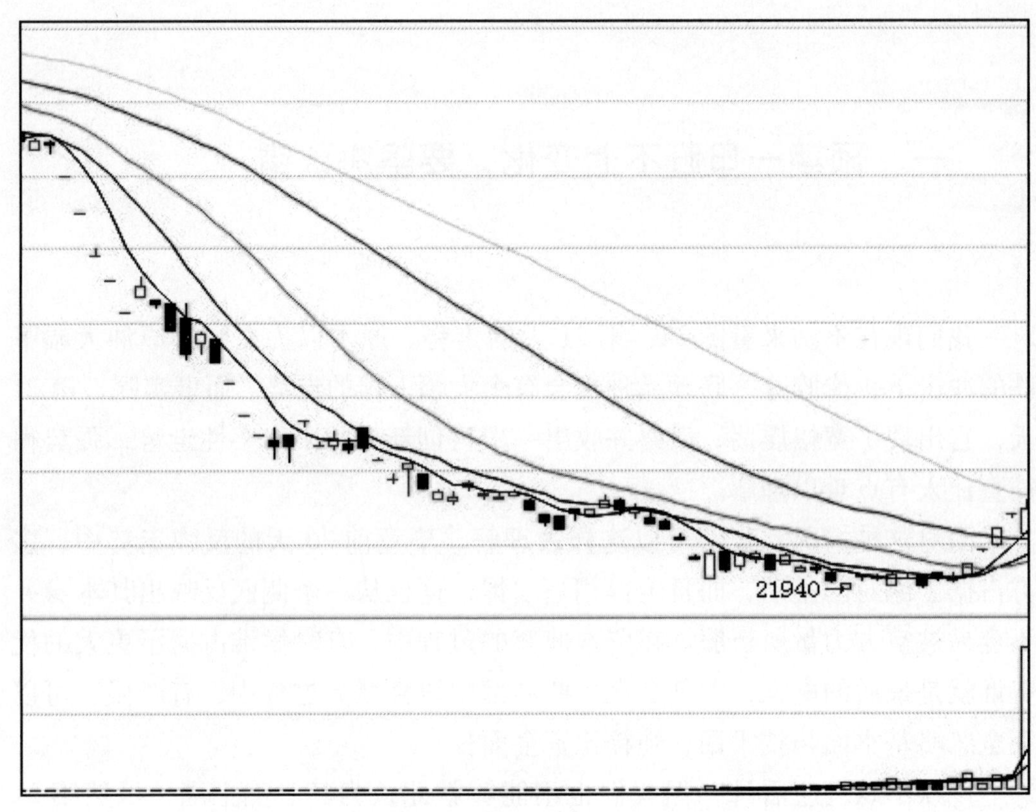

图 33

二、要学会"联系分析"

谈完沪胶，我们再来看沪铜。为何要看沪铜呢，因为在很多时候，沪胶与沪铜充当的都是工业原材料的角色，这两者在很多时候都呈现共荣共衰的状况。举个例子，汽车产业对这两种原材料就反映出它们的状况，行业发展好对这两者需求都大，相反，则会大幅减少需求。因此，这两者的价格波动很多时候就如石油跟橡胶的关系一样，比较紧密。

到这里，我不得不跟大家谈一个思路，那就是要学会"联系分析"。世界上的万物都是相互联系、相互影响的，资本市场把这个特点表现得淋漓尽致。因此，上面三个品种就呈现相互影响又相互联系的情景，每一个具体品种的异常波动都有可能通过传导机制传到其他品种身上。当然，具体波动上会有差异，但我们一定要透过其中一个品种的领先作用，来进一步联想验证其他品种有可能出现的走势。

在这里，当看到沪胶异常强势有继续向上动作之时，我们如果要进一步验证这可能性的话，除了具体分析外，也要把眼光投向其相关联品种的走势。如这里的沪铜，在图33沪铜0904的阶段性走势图上，我们可以清晰地看到其最后几个交易日跟沪胶一对比，显然，其强度是有过之而无不及，是继续上攻的形态。尤其是最后一个交易日的状态，单日反转再创新高放巨量姿态，说明多方依然是非常凶悍，不屈不挠。就目前市场整体而言，多方是有继续疯狂逼空的意图，这也就进一步验证了其关联品种沪胶有进一步上攻的可能性。综合来看，既然这两大品种都出现如此强的态势，未来贸然做空风险是比较大的，此时，要么顺应趋势大胆做多，要么就是空仓观望，等待未来局势进一步明朗。因此，当下具体操作策略就会显得更为明了，这就是“联系分析”所带来的好处。

当然，上面“联系分析”模式仅仅是局限于“石油—沪胶—沪铜”三者的关系，我们其实还可以进一步放大联系视野，比如把股市与汇率等走势也细细分析，这就变得更为有趣了。很多市场的巨大变化往往就是在这种相互联系、相互影响的过程中诞生的，懂得较为全面的联系分析是一个非常具有实战价值的方法。我的心得是，该“细”则“细”，该“大”则“大”，“细”的联系分析主要是为了超短线，“大”的联系分析则是为了看透大格局！

图33中沪铜0904最后一个交易日的分时走势（图34）：

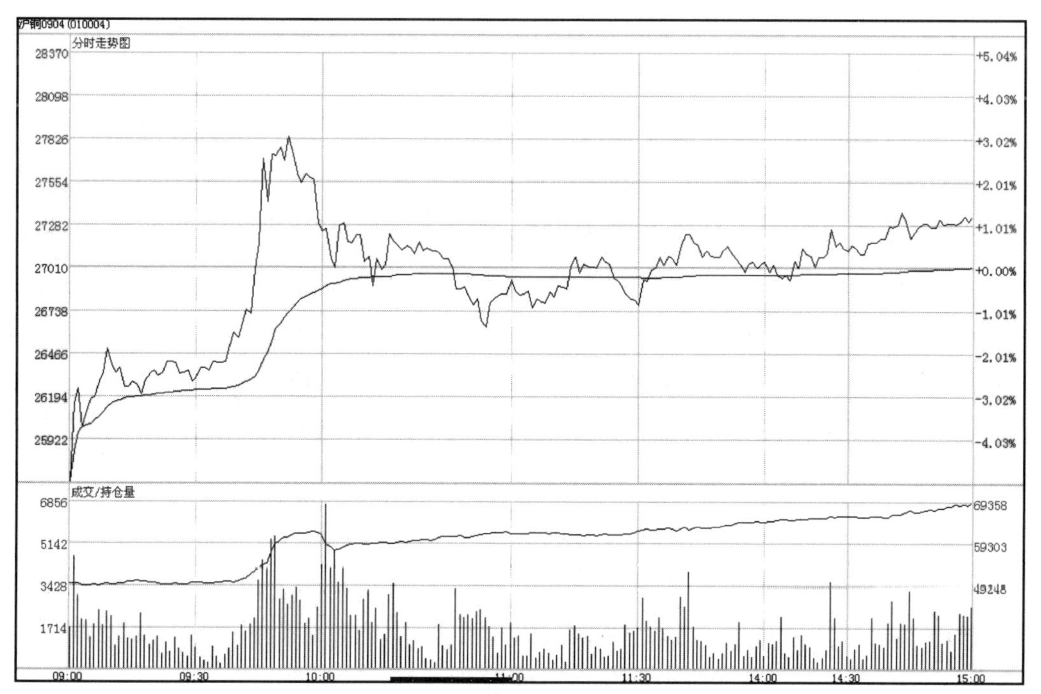

图34

三、学会从分时图中“联系分析”

“大”的联系分析，由于涉及面比较广，篇幅不会少，在此，就不详细阐述了。不过，我想在此为大家展示“细”的联系分析，如何透过一些细小的变化来联系分析出一些实战有用的信息？

看图 34，这是图 33 中沪铜 0904 最后一个交易日的分时走势，当天其以几乎跌停的姿态开盘（受隔夜美国盘回调影响），但这种看似恐怖的走势，仅仅是那么一瞬间，之后则展开了震荡大幅回升的走势，很快就把该天的失地收回并继续大幅上攻。这种气势出现在其反弹的第 13 个交易日，本应是转折继续下跌的日子，既然敢于如此逆转，显然，这第 13 日时间窗失效的可能性是进一步加大了，当然，我们也不能排除是该品种当天的最后疯狂，关键是看其接下来是否能够迅速回落，最终收低。从其 10:00 后的走势来看，波动基本就围绕在前日收盘点位，不过整体趋强，最终是以上攻 1 个点左右的姿态结束一天的战斗，多方可以说取得当天的彻底胜利。其实，我们根本不用看到尾盘结束战斗，就可以判断多方胜局了，在下午 2:30 左右其还能波动在前天价格之上，而且分时成交均线也一直非常坚挺地横过来，这其实就已经基本宣告空方的溃败了。对于做空资金而言，这时是要考虑彻底认错，暂时出局观望，或反手做多了。

再看图 33，反弹第 13 个交易日能够如此逆转并创出反弹新高，这态势对空方而言表明危险；具体在当天的分时图上，整体走势多方是牢牢控制了局面，这对空方而言，也是危险的；再看看其本身的关联品种沪胶（图 32），一样是那么强悍，无疑是进一步验证了此时空方的危险性。最后，不妨把视线回到图 33，既然跌起来可以那么凶悍，那么现在反弹起来也可以很凶悍，正所谓跌起来有多凶，涨起来也有多凶。虽然大的格局依然是向下，但阶段性反弹是可以出现凶悍走势的。

综合来说，此时操作需要面对现实，现实就是多方有可能继续发动攻击致空方于更绝的境地。期货操作讲究的是资金管理，操作纪律对于看错短期波动方向的人而言是痛苦的，但痛苦归痛苦，该怎么做还是要怎么做，否则，一不小心，这痛苦就有可能沦为彻底地绝望了。

沪铜 0904 阶段性反弹 10 个交易日状况（图 35）：

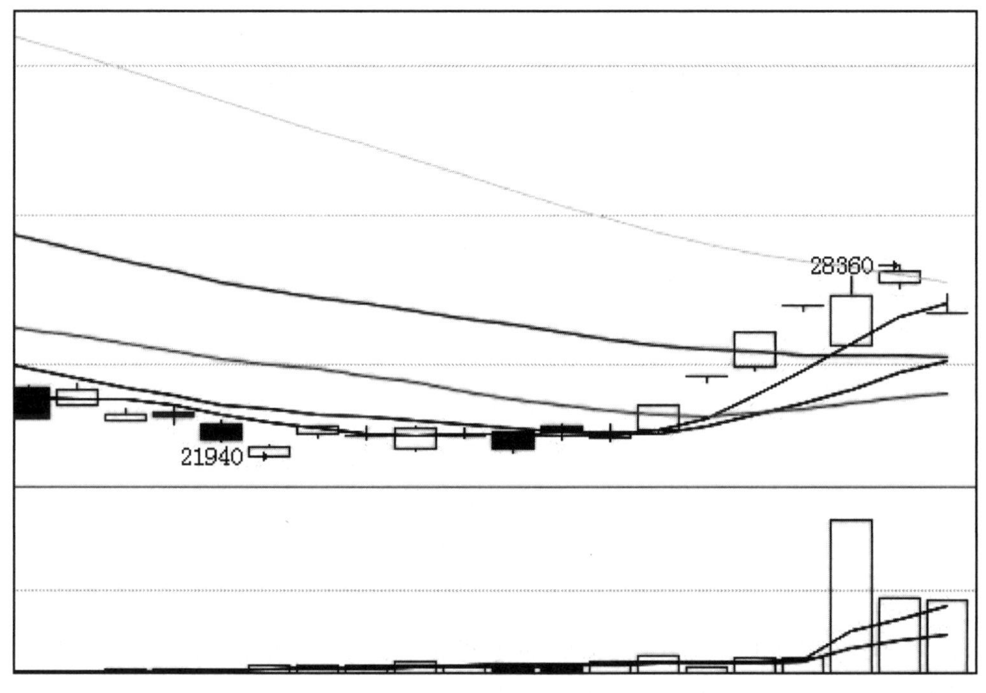

图 35

沪胶 0905 阶段性反弹第 23 个交易日状况（图 36）：

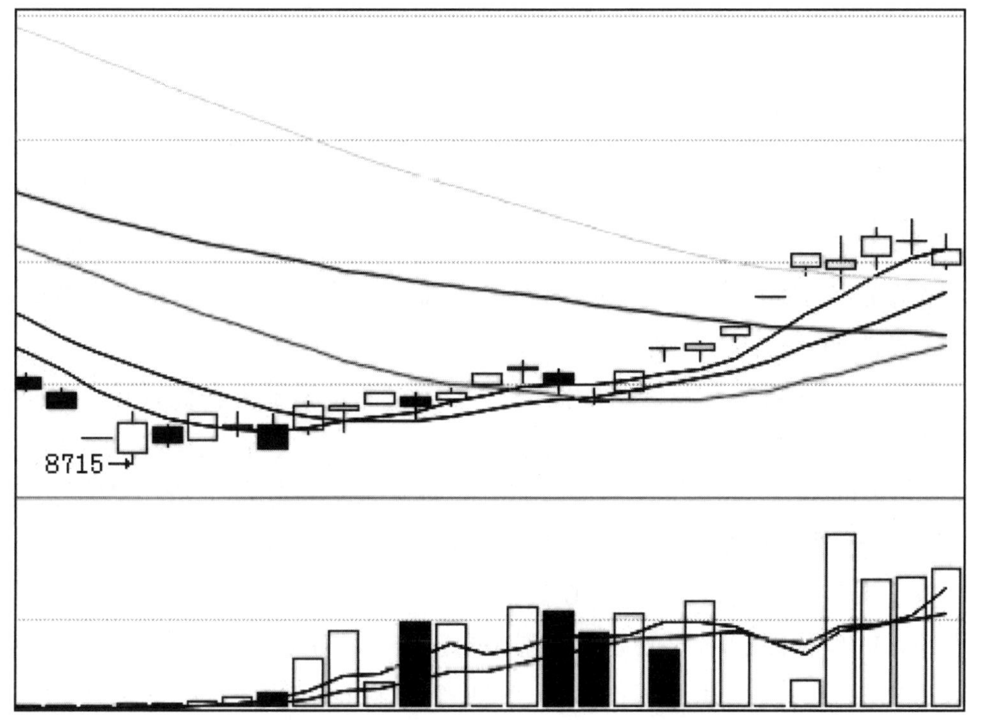

图 36

四、时间周期后“趋势如前”的策略

从图 35 我们可以发现，经历过第 13 日单日反转后的 0904，第 14 个交易日延续了反转的势头，继续向上扩展空间，刚好站上长期均线（60 日均线），有意思的是第 14 个交易日后则马上又来了个跌停走势，回到单日反转前的收盘位置下一点，几乎是马上回到单日反转前的态势，非常具有戏剧性。

接下来如何走？是考验其他绿色均线呢，还是再来个回马枪？不管如何，品种自反弹以来每天的波动几乎就没有温和过！

从这个品种反弹 10 个交易日的状况来看，尤其是进入第 9 个单日反转以后，一方面要承认多方占据绝对的优势，但另一方面也随时防范空头回扑甚至大规模反攻。说白了，从技术上来说，第 13 个交易日后出现单日反转，接下来只要没有太大意外，一直到下一个时间窗口（第 21 个），一般都是以前面趋势波动为主，在这，也就是以涨为主。但这里的波动状况又告诉我们，就算是一般意义上正常的回调，都可能是非常剧烈的，就如第 15 个交易日，马上来了个跌停，如果第 14 个交易日没走的话，那么到第 15 个交易日的时候，就非常难受了。这里得出一个实战经验：保险起见，在进入反弹第 13 个交易日之后，如果出现延续前期走势的状况，那么，操作策略就一定不要重仓过夜，除非你有九成以上把握知道下一交易日的走势，否则，最好的策略就是空仓做日内交易。期货市场里，随便一个涨跌停，对于重仓者而言，都是非常恐怖的。

就铜本身而言，毕竟国内的波动状况往往都是紧随外盘波动的，外盘波动活跃的时候刚好就是日内交易结束后的晚上。因此，在波动活跃阶段，把握重仓过夜的机会，要做充足准备与充分的研究后才可尝试。一般情况下，可以采取较轻仓过夜的策略，这样，一旦方向搞错，损失也在可控范围内。

接下来我们不妨再看看图 36 沪胶 0905，这跟图 35 沪铜 0904 都是同一阶段的日线反弹图，不同的是，沪胶 0905 反弹开始的时间明显比沪铜 0904 要早一个环节，现在其是运行到过了 21 个交易日后的状况。从图中可以发现，第 21 个交易日后的三个交易日，其都是站稳在 60 日均线上波动，整体走得依然是相当强。客观来说，这种强势的背后不排除再次往上一跳继续逼空的可能。当然，在没有真正逼空突破向上前，最好的策略就如铜过了13个交易日后的策略一样，日内交易，毕竟这种持续反弹后积累的做空动能有时候就是突然跌停的走势，这是非常恐怖的。说白了，在时间周期过后，日线图还能够保持前面趋势的走势，这时候往往就是更为剧烈波动的前兆。因此，在对最后方向没有太大把握的前提下，最好的策略要不就是观望，要不是日内交易，更或者是轻仓过夜，最不可取的就是重仓过夜。因为，在这个过程中，随时会出现剧烈的反弹波动，方向没做对，这会把心态彻底做死，最终惨淡收场。

总结一下，透过图35与图36，我们要明白策略的重要性，尤其是在时间周期过后，市场出现延续前期波动走势的状态下，此时，波动更剧烈是不可避免的。最好的策略首先就是把自己的“命”保护好，别太冒险，冒险固然能够带来无限机会，但一旦失误，就很难收拾局面了。

第六节　做期货就要果断、有勇气以及有敏锐的盘感——白糖 0905 破位带来的感悟

做期货，讲究的就是果断、有勇气，以及敏锐的盘感！

2008 年 12 月 25 日，圣诞节，美国休市，国内依然进行交易，没有外盘参考的日子，对于一些伺机突破的品种而言，无疑就是机会，郑州白糖 0905 就是这样的一个品种。

2008 年年底白糖 0905 阶段性日线图（图 37）：

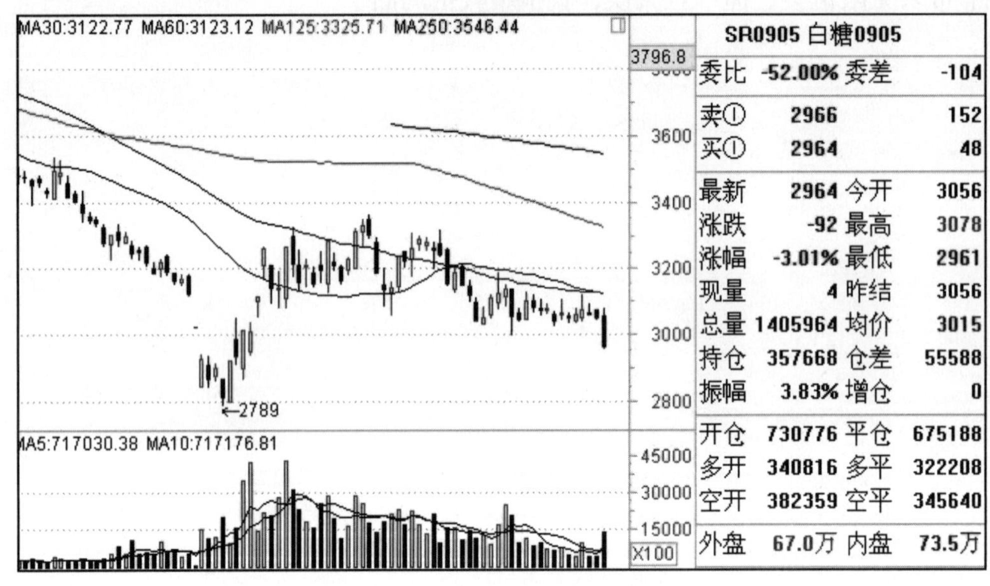

图 37

一、趋势向下随时准备空方猛攻带来的做空机会

从图 37 可以看到，白糖 0905 在均线下方的横盘震荡格局已经有一些时

间了，整体来看，完全有再次探底的可能。如果久盘不向上突破，那么就剩下向下突破了，今天刚好就是一个比较好的突破日，显然，空方发起了猛攻，最终也成功打破了僵局。

前面讲过，大趋势向下的背景下，若在均线下方久盘，多方意志就会逐渐被磨灭，要防范空方发起猛攻带来的风险，当然，也要随时准备把握空方猛攻带来的做空机会！

2008 年 12 月 25 日白糖 0905 分时图（图 38）：

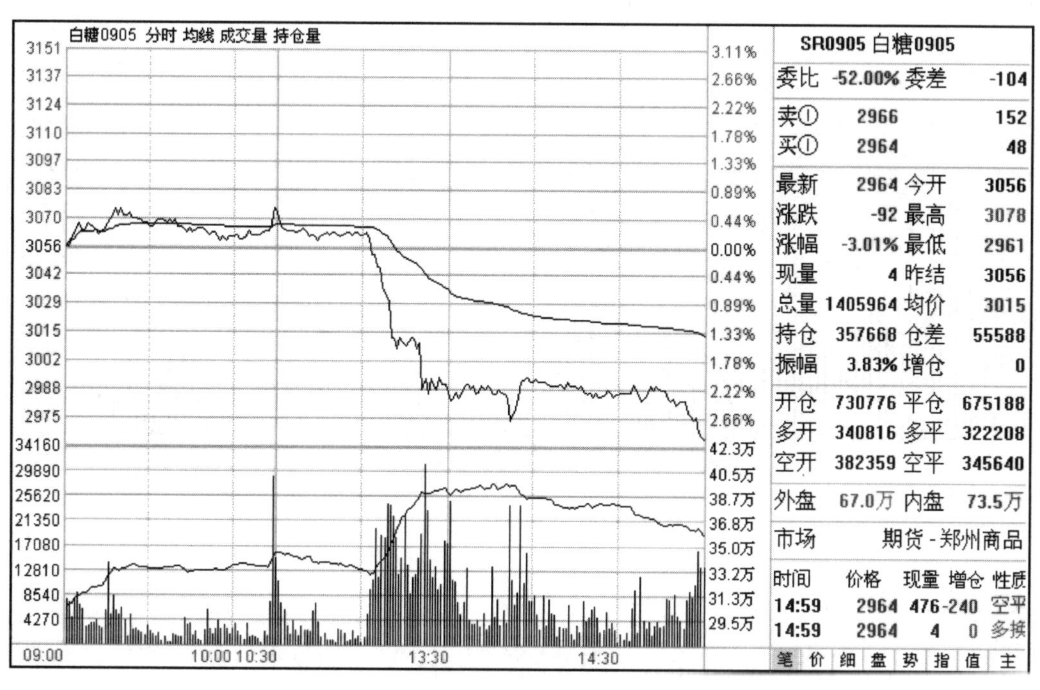

图 38

图 38 是白糖 0905 在 2008 年 12 月 25 日的分时图，可以发现，空方发起猛攻的时机选择在上午 11:00 左右，而且是近似 15 度角杀下来，然后在靠近 3000 元上方放量横盘，之后再往下杀破 3000 元，上午最终是以迅速击破 3000 元来结束战斗。下午的走势仔细去看，更精彩。

当日进一步的细微放大分时图（图 39）：

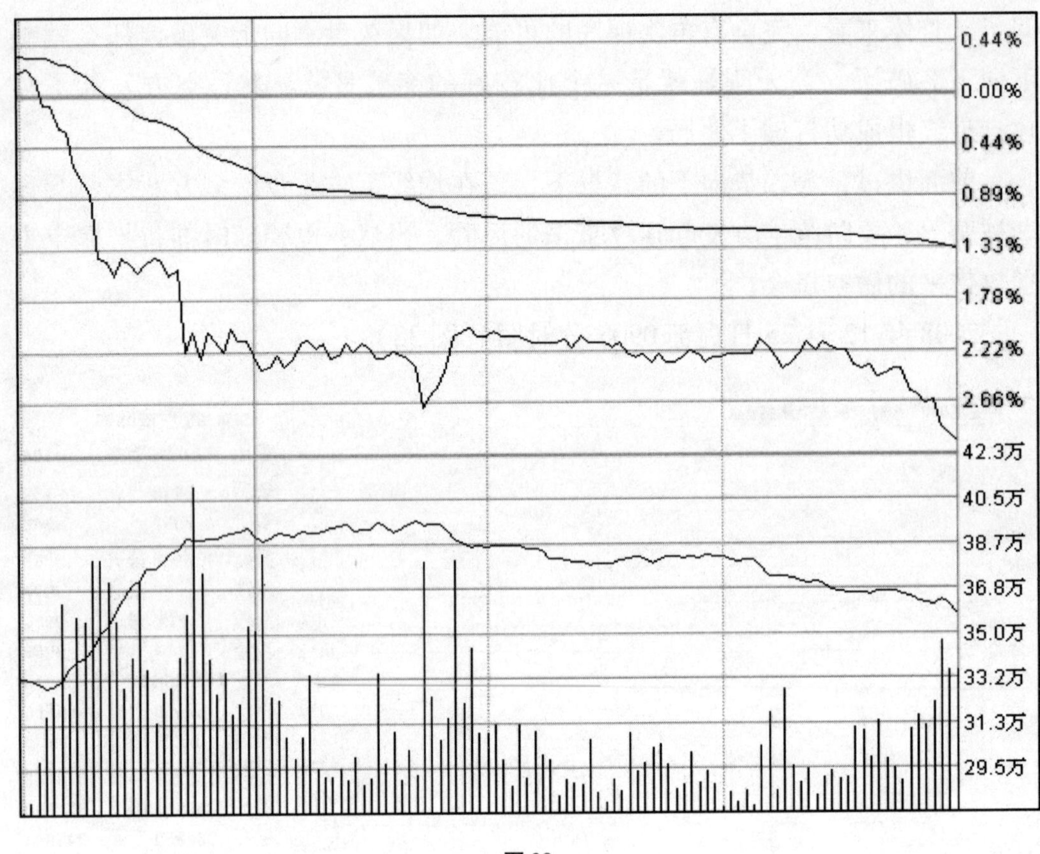

图 39

二、大趋势向下，面对盘中小 V 形反转可忽略

从图 39 可以发现，下午接近 2:00 之时，市场形成一波阶段小 V 形反转图形，如果此刻你准备在跌幅 2.22% 的情况下再加大力度做空，这时候会被这小 V 形反转的阶段性强势盘面吓到，很容易作出从安全角度考虑随时减仓的策略，毕竟这样的走势最怕其继续向上反攻。

事实上，这里的小 V 形反转图形可以理解为垂死挣扎。毕竟作为多方而言，肯定不甘心就此一路溃败，要作出最后的努力进行反击。而对于已经占据绝对优势的空方而言，这时候也是可以趁机诱敌深入一下，做个假象，尽可能消耗多方的能量，等机会再一举歼灭。

如果是有做盘的话，那么在这阶段性小 V 形反转图形后，对于新进单而言，不论做多还是做空，都会是一种折磨，毕竟这看上去是可上也可下，时上时下的走势，完全可以让很多人时时改变交易策略，一下做空、一下做多、一下平仓，乱了手脚。下午 2:30 过后的更小阶段性 V 形走势，我视为最后的诱多，这种走势相当经典，很多人可能都在这最后的更小阶段性 V 形走势中乱了手脚，做空的可能怕了而选择平仓，做多的可能加剧信心疯狂加仓。结果呢，多军就是这样被最后诱多彻底击溃，意志不坚定的空军也因此丧失了进一步扩大领地的机会。

这里，我想说的是，做期货一定要从容，分时段，也要看大格局，这里的“大”，可以就限于今天的格局。很明显，当天是个破位行情，大的趋势显然是下跌，这是主基调。因此，面对一些小 V 形反转形态，只要整体趋势没有改变，那么就坚定信心做空到底，这非常重要，否则，一个不小心就会乱了手脚，那么，机会面前也会什么也没有，甚至是风险！

三、反复难免，做空需要勇气与坚定

从白糖 0905 该天的走势来看，对于原有仓位做多的资金而言，在上午久盘不上之时，就应敏锐地感受到其有可能进入一波下跌之中，这时就要更为密切地盯住盘面，随时做好清仓的准备，或者久盘阶段可以逐步清一些仓位出来，毕竟大资金者，不能在破位后第一时间全部出局，这时候要敏锐感受到风险有可能来临，并把仓位减低至合理水平。

靠近 11:00 之时，其选择了向下破位，这时候，要当机立断，迅速平仓！

既然向下，那么势必会有一定空间给予空方，换句话说，空方是不置多方于死地不罢休的，空间可能比较大，对于空方的机会而言，无疑是相当巨大的。因此，“勇气”的品质就要发挥出来了，认错后就要大胆改变方向。“改做多为做空”又如何，不用去考虑分时图的均线离目前的成交价较远，期望反弹一下再做空，这是优柔寡断的表现，既然做空，那么就要坚决，有时候空方也不会给多方太多挣扎的时间与空间，要大胆在下跌途中反手做空。另外，既然选择了反手做空，那么，就要坚信只要不马上回到破位前的位置，就要坚持，这非常重要，否则在后面的反复过程中，可能随时被市场扰乱了手脚，尤其是本身做多现在被逼反手做空的投机者，完全可能会被市场的波动干扰，最终的局面可能就难以收拾，甚至被无情淘汰。

无论如何，请冷静面对！做期货，讲究的就是果断、有勇气，以及敏锐的盘感！

第七节　学会在细微之中去感悟更多

期货有些关键波动就是那么几秒，机会或风险往往也就蕴藏其中。

这其中看似没有规矩，其实却包含万千。

感悟多了，成长也就多了，赢或许也就变得更容易了。

沪铜 2009 年 1 月 12 日上午分时走势（图 40）：

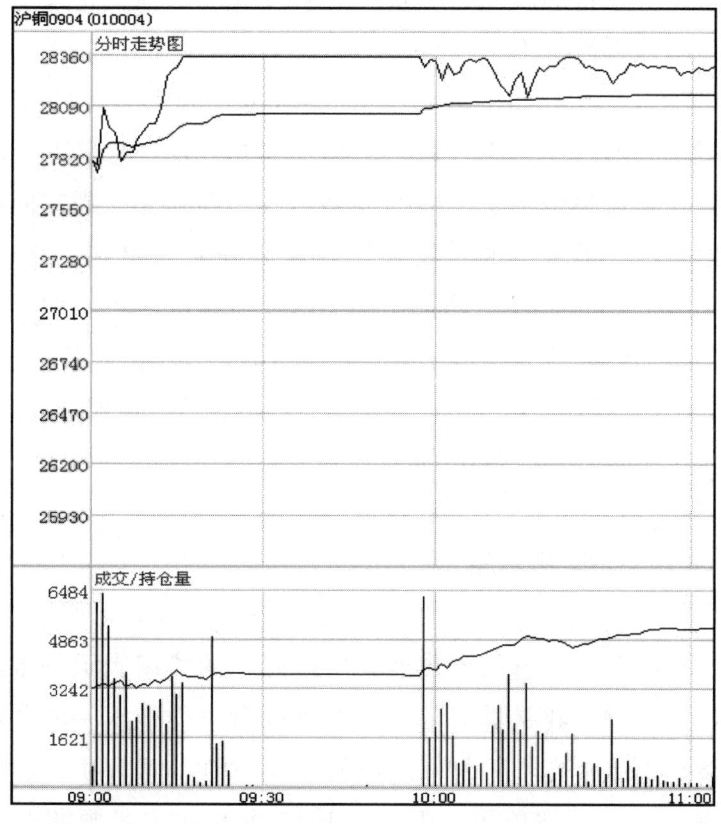

图 40

一、操作细节中去感悟更多

1. 落袋为安而错过涨停

在具体细微的波动中去感受技术分析，会觉得确实奇妙，而这是各种力量博弈带来的结果。如果要具体去把握其中机会，同时回避其中风险，纪律依然是放在首位。无常的波动有时候真的会让人的心情变得浮躁起来，只要你身在其中，就有可能身不由己！

就拿2009年1月12日的操作来说，2009年1月11日我是非常成功地反手做了铜的多单，但在1月12日（图40），0904第二波真正上攻封涨停前的波动中我把仓位过早全出了，出的价格不到28000元。现在回头想想，为何那时急着出光呢，最根本的是发觉短期获利确实很可观，有点沉不住气，毕竟一开盘就走高3个点以上，出的价格虽然没到最高5个点的位置，但也在3个点以上了。在期货里，3个点以上就意味着百分之几十的收益，能不先落袋为安吗！只能说，这是我比较保守的一种策略，但不否认，在那时候，我并没有太细看其技术形态上有冲击涨停的可能。

2. 超短线失败，认输出局

之后，封死涨停。不过由于我对其持续疯狂的势态表示一定的疑惑，或者说，涨到这个时候，我是觉得其有可能至少盘中会走出一波获利盘打压出来的回调行情。因此，在涨停打开后比较明显下跌的过程中，我觉得可以确认超短线做空时，我下空单了，但是，趋势并没有按我预期继续跳水，相反，还不时继续冲击涨停。临近上午收盘时，我认输了，我不知道下午其是否会强势封死而不给我出的机会，因为这是超短线，既然没有成功，那就有可能出现失败，目前不跌就已经意味着这可能性进一步加大，我可不想因小失大，当时就算1月12日封死涨停，但或许1月13日有可能大跌，可目前我真的没有太大信心。因此，最后我的空单基本是在涨停位置亏损出局的。

3. 细微层面失败源于不够冷静

回顾上面操作，本来是可以到涨停位置再出多单，非常舒服，但最后没坚持到那时候，在离涨停还有一个多点就出了，涨停位置打开后又做空失败，损失虽然不到一个点，但综合起来，2009 年 1 月 12 日本来至少有可能有 5 个点以上的收益，但结果呢，却只有 3 个点。可以说，在细微层面上是有点失败的。

为何出现细微层面的失败呢？根源就是刚开始出的位置没把握好，很想把那少赚的利益拿回来，于是就在涨停位置打开后做空（不在涨停位置做空是怕买不好，本质上也是前面没操作好带来的胆怯心理），之后没继续往下跌，就在临收盘前止损空单了，这本质上也是由于胆怯心理，怕所得收益进一步缩水。患得患失是这细微操作层面失败的重要原因，现在想想，如果能够再冷静点，那么，一切就可能会变得更完美了，不过，正所谓吃一堑长一智，以后记住就是。

上面的状况，我想很多投资者都有类似的体验，有这样的体验很好，但从体验中去收获更多，我觉得这才是真正有利于成长的！

4. 期货保命最重要

期货市场非常重要的一个经验，就是要懂得保住自己的命。重仓过夜一定要相当有把握，尤其是在波动比较剧烈的过程中。就如上面的 0904 一样，2009 年 1 月初，绝对是剧烈性的波动，在这过程中，多头是占据了绝对的优势，不时敢于盘中冲击涨停，这是非常恐怖的。我之所以敢于大胆反手做多，那是综合了各种分析后得来的，最根本的是，投入的仓位是我完全能够承受的资金！在期货市场上，一定要拿自己输得起的资金去玩，这是前提，否则一个不小心，你将面临无法回头的灭顶之灾。期货市场上，太多太多亏光全部身家的事情了。有所为有所不为，把握机会量力而行，“是你的就是你的，不是你的强求也没用”，这也是我一直以来对待生活的态度。

二、比的是谁看得透

市场很复杂，但也很简单，复杂的是在运行过程中，很多人看不透，简单的是在运行结束后，很多人都看得明白。

不论是股票市场还是期货市场，凡是有资金博弈且流动充分的地方皆是如此，所谓的赢家与输家，比的都不是最后谁看得明白，而是在运行过程中谁看得透！在这里，我特举期货市场中的实战分析思路给予大家作为启发之用。

截至 2009 年 2 月 24 日伦铜电 3 阶段性走势（图 41）：

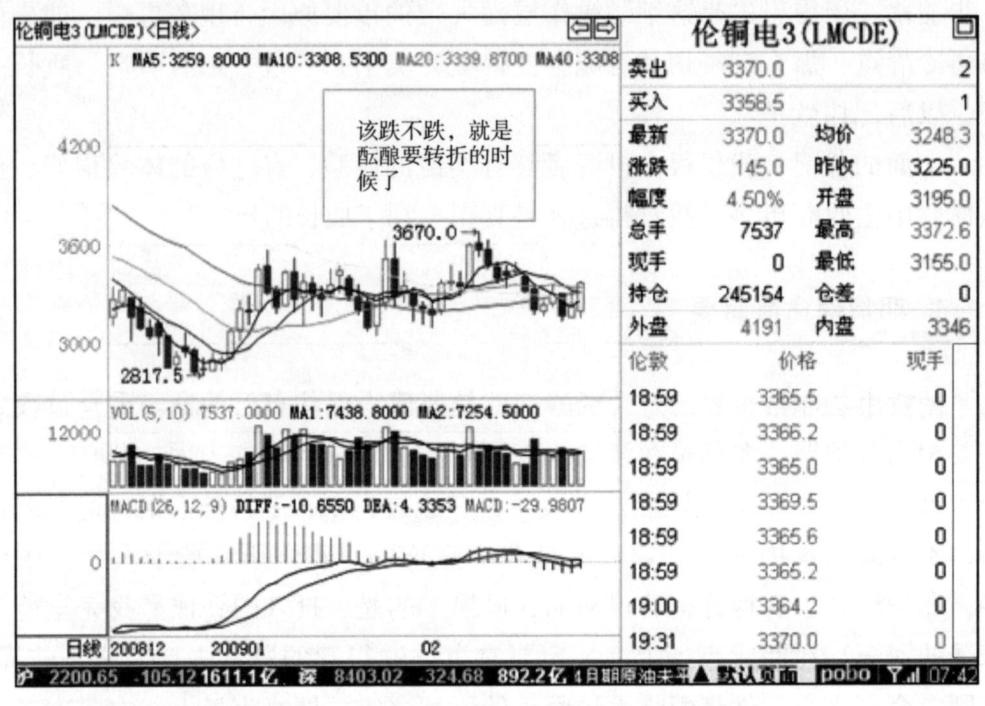

图 41

戏剧变化的放大效果图（图 42）：

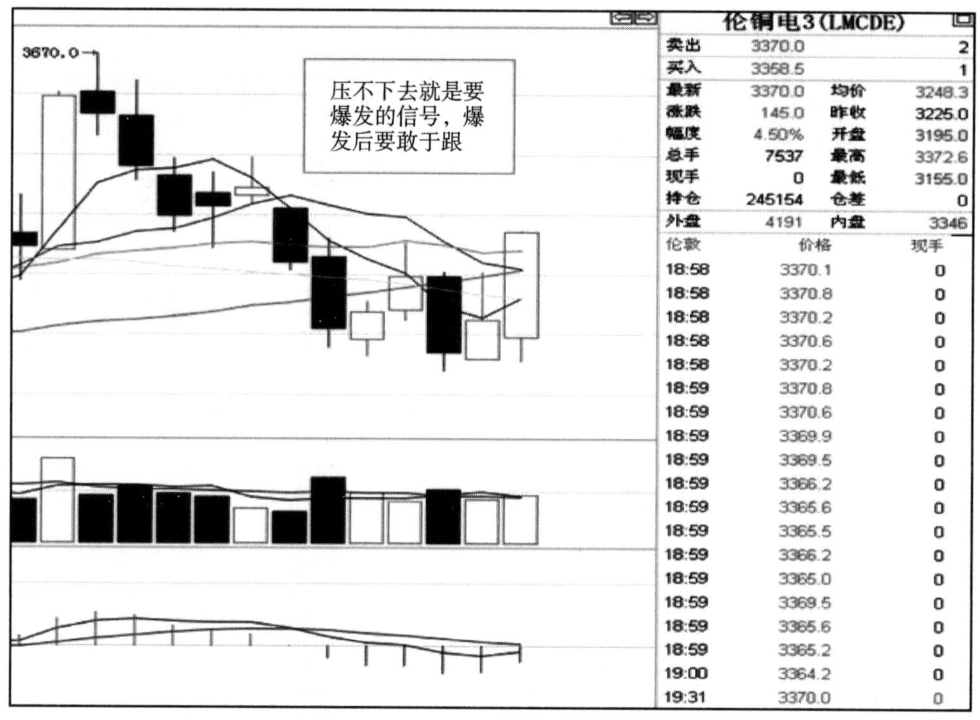

图 42

2009 年 2 月 24 日伦铜电 3 的分时图（图 43）：

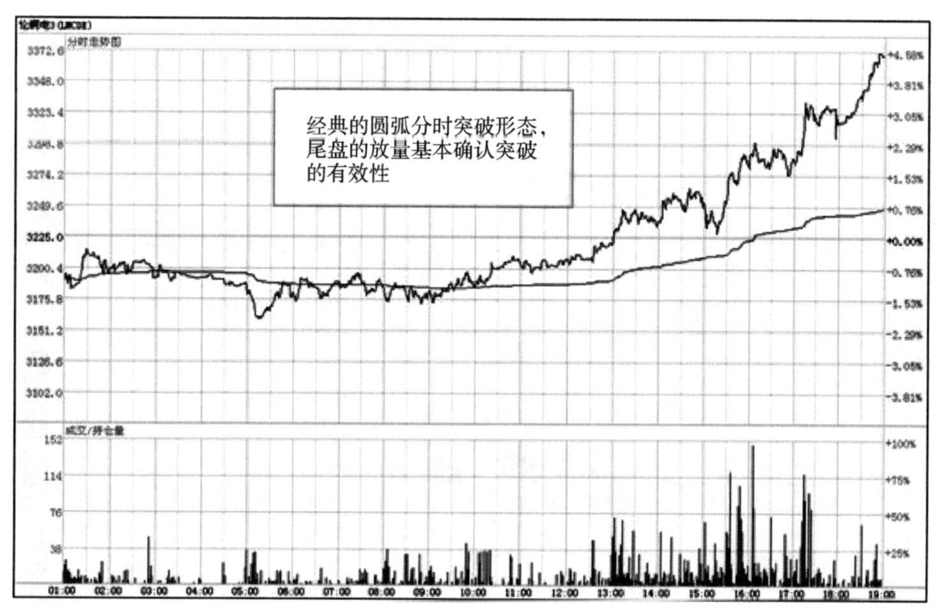

图 43

2009 年 2 月 24 日伦铜电 3 尾盘转折放大的分时图（图 44）：

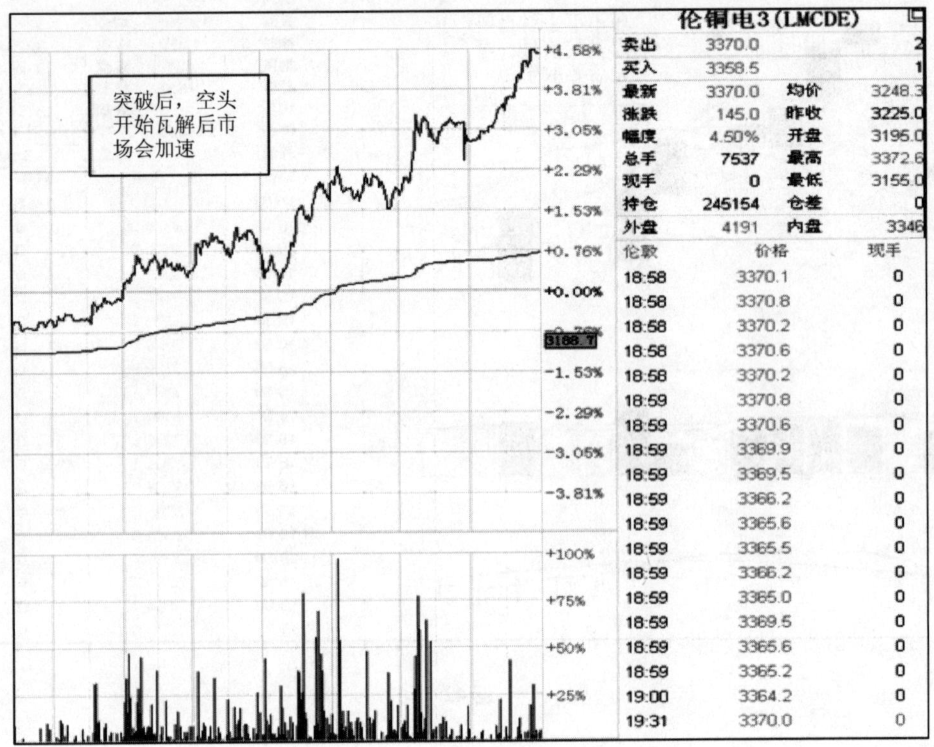

图 44

沪铜 2009 年 2 月 24 日收盘后的阶段性图（图 45）：

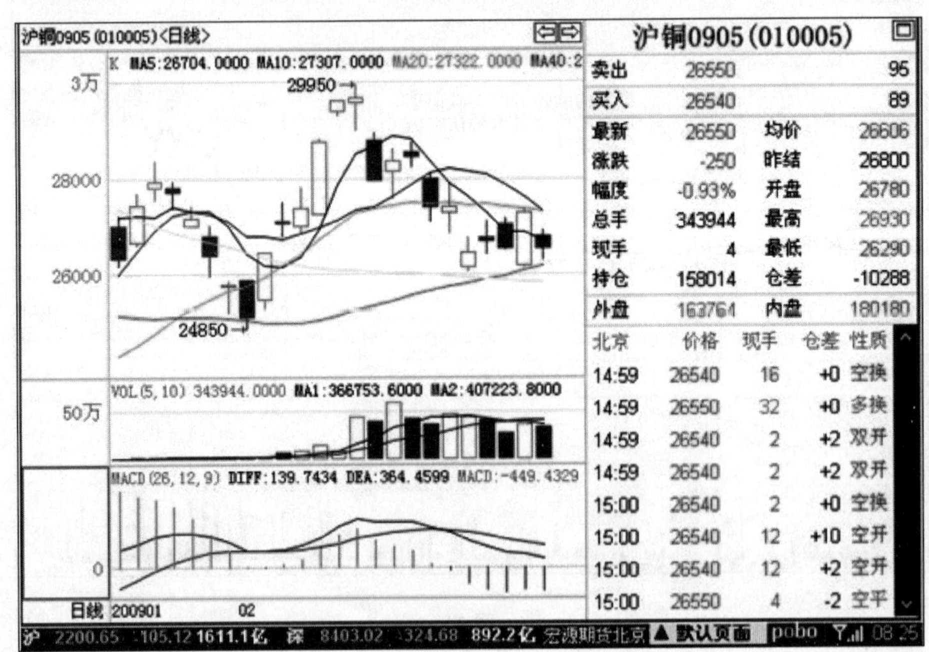

图 45

2009 年 2 月 24 日，伦铜电 3（图 41）最终以收高 4.5% 来结束一天的行情。这个中阳线的出现，一下子把整个局势改变了。因为，现在的价格，已经站上了 5 日、10 日、20 日、40 日均线上，可以说，把图形上所有的重要短中期均线价格都压下去了。技术上来说，这是明显的支撑上涨信号，而你会发现，恰恰是前一个交易日，整个走势看起来是非常严峻，因那时的收盘价格刚好是站在图形上所有短中期均线价格之下，按照正常的技术分析思路，那是看跌的形态！一日之间，就发生了如此戏剧性的效果，现在回头去看好像不觉得什么，但作为交易者，在当时那个运行波动的过程中，一个不小心，是完全可能随时被市场折腾“至死”的。原因也不复杂，假设前一交易日收盘你觉得要进一步下跌而做了空单，那么，到 2 月 24 日这天收盘，你的账户上的亏损幅度在杠杆效应下，其实已经是处于非常危险的境地，只要再那么一涨，基本上就要暴仓。

我们再看看图 42，那是图 41 戏剧变化那一段的放大图，从图 42 里你可以更充分感受到这戏剧变化带来的效果。可以看到，所有短中期均线，原本是有可能出现“死叉”进一步看跌信号的，但现在呢，经过 2 月 24 日这么戏剧性的变化，所有短中期均线，开始出现金叉的苗头，进一步看涨信号初步形成。要明确感受伦铜电 3 该天的波动，那就不妨好好看图 43 与图 44。

（当然，这里也有问题值得我们考虑，就是其信号是否也是正确的呢，接下来是否还有戏剧性变化？）

期货市场胜负对价格的变动是非常敏感的，稍有不慎，就可能带来致命的后果，而国内的期货目前又是紧跟外盘走势，因此，像这样戏剧性变化的走势，国内那些铜期货的过夜空单，在 2 月 25 日的交易中，就将面临着巨大的风险！现在，不妨看图 45，那是国内截至 2 月 24 日的阶段日线图，你可以发现，2 月 24 日是收跌的，价格夹在短中均线之间，属于可上也可下的状态。问题就来了，在这过程中，你怎么判断接下来的走势呢？如何预见其是否有戏剧性的变化呢？因为，按照当时那一时间段国内铜运行的格局来看，是不排除向下突破的。

如何去看透运行过程中的一切，这就是考验功夫的时候了。在此，我把我的一些心得与投资者分享。

1. 分析任何品种，首先要明白目前的大环境

大环境下，要能发现一般人看不到的内在变化。

针对这里的铜，你要关注的有以下几点：

时间。时间很重要，铜的消费具有一定周期性，资金的流动也是如此。2009 年 2 月 24 日是新的一年开始不久，一年之计在于春，很多企业也好机构也好，不论是消费或者是资金，在现在这个时候，都是处于相对比较旺盛的阶段，因此，时间这个角度来说，贸然做空不可取，相反，做多却是可以考虑的。

价格目前波动的位置。这个从大的图形上很容易就可以发现，目前是处于大幅下跌后的横盘震荡整理阶段，下跌幅度超过 50%，且在一个相对区域横盘震荡了一定时间，如果不继续下跌的话，完全有可能出现横有多长竖有多高的波动走势。目前价格波动的位置没有太大的方向性，但却具有一定的可能性，因此可联系其他信号进一步作出判断。

大的经济形式对研究品种的影响。2009 年 2 月 24 日这段时期大的经济形势，很容易就可以从各种报刊信息中得知。是的，金融危机冲击下一些实体经济受到了重创，需求不振、供应过剩是现实的情况，这种情况是否能够扭转，很大程度上要看实体经济什么时候能走出低迷。对于这点，我心中确实没底，但很有底的是：各国对实体经济的拯救行动力度非常强。这个信号可以带来什么呢？我的理解是，经济面至少虚假繁荣一下问题不大。其道理也不复杂，有国家政策积极支持，很多东西都可以产生阶段性的机会。就如在市场的波动过程中，短期的走势容易操纵，长期的走势却基本无法掌控，道理是一样的，现在就是操纵短期经济形势的阶段。这点很重要，因为现在要研究的就是铜短期的波动形势，因此，这里的信号是可以给予其带来阶段性上涨的明确判断。

2. 对分析品种进行特性研究与基本面研究

（1）特性研究。

期货铜在过去，曾经经历了一波波澜壮阔的大牛市，也经历了一波触目惊心近似崩盘的走势。可以说，大周期区间基本上是处于一种大起大落的状态，尤其是这几年。因此，按照波动幅度大的趋势来判断，大落后的市场，很可能又会迎来大起的阶段性行情。这是铜本身波动的一种特性，就如人一样，每个人都有其性格特征，铜的性格特征就是喜欢大起大落。

（2）基本面研究。

全球经济受到重创背景下，铜生产过剩的危机导致了目前价格逼近了生产成本线，更多的金属价格早已跌破生产成本线，可以说，这是阶段性经济现状严峻带来的特殊情况，只要铜有这个需求在，最终价格回归到生产成本之上是必然的。

中国是铜的消费大国，在经济危机冲击背景下，抛出了4万亿的行业刺激政策，同时为了让国内的有色金属行业能够度过寒冬，也出台了具体的收储政策，不仅在国内收储，也计划在国际上采取类似的行动，为中长期的发展储备资源。

不仅中国在救经济，全球也在救，这种政府主导的救市行动虽然最终效果如何，谁也不敢打包票，但至少，阶段性营造一种“繁荣”景象是完全可以预期的。因此，综合这些基本面来看，阶段性铜价格出现较为喜人的上涨行情不是天方夜谭。

3. 对分析品种进行细微的短期技术分析

从图41与图42中，我们可以清晰地看到，伦敦铜期货价格再次有力地站上了各种中短期均线之上，虽然不能够就此说明一定能够上涨，但我们不妨再仔细看图41。自2817点反弹以来，3100点到3600点的波动已经有几个来回，构成了区间震荡格局，在这过程中，较长期的40日均线明显已经开始走平，这说明价格跌到这里，已经有一定的支撑，有点跌不下去的味道，区间波动能够有几个来回已充分说明这点，而且这次中阳又站在中短均线之上，有该跌又不跌的味道，结合走平的较长期均线，不就有可能出现突破向上的走势吗！至少，从目前的态势来看，阶段性短期上涨的概率要远大于下跌的概率！从图45也能看出，国内铜的价格波动其实也是一种区间动荡，在等待最后的方向选择，而2月24日晚伦敦铜最终突破上去的走势，不就给了国内铜阶段性跟随突破上涨，准备打破横盘区间震荡格局一个机会吗！再看图45中，国内铜期货价格早就已经悄然站在较长期的40日均线之上，这个信号其实也是一个非常积极的阶段性做多信号。

4. 从资金运作角度研究分析

中国目前采取的是积极的财政政策，流动性充沛的状况又将摆在我们眼前，这对资本市场而言，无疑将带来更多的炒作，对国内期货铜而言，资金不会是问题，这点可以放心。那么，国际上的资金如何呢？国际上的各路资金虽然在这次金融危机面前遭到了重创，但并非灭顶之灾。另外，新的流动性又被各国积极的财政政策所注入，因此，国际上的各路资金力量虽然不及过去那么雄厚，但至少掀起波澜的能力还是有的。最重要的是，一年之计在于春，不论国内还是国际，资金都在想办法在新的一年能够尽快有所收获，以弥补过去的损失。因此，从资金运作的角度去看，期货铜跌到大部分人都彻底失望之时，没有理由在这时候不给那些失望的人突然一击，乘机赚一笔！

5. 商品市场的金融属性，及对联动产品的分析把握

商品市场有个特点，那就是不仅具有商品属性，也具有金融属性，这点很多人在具体波动过程中会忽略。这金融属性的重要影响因素，是外汇市场的波动，说白了，就是美元的走势。中期来看，外汇市场美元势必会剧烈动荡的。因为美国需要很多钱来救市，钱从哪里来，最快的方法就是疯狂印钞票，但这必然会导致美元的大幅贬值，对具有金融属性的商品而言，无疑就起到了保值、“避风港”的作用。外汇市场其实已经开始剧烈动荡，这一状况无疑会大大加强投资者对未来这一预期的效应。另外，石油价格已经从140多美元最低跌到30多美元附近，这一具有“黑色黄金”之称的商品，中期来看，继续大幅下跌的空间已经很小，未来持续反弹的预期也必将支持铜本身的上涨。

6. 在具体波动中从技术分析与心理博弈角度寻找机会

技术分析上，我们可以清楚地看到现在是在相对低位反复震荡，但最终必然会选择一个方向，在大部分人预期并不乐观的背景下，要思考的是，谁在这里抗衡，其背后隐藏着什么？从心理博弈上来说，当大部分人都不乐观的时候，市场既然还能出现相对的平衡，可从一个侧面反映出那些少数人具备的能量，因为他们虽然少数但能量却可以跟多数抗衡至平衡。当少部分人开始易帜的时候，行情会如何演绎，不说也清楚。商品本身具备的金融属性，结合目前的相对低位状况，再配合大部分人阶段性的不乐观，市场还能够在这里保持相对的平衡，甚至开始有利于多头方向发展，这不就是行情要进入转折的信号吗！大部分人不乐观并不可怕，可怕的是不乐观背景下还能保持相对平衡，这不是暗流涌动是什么！看清楚这一切，大方向该如何把握，其实一切都应该明了了。

7. 总结：要果断与勇敢，量力而为

（1）任何品种，首先要明白目前的大环境，要发现一般人看不到的内在变化。

（2）对分析品种进行特性研究与基本面研究。

（3）对品种进行细微的短期技术分析。

（4）从资金运作角度研究分析。

（5）分析其他品种或市场对其波动的影响，从中找出更多信息，或验证一些信息。

（6）在具体波动中从技术分析与心理博弈角度寻找机会。

上面六点在具体实战中，对看透市场帮助很大。

期货市场是高度博弈且风险与机会都异常巨大的市场，因此，这就要求我们在具体的运作过程中，不仅要看透市场，同时还要果断与勇敢地去进行操作。因为，很多时候，一时的犹豫，要么会让你失去巨大机会，要么则会让你获得巨大风险。这里对人的考验比起股票市场，显然，是更高了一个层次。一般人想玩，记住，量力而为，千万别乱来，否则跟赌博无异。

第三章　重点出击与综合运用

第一节　新上市权证（认购）综合战役——以四川长虹认购权证为例

一、基础认识

1. 权证市场的三个“必须了解”

（1）权证是什么？

权证就是一种期权，看涨或看跌的期权，介于股票特性与期货特性之间的交易品种。

至于那些什么特定时间，欧式美式行权方式，都是进一步理解的东西，而不是值得放在这里让很多人云里雾里，难以理解的东西。操盘学习中，需要理论但有时候更需要通俗。

（2）认购权证是什么？认沽权证是什么？

认购权证就是看涨期权，具体来说，就是在行权的日子里，持有认购权证的投资者可以按照约定的价格从上市公司中买进相应的股票。切记，这是“买进权”。

相反，认沽权证则是看跌期权，具体来说，就是在行权的日子里，持有认沽权证的投资者可以按照约定的价格卖出相应的股票给上市公司。切记，这是“卖出权”。

（3）认购权证利于融资，国内市场更多是认购权证。

这两种权证，上市公司会更热衷于发行认购权证，毕竟对上市公司而言，一旦成功行权，其将能够从投资者手中融入一大笔资金，是非常好的融资方式。

相反，认沽权证一旦投资者成功行权，上市公司将面临应对投资者的“卖出权”，而必须准备资金支付。有时候，一旦需要支付的资金过于庞大，对上市公司而言将会是一个考验，一点好处也没有。

所以，你去看看市场，认沽权证早已绝迹，现在在国内，有的都是认购权证（截至 2009 年 8 月 21 日）。

2. 权证把握上，请不要让自己输在“盲目”或“无知”

权证还有很多具体的概念，在此就不一一阐述了，可以说，那些都是基本功，没有基本功请不要贸然介入权证市场，这样很容易就会被权证市场所伤害，千万别犯因行权期没有价值还猛杀进去要行权的低级错误（见文后附）。

很多人之所以输在权证市场，就在于太过“盲目”或“无知”，只知其一不知其二，只知道有暴利机会，却忽视了有全军覆没的可能。所以，看到很多人过于“盲目”或“无知”，自己深为痛心，只希望，通过本书的微薄力量，能够给予更多投资者在权证上带来一些帮助。

3. 千万别去相信所谓的理论价值，要有自己的实际估计价值

把握权证，尤其是新上市权证，切记，不要把所谓的理论价值太放在心上，那些价值往往都不会成为现实，尤其是在阶段性大环境暖和的背景下，更是基本不可能，最终的结果往往都是冲破理论价值。

道理不复杂，因为如果理论价值那么有用，那么，大家单靠理论价值就可以赚到钱，那未免也太简单了。市场运作资金在操作上最喜欢的就是反理论价值的策略，而散户往往都会被理论价值所迷惑。

作为操盘手，心中要有自己综合各方信息评价的价值，总结出实际估计价值，从而结合上市后盘面采取相应的策略。

二、操盘论道

关于“四川长虹认购权证”所涉及的范围图是从图46至图58，共13幅图。在这些图中展现出操作思维的过程，并且配上不少文字剖析，希望读者能够好好结合起来感悟，相信会有收获。

为了让读者更容易理解，在此特提前作出简要提示。

图46至图48，这三幅图主要是让我们知道：新权证上市前面临不同的市场环境会产生不同的走势、新权证上市的正常盘面状况以及新权证本身的要素。

图49告诉我们影响新权证的最终因素。

图50与图51是告诉我们要懂得用大局观来看待新权证。

图52至图54则是告诉我们要学会对比同类型的品种，从中得出启迪。

图55至图58也是告诉我们要学会对比，在此探讨的是类似历史走势的对比，角度有所不同。

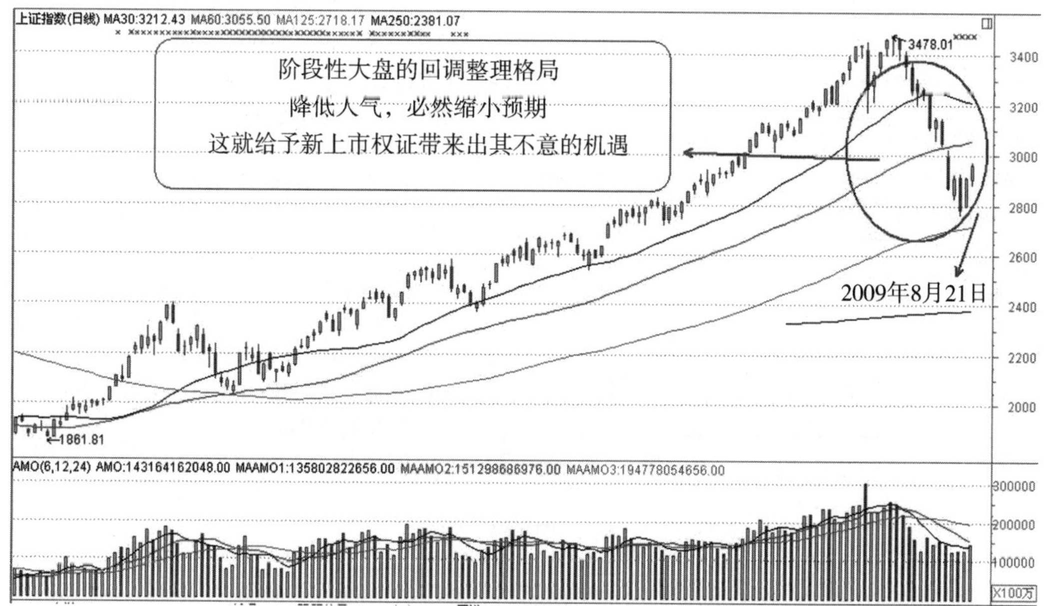

图46

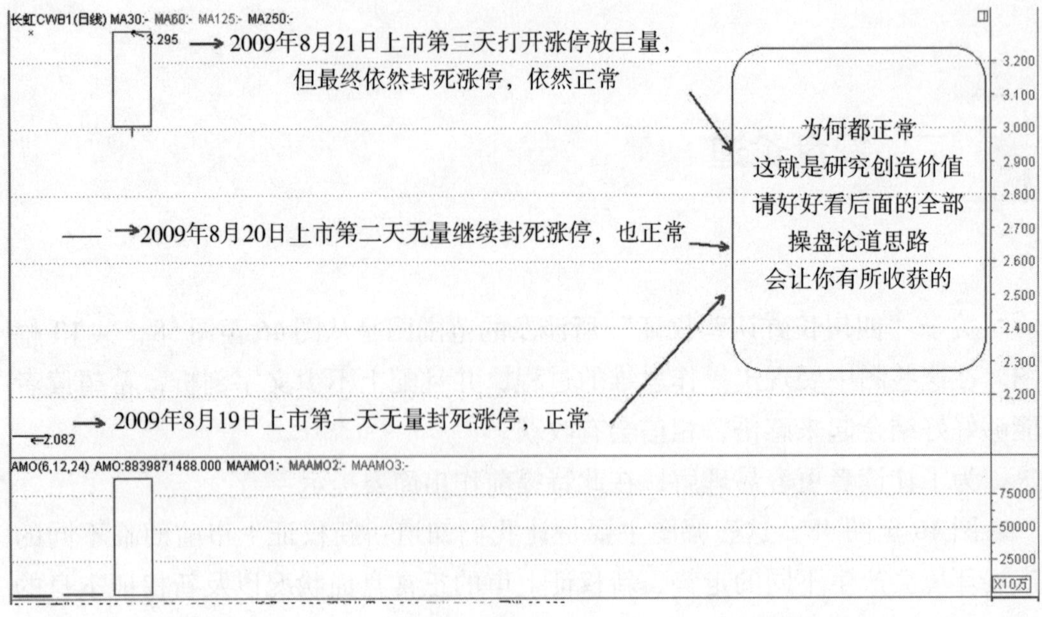

图 47

☆权证概况☆ ◇580027 长虹CWB1 更新日期：2009-08-21◇ 港澳资讯 灵通V5.0
★本栏包括【1.权证概况】
【1.权证概况】
【权证概况】

权证简称	长虹CWB1	权证代码	580027
标的证券	四川长虹(600839)	权证类别	认购权证
上市地点	上海证券交易所	发行数量	57300万份
上市日期	2009-08-19	开盘参考价	1.444
最后交易日		发行方式	派发
初始行权价	5.23	最新行权价	5.23
初始行权比例	1:1	最新行权比例	1
存续起始日	2009-08-19	存续终止日	2011-08-18
行权起始日	2011-08-12	行权终止日	2011-08-18
行权简称	ES110818	行权代码	582027
结算方式	证券给付方式		
行权说明			
发行人	四川长虹电器股份有限公司		
律师事务所			
会计事务所			

面对新市权证(四川长虹认购权证)，必须先要了解清楚基本状况，透过这里的信息，我们可以清楚以下4点要素：
1.发行数量为5.73亿份的认购权证（盘子适中，不大也不小）
2.初始行权价为5.23元（权证上市前在5元附近波动，不算高的行权价格）
3.最新行权比例为1：1（也就是1份权证最终可以换1股股票，非常正常的比例）
4.行权起始日为2011年8月12日（也就是2011年8月11日为最后交易日，上市时间为2009年8月19日，也就大概两年的时间，时间寿命上比一般1年的时间要长，有利于长期反复炒作）

图 48

1. 解读四川长虹认购权证的背景与思路

（1）新上市权证的三种情况。

任何新权证上市，市场背景都是非常关键的，一般分三种情况：

第一，市场人气非常热闹，股指表现相当出彩的阶段。

此时，由于大部分人的情绪都处于相对高涨状态，对市场更多的也是看到机会，因此，预期会大大增强，一旦有新权证上市，看高一线是必然的。往往可能不仅看高一线，甚至看高很多，这就很可能使得新权证一上市就把未来所有的行情透支，这种过度疯狂后留下的将是未来漫长的调整。

第二，市场人气异常低迷，股指表现比较沉闷的阶段。

此时，由于大部分人的情绪都处于相对失落状态，对市场更多的也是看到风险，因此，预期会大大降低，一旦有新权证上市，看低一线是必然的，往往可能不止看低一线，甚至看低很多，这就很可能使得新权证一上市就处于价值严重被低估的状态，这将给中长期留下更多的上涨机会。

第三，市场人气保持相对中性，股指表现比较难以把握的阶段。

此时，由于大部分人的情绪都处于迷茫状况，对市场有看多也有看空，较为平衡，因此，预期不高也不低，一旦有新权证上市，比较中规中矩则是常态，不敢看过高也不敢看过低，相对矛盾的状况。此时，机会与风险并存，就看具体如何去把握。

（2）市场背景固然重要，最终还是要回到研究品种上，注意“忽略”机会。

透过图46，我们很容易就发现，长虹权证市场背景是第三种情况，为什么？很显然，前面刚刚热闹完后的暴跌，又面临反弹阶段，人气没有完全散去但又比较迷茫，这完全符合第三种情况。这种情况下，机会与风险并存，就看如何去把握。那么，为何四川认购权证有机会呢？

这就要回到四川认购权证本身上去作进一步研究了。要知道，市场环境固然重要，但最终的决定因素是权证本身，是否能够把握住机会，就看我们是否能够发现很多人发现不到的机会，而那机会又确实最终体现出来。

那么，这种被市场所忽略的机会，不管放在什么背景下，只要其市场波动没充分体现出这“忽略”价值，那就都是值得把握的机会。为何有时候有些新股上市后还能持续疯狂，这背后就肯定有一些“忽略”因素存在，道理是一样的。

(3)“三点”去把握权证本身。

既然要关注权证本身，那么，该具体注意些什么？从而去发现机会呢？要把握以下三点：

第一，流通盘。流通盘的大小一定程度上决定了其受资金关注的程度以及炒作的高度。具体判断大中小盘的标准不妨参考《操盘论道入门曲——看透 F10》一书中对股票给出的定义，这里也一样。很显然，5.73 亿份为中盘权证，不大不小的状况其实是非常适合各路大资金把控，从而最终产生较为独立的行情。

第二，时间寿命。第一天交易日（存续起始日）到最后一天交易日(行权起始日前一天)，即为时间寿命。时间寿命越长，我们在权证上的想象空间就可以变得越大。你想象一下，如果说给你个 100 年后才行权的权证，在炒作上是不是可以天马行空了？那是绝对肯定的，谁知道 100 年后会是什么样，其想象空间简直是可以无限大。现市场上的权证一般是 1 年时间，但 1 年时间足够发生很大变化了，我们看看一些牛股，1 年时间翻几倍那是很正常的。所以，一般情况下，时间寿命越长，其权证相应的炒作空间就越大，蕴涵的机会也就越丰富。当然，末日轮的疯狂那是最后的回光返照而已，那种特例知道就行。在这里，四川长虹认购权证的时间寿命是 2 年，这已经算比较长了，就现阶段的市场而言，甚至已经是最长的了。2 年后四川长虹会怎么样，后面再谈。

第三，最新行权价以及最新行权比例。

行权比例一般不会改变，所以，所谓的最新行权比例往往就是最后的行权比例，不过当本股转赠股或配股的时候，这行权比例会相应作出调整。调整模式是遵循“等量守恒”原则，如本股十送十，权证若原来是 1:1 行权的话，就变为 1:0.5 了。

最新行权价是只要上市公司每年有分红就肯定会有所改变，而且是呈现递减的态势。也就是说，最后的行权价一般情况下是肯定比初期的行权价要低的，具体低多少就要看业绩有多少了。调整模式是遵循“同步”原则，就是本股因分红除权 0.8 元的话，权证的行权价也就相应要降低 0.8 元。这里其实就隐藏着可能被很多人忽略的机会，尤其是上市公司可能要大幅分红的时候！（四川长虹认购权证 2009 年上市初最新的行权比例为 1:1，最新行权价为 5.23 元。）

2. 四川长虹本股

（1）对待本股，要清楚两点：其最坏的风险底线以及最好的机会上限。

权证最终的价值将完全取决于本股最终的波动状况，这是权证的游戏规则所致。四川长虹当时最新的行权价格为5.23元，对比其当时本股的价格5元左右（见图49），应该说非常接近。为了更方便地去研究，在这里我们不妨把两个价格看成一样的。

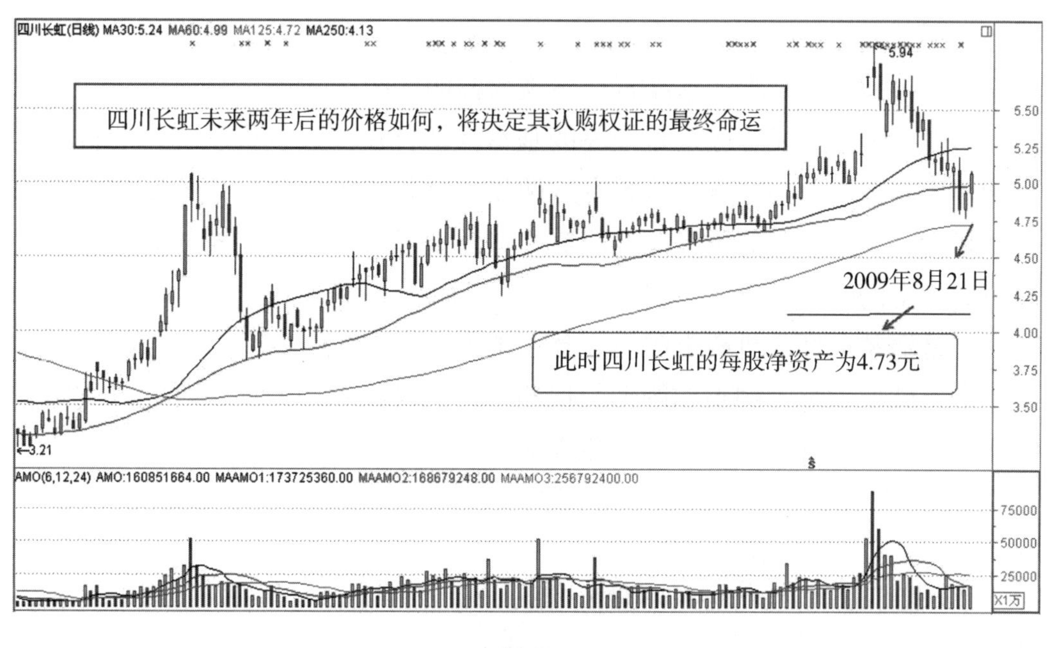

图49

未来市场四川长虹究竟如何，或者说判断一只本股的未来究竟如何，我们必须要了解两大要点（其实，这些方面前面的书中有所提及，这里只是再次在总结而已）：

一是清楚最坏的风险底线会在什么地方？

这点就要从净资产着手，它是最实在的底线。虽然熊市阶段性会出现跌破净资产的状况，但跌破净资产的上市公司，只要是基础厚实的公司，最终市场是会让其回到净资产之上的。说白了，我们要很清楚本股“本身的价值”（参考《操盘论道基本曲——把握价值》一书）最低大概能到什么地方，其很重要的一个判断标准就是看净资产。

四川长虹当时的净资产为4.73元，这里不要忘记，净资产是跟每年的经营状况紧密联系在一起的。未来两年内，正常情况下，其净资产出现增长是没有什么悬念，保守估计达到5.2元左右问题不大，即跟最新的行权价格相近。

而我们要清楚，如果未来两年净资产能有所增长的话，那么就意味着有分红，而分红后又将会让行权价格减低。按此分析，最终净资产大于行权价格将是正常的。这说明正常情况下，最终四川长虹的股价只要在净资产之上，行权是肯定没有悬念的。

当然，我们也要考虑到未来两年内四川长虹出现业绩下滑甚至亏损的情况，但不管如何，4.73元的最新净资产，已经具有相当的抗风险能力，未来两年经营再差，也很难让这净资产出现大幅的下滑。

所以，最坏的风险底线是最终能基本保证行权。这点很重要，能行权就意味着不归零，不归零就意味着在这两年的过程中有足够的想象空间可以运作。切记，只要最坏的风险底线能够基本保证最终行权，这样的品种才具有真正意义上的运作潜力。

二是清楚最好的机会上限会在什么地方？

这点就要透过大的周期图形来揣测了，此时最忌讳的就是盯住日线图去想象，那样，只会抑制我们的想象空间。

如图50与图51，必须看两大周期图，一是周线图，二是月线图。

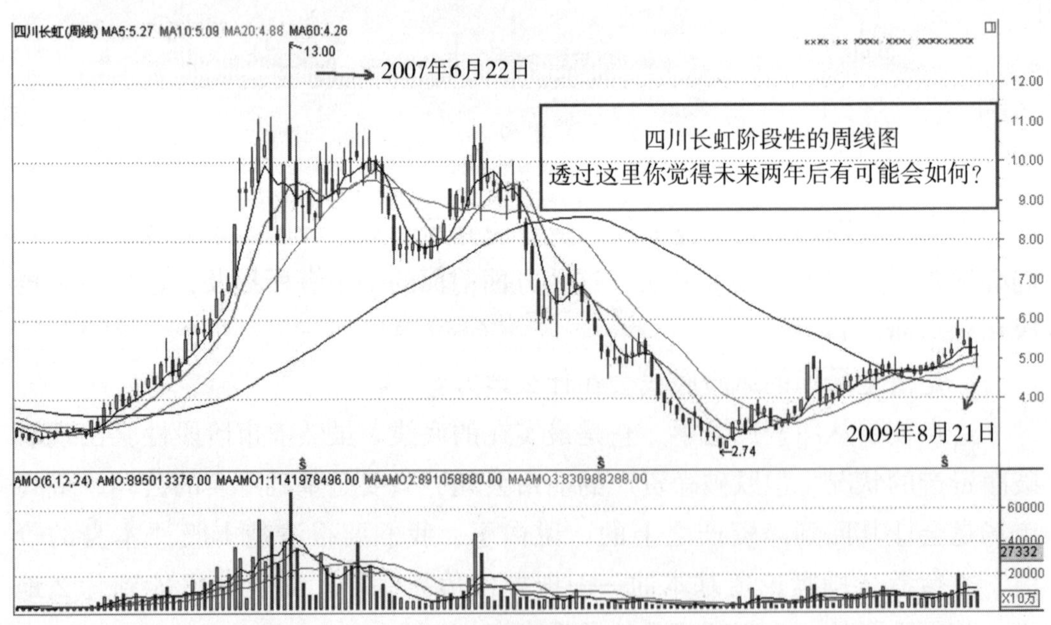

图50

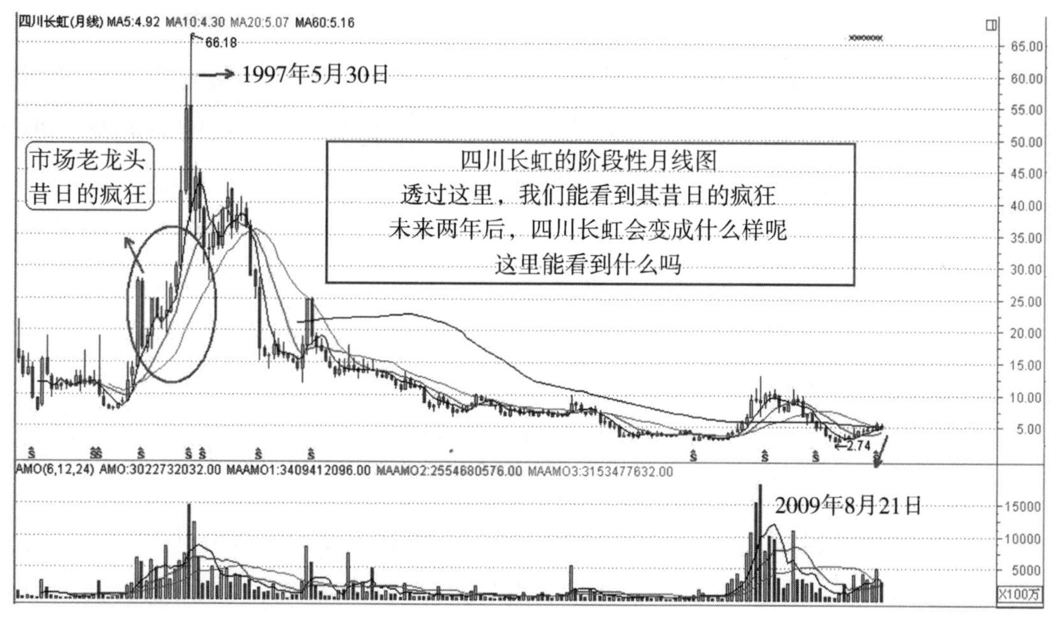

图 51

如果说周线图是爬到楼顶上去望“未来”的话，那么，月线图则是爬到山顶上去望“未来”。我们的原则就是先楼顶后山顶，循序渐进。

图 50 中，四川长虹的周线上，可以清晰地看到，从 2009 年 8 月 21 日开始算，大概两年前，也就是图中标记的 2007 年 6 月 22 日左右，其股价最高上摸到 13 元。那么，两年后，股价是否有可能再次上摸那个高点，形成对称呢？这完全有可能。一旦再次上摸到 13 元，那对于行权价大约在 5 元左右的四川长虹认购权证而言，其权证价格就应该至少是在 8 元。8 元对比现在的 3 元多的价格，至少有 1 倍以上的空间。另外，记住，这 8 元仅仅是没有任何溢价的真实价值。若把波动过程中的溢价也算上去，如果是 100% 的溢价，而当时价格又在 13 元的话，那么，也就是要在实际价值上再加上 13 元的溢价，其权证价格就等于 21 元，也就等于目前 3 元多价格的 7 倍左右！当然，一般溢价可能没那么高，好，我们减去一半，大概 50% 的溢价，价格也还是在 13 元的话，实际价值 8 元左右的基础上加上 6.5 元（13 元的一半也就是 50% 的溢价），也就是 14.5 元左右，这样比 3 元多的价格要高 4 倍多！试问，两年时间有可能出现这样的回报，能不让人心动，能不好好运作一番吗！

周线上是如此，那我们不妨进入更大的周期中，也就是月线图上的视野来看看有可能出现什么情况，当然，在月线图上，这里要强调的更多是一种天马行空的想象！

图 51 中，四川长虹的月线图上，我们可以看到 1997 年见大顶的那波行情是非常凶悍的。当时的四川长虹是市场绝对的龙头，在不长的时间里，股价竟然如直线一样向上冲，10 元不到的价格飞涨到 60 多元，想想那时的四川长虹令人心潮澎湃。长虹过去的市场老龙头地位，血液里是存在着疯狂基因的。未来两年有没有可能历史重演呢？如果真的有可能的话，不到 10 元的价格跑到 60 多元，我们不说 60 多元，50 元就可以，那四川长虹的认购权证会疯狂到什么地步呢？

算算实际价值。50 元减去大概 5 元的行权价，也就是 45 元，45 元比现在 3 元多，翻了接近 15 倍！请记住，这仅仅是实际价值。

算算存在溢价的价值。如果溢价 50%，那就是 50 元基础上加上 25 元（50 元的 50%），就是 75 元，然后 75 元减去大概 5 元的行权价格，最后就是 70 元，让 70 元再对比现在 3 元多，结果就是至少 22 倍！

如果溢价 100%，那么，就是 50 元基础上加上 50 元，也就是 100 元，然后 100 元减去大概 5 元的行权价格，也就是 95 元，让 95 元再对比现在的 3 元多，结果就是至少 30 倍！

在月线上一看，两年时间价格有可能翻 15 ~ 30 倍，你说是不是疯了！没有疯，一旦看好，就要看到最好的可能。这仅仅是一种研究方式，市场本股一旦如此运行，权证这样波动是非常正常的，现在提前研究，到时，就不会手足无措，看不清楚了。什么叫前瞻性，什么叫胸有成竹，这就是。

我们千万不要以为不可能，这市场没什么不可能的，过去其实已经有这样的经典案例。如五粮液认购权证，1 元到 50 元，50 倍的增长，那是已经发生过的现实。所以，未来再次上演类似所谓奇迹，请不要吃惊。这奇迹的背后是有一套理论支撑的，并不是偶然，更不是市场本身的错误，一切都有合理的因素在其中，只是很多人只知其一不知其二而已。

切记，最大的机会就是要敢于想象，请不要认为不可能，权证一旦爆发，一切合理的想象皆有可能。作为操盘手，这些都要在战前研究透彻，这样才能做到任市场波涛汹涌，我能镇定自若！

（2）本股价格越低或权证小盘，市场给予权证的溢价往往就会越高。

本股价格越低，权证未来价格就越有想象空间，市场给予的溢价也就会越高。道理不复杂，正是由于权证价格最终由本股决定，当本股阶段性价格处于比较低的状态，这样一旦爆发行情，其就有可能往更高的方向进军，成为中价股，甚至高价股，那么，对于权证带来的影响将是异常巨大的。因此，面对相对较低价格的本股，市场往往都会给予其权证较高的溢价。

最明显的例子，江西铜业认购权证（580026）很多时候其溢价都不高，甚至负溢价。为何？就是因其本股价格比较高，处于几十元的状态，大大抑制了其未来上涨空间。这样，对很多人来说，看到未来的空间有限，而且会担心未来本股有可能演变成低价股从而为权证带来巨大的风险。因此，其认购权证一直保持相对的低溢价或负溢价也就在情理之中了。权证最可怕的就是失去想象空间。如果要让江西铜业认购权证充满想象空间的话，那前提必须是江西铜业要有效突破高价股的想象，比如突破 100 元，那就意味着可以天马行空往上想象了，那时候的权证必然也是随之溢价水涨船高。

另外，市场还有个会提供高溢价的状况，那就是小盘权证。作为小盘权证，可以很容易就高度控盘，在阶段性，其往往会成为纯粹投机的品种，市场溢价也就随之天马行空了。

3. 四川长虹认购权证对比其他权证

对比权证，思路上务必把握好三点要素。

如果说，本股是决定权证未来的关键。那么，与其他权证的对比则是决定权证当下的关键。面对新上市权证，对比其他权证来综合给予结论，这是必须要做的。

其他权证的当下状况就如一面镜子，让你更清楚新上市权证接下来有可能的状态。

在这里要把握好三点：

第一，本股要相近才有对比价值。有些人喜欢盲目地去对比，那样不可取，也不科学。我们要清楚权证本身只是本股的衍生物，既然要对比，前提则必然是本股的相近才真正具有对比价值，这一点是务必要清楚的。

四川长虹是大盘指标股，石化认购权证以及宝钢认购权证其背后的本股分别是中国石化与宝钢股份，也是大盘指标股，因此，这样就具有了很大的相似性。四川长虹认购权证跟这两大指标股权证进行对比是可取的。

第二，对比三大要素。分别是溢价、流通盘以及时间寿命。

新上市权证一般都会比老权证的溢价要高，当其溢价处于较低状态，其实就是一种相对的低估状况。

新上市权证的流通盘如果比参考对比品种的流通盘要小，一般更容易受到资金的关照，最终促使溢价大大高于相近权证。

新上市权证的时间寿命如果长于对比权证，也能够促使其阶段性价格波动更为突出，最终溢价比对比权证要高出不少才真正合理。

从图52与图53，再结合图54，我们可以很容易就发现四川长虹认购权证在上面三大要素上都占有优势，这就是机会所在。

第三，权证价格越低越有威力。

权证对大部分投资者而言，还处于不够了解的状态，这也就使得很多人看权证，主要看的就是价格。

这好像商品一样，最吸引大众消费者的就是低价格，只要价格够低，就具有相当的竞争力，哪怕其他都不占优势。看看“山寨机”，就是非常典型的例子，其他所有因素都难以跟正牌军抗衡，唯一能够抗衡的就是价格，正是这唯一的价格因素，却也让它们抢占了相当的市场份额，创造了奇迹。

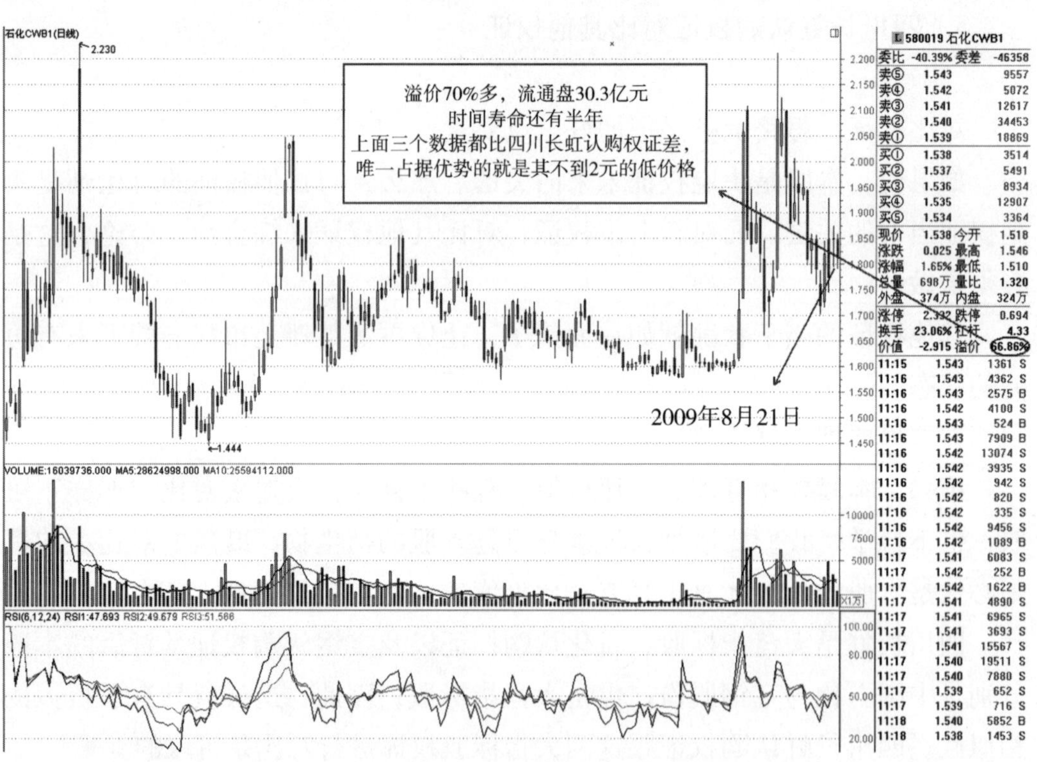

图52

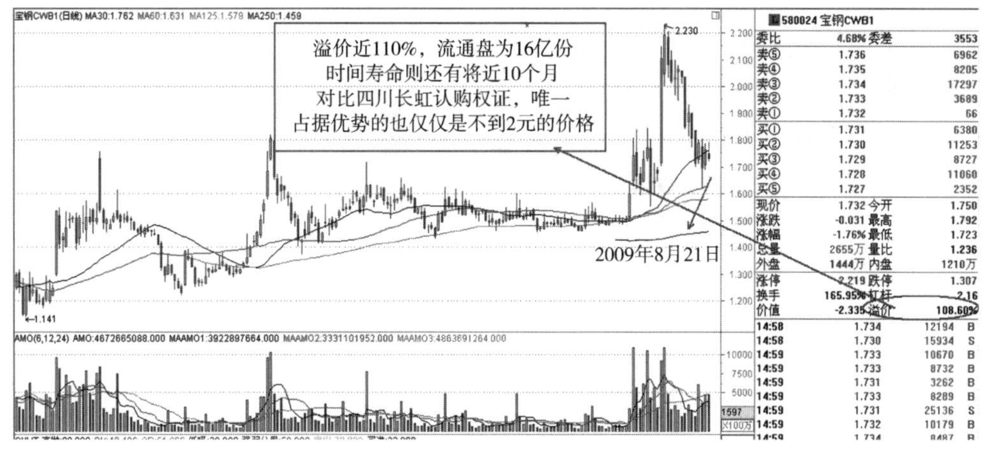

图 53

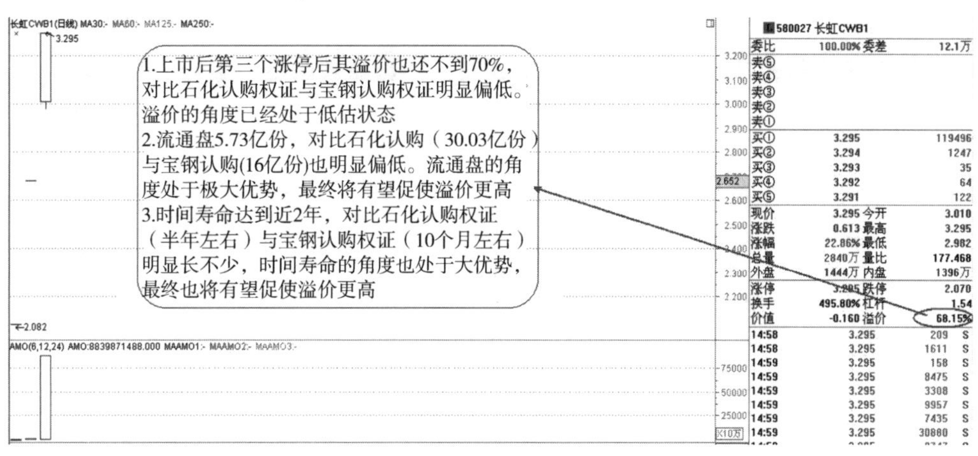

图 54

所以在权证的选择上，对于很多人来说，价格也是放在第一位，这也就使得低价格权证会有更高的关注度，溢价等自然也就能够给予更多，一旦爆发行情，阶段性还能相当疯狂。

石化认购权证与宝钢认购权证对比四川长虹认购权证，唯一的优势就是价格，它们都不到 2 元，也正是如此，虽然它们对比下来好像高估了，但却非常合理地展现在我们眼前，而且，时机一到，还会有可能出现更疯狂的行情。这就是权证市场的现实之一，我们必须清楚面对，才能把握住机会。

回到四川长虹身上，其 3 元多的价格虽然比其他两个对比权证价格要高一个档次，但毕竟那三大要素的优势是那么实在地摆在眼前，不进行炒作，那等于就是对做权证资金的一种侮辱。另外，3 元多的价格在权证的群体里，其实不算高，还处于中等偏下的状态，这也是支撑其未来继续上演精彩的重要因素。此时，就需要把对价格的认识视野放大到整个权证群体中来，才能理出更好更清晰的思路。

长虹CWB1(日线)
3.373
2009年8月24日
上市一段时间后有构筑双底或多重底的态势
跟江西铜业认购权证上市初期极其相似
2.082
VOLUME:3601049.000 MA5:5464723.000 MA10:6111931.000
RSI(6,12,24) RSI1:57.282 RSI2:55.060 RSI3:57.621

图 55

江铜CWB1(日线,前复权)
有对比才有发现
2.267
突破后展开大升势
1.251
江铜认购权证上市初期形成的双底形态
2008年10月27日
VOLUME:60188972.000 MA5:27544320.000 MA10:27359668.000
RSI(6,12,24) RSI1:76.186 RSI2:67.041 RSI3:63.522

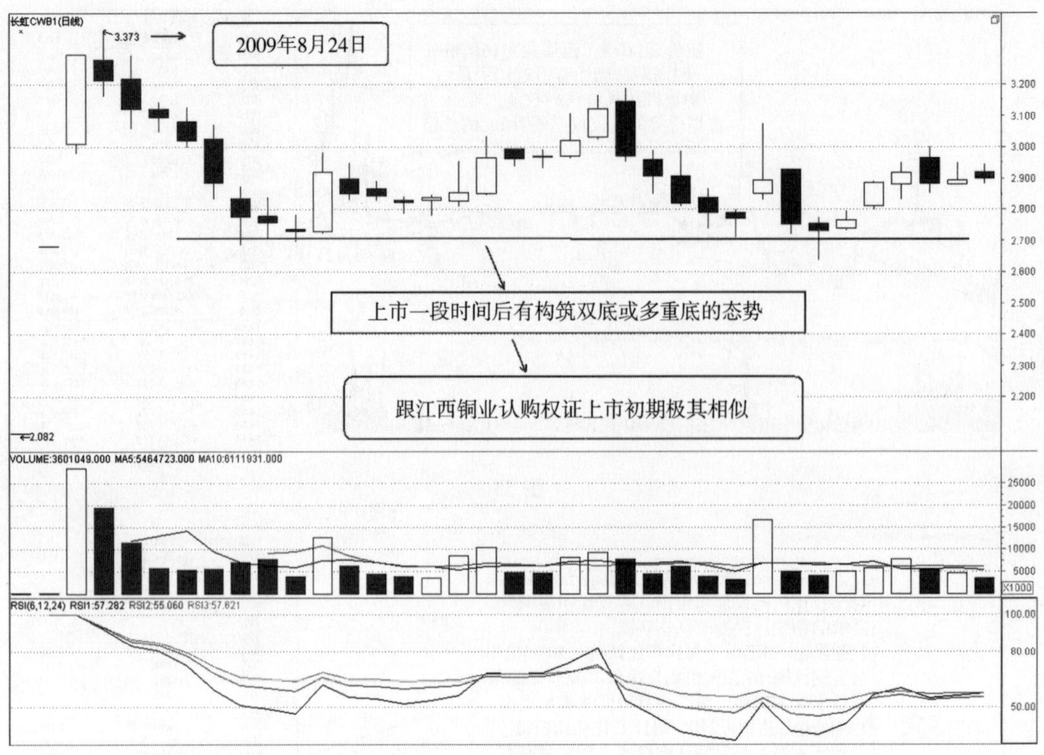

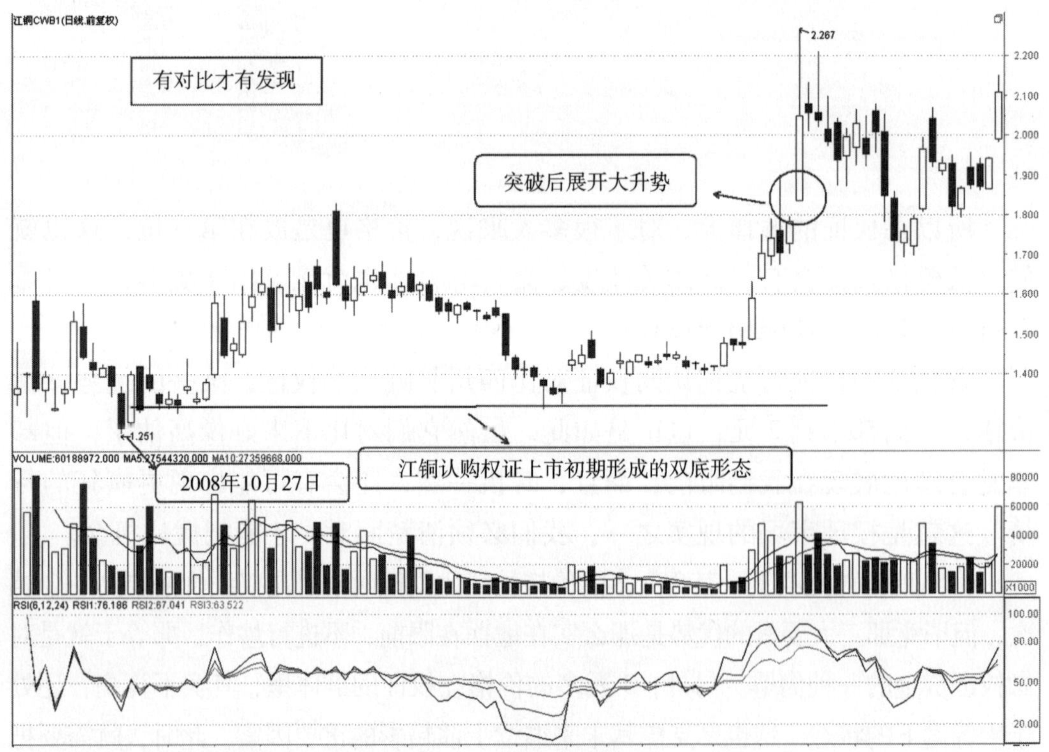

图 56

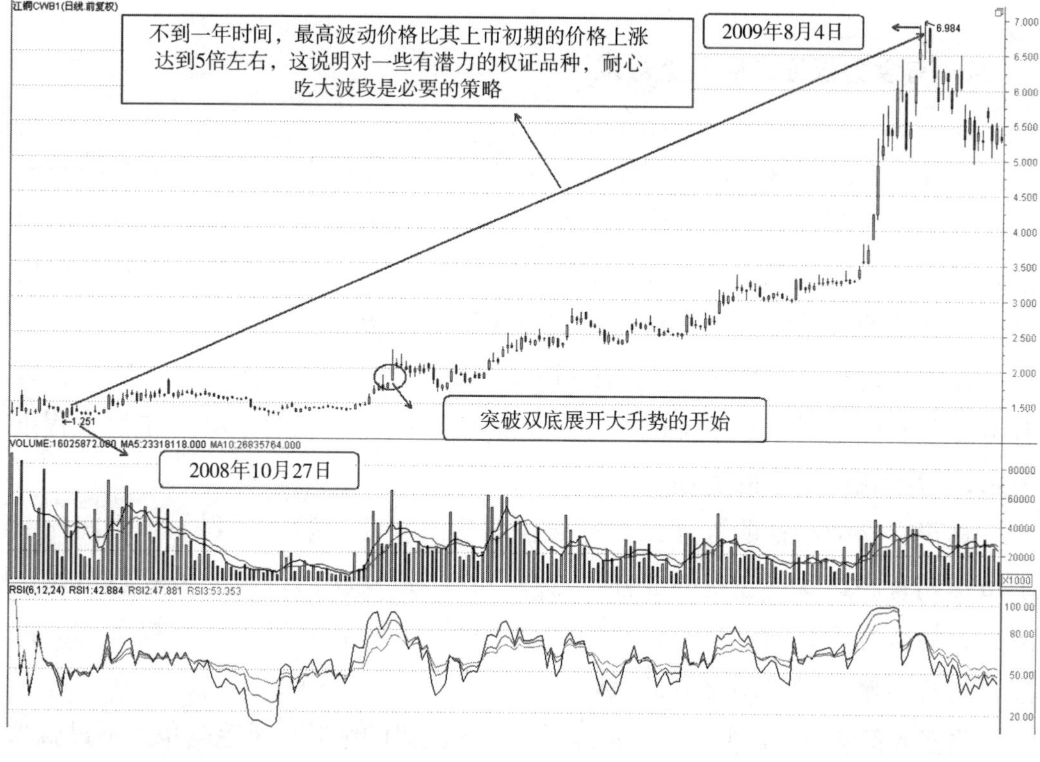
江铜CWB1(日线,前复权)
不到一年时间，最高波动价格比其上市初期的价格上涨达到5倍左右，这说明对一些有潜力的权证品种，耐心吃大波段是必要的策略
2009年8月4日
6.984
1.251
突破双底展开大升势的开始
2008年10月27日
VOLUME:16025872.000 MA5:23318118.000 MA10:26835764.000
RSI(6,12,24) RSI1:42.884 RSI2:47.881 RSI3:53.353

图 57

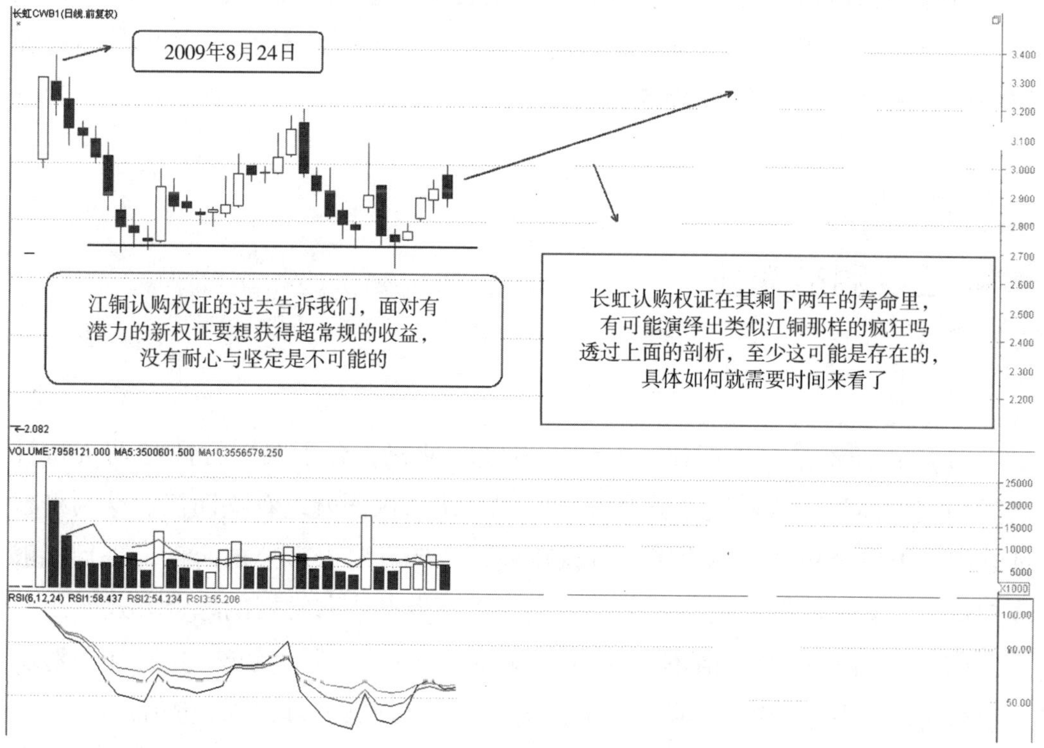
长虹CWB1(日线,前复权)
2009年8月24日
江铜认购权证的过去告诉我们，面对有潜力的新权证要想获得超常规的收益，没有耐心与坚定是不可能的
长虹认购权证在其剩下两年的寿命里，有可能演绎出类似江铜那样的疯狂吗透过上面的剖析，至少这可能是存在的，具体如何就需要时间来看了
2.082
VOLUME:7958121.000 MA5:3500601.500 MA10:3556579.250
RSI(6,12,24) RSI1:58.437 RSI2:54.234 RSI3:55.208

图 58

4. 有潜力权证未必马上爆发

对有潜力的新权证，长期而言，虽然机会可能很大，但这并不意味着一上市就马上展开波澜壮阔的大行情。很多行情的诞生，都是需要能量的过程。就如过去的江铜认购权证（580026），初上市，反复震荡构筑双重底的形态，真正的行情开始则是从突破双重底形态开始。

长虹认购权证（580027），初期上市似乎也在演绎类似过程。历史往往有可能重演但绝对不是单纯的重复，江铜认购权证过去的走势，在很大程度上可以给予我们一定的启迪。

真正有潜力的认购权证，就犹如江铜认购权证一般，不到一年时间比起上市初期有高达5倍左右的涨幅，这多少也可以反映出权证品种一旦爆发出潜力，魅力是无穷的。只是，我们必须清楚，要吃到有潜力认购权证的大波段，耐心与坚持是必不可少的策略。

很多人都会在中途下车，真正能够吃完大波段的绝对是凤毛麟角，不过就算吃不了大波段，如果你心中早有深刻认识，至少这中波段是可以吃到的。

研究创造价值，在权证市场中，这点表现得会更为突出。未来四川长虹究竟如何波动，需要时间的验证。透过这里，主要是要让投资者明白如何面对一些具有潜力新权证的思路。

三、温故知新

（1）权证就是一种期权，看涨或看跌的期权，介于股票特性与期货特性之间的交易品种。认购权证就是看涨期权，认沽权证就是看跌期权。这两种权证之中，上市公司会更热衷于发行认购权证，毕竟对上市公司而言，一旦能够成功行权，其将能够从投资者手中融入一大笔资金，非常好的融资方式。

（2）权证把握上，请不要让自己输在“盲目”或“无知”。另外，对新上市权证千万别去相信所谓的理论价值，要有自己的实际估计价值。

（3）新权证上市的三种情况：

第一，市场人气非常热闹，股指表现相当出彩阶段。

第二，市场人气异常低迷，股指的表现比较沉闷阶段。

第三，市场人气保持相对中性，股指的表现比较难以把握阶段。

（4）市场背景固然重要，最终还是要回到研究品种上，注意“被忽略的价值”机会。这种被市场所忽略的机会，不管放在什么市场背景下，只要其市场波动没充分体现出这“忽略价值”，那么，就都是值得把握的机会。为何有时有些新股上市后还能持续疯狂，这背后就肯定有一些“忽略价值”因素存在，道理是一样的。

（5）从“三点”去把握权证本身：流通盘、时间寿命、最新行权价以及最新行权比例。

（6）对待本股，要清楚两大点：其最坏的风险底线以及最好的机会上限分别是什么？切记，只要最坏的风险底线能够基本保证最终行权，这样的品种才具有真正意义上的运作潜力；最大的机会就是要敢于想象，请不要认为不可能，权证一旦爆发，一切合理的想象皆有可能。

（7）本股价格越低或小盘权证，市场给予权证的溢价往往会越高。道理不复杂，正是由于权证价格最终由本股决定，当本股阶段性价格处于比较低的状态，一旦爆发行情，其就有可能往更高的方向进军，成为中价股，甚至高价股，那么，对于权证带来的影响将是异常巨大的。因此，面对相对较低价格的本股，市场往往都会给予其权证较高的溢价。

（8）对比权证，思路上务必把握好三点要素：

第一，本股要相近才有对比价值。

第二，对比三大要素。分别是溢价、流通盘以及时间寿命。

第三，权证价格越低越有威力。

（9）耐心等待潜力权证的爆发。真正有潜力的认购权证，就犹如江铜认购权证一般，不到一年时间比上市初期有高达 5 倍左右的涨幅，这多少也可以反映出权证品种一旦爆发，魅力是无穷的。只是，我们必须清楚，要吃到有潜力认购权证的大波段，耐心与坚持是必不可少的策略。

（10）心急吃不了热豆腐，正如新股一样，虽然有一上市就机会无限的品种，但更多也是需要震荡整理积蓄能量，新上市权证也是如此。当选择品种在出现震荡积蓄能量的时候，只要是真正有潜力的，那就不妨逐步潜伏耐心等待实质的爆发。虽然这里重点是在谈新上市权证，其实触类旁通，对权证本身的理解也是一次深化过程，这点是可以举一反三的。温故知新，不仅有温习过去之意，更有启迪未来之意。权证不神秘，要把握好却也不简单。

四、课后习题

（1）新权证上市的三种情况是什么？权证把握上要注意哪三点？

（2）权证上怎么理解最坏的风险底线以及最好的机会上限？

（3）为何本股价格越低或小盘权证，市场给予权证的溢价往往会越高？

（4）对比权证，思路上务必把握好哪三点要素？

（5）权证上，怎么理解耐心才能吃到“热豆腐”？

（6）试着找出市场中存在潜力的两只权证？

（7）透过这里的学习，如果有所收获的话，能否试着写出不少于 800 字的学后感？

小资料：权证“末日轮”闹剧何时休 150 万元买到废纸一张

2009 年 8 月 21 日　王成盛 马庆圆　中国证券报

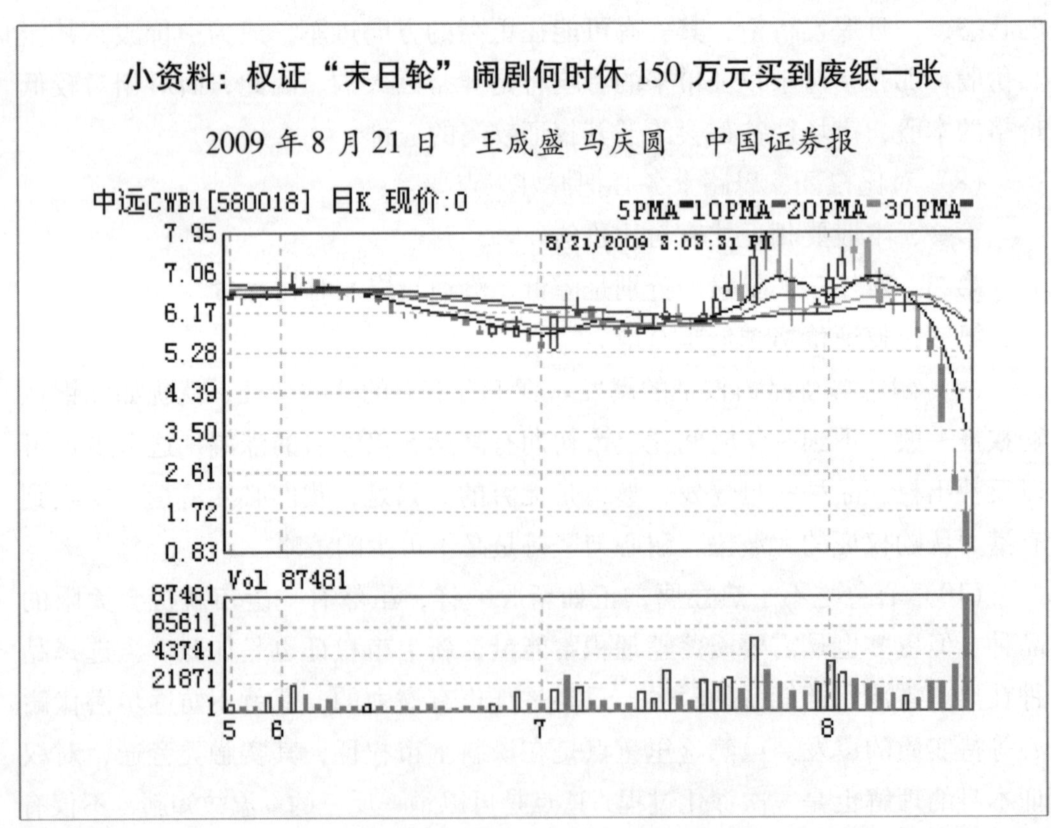

“没有价值怎么收盘价还9毛多？我不懂，难道其他人也都不懂吗？”在持有权证价值归零后，一头雾水的南京李先生，坚决不相信这一现实，不断地在电话中反问。

“我不懂你们的行权公告是什么意思，你教我怎么把权证中剩下的钱转成股票吧。”四川的赵小姐依然悠闲地在电话里咨询。

“我们账面上的权证价格归零了，那这部分钱哪里去了？是你们公司拿了还是证券公司拿了？你们要是拿了钱，也应该给我们分一点作补偿啊。”北京的一位投资者有些“激愤”。

以上是中国证券报记者19日在中远航运证券部听到的电话，这一天该公司共抽调8名工作人员充当接线生，证券部俨然变成了“呼叫中心”。

2009年8月18日是中远CWB1的最后一个交易日，这只已经形同废纸的认股权证仍以0.957元的价格收盘。按照中远CWB1的设计，权证持有人可以在8月19~25日以19.26元的价格按1:1.01的比例认购中远航运正股。而中远航运18日收盘价为11.71元，即便中远航运在5个行权交易日内连续涨停，也只能达到18.86元。

因此，2009年8月18日中远CWB1的理论价值显然是零。然而，权证停止交易后一些不明就里的持有者心急火燎地打来电话，咨询前述问题。而在这些投资者当中，有一位竟然在18日买入了150万元的中远CWB1。

事实上，中远航运早在半个多月前就不断提示该权证风险，主承销商广发证券也多次在报刊上提示权证投资风险，在很多证券资讯系统中也有提示，但还是不断有投资者冲进市场。

“有些投资者根本就不看公司公告的！”无法放下电话的中远航运证券部员工高声地对中国证券报记者说，“现在有很多老人家来咨询情况，这让我们心里尤其难受！”

近年来，各界对于权证市场的风险教育可谓不遗余力，各式各样的“防火墙”从始至终就没停止过。从要求投资者在权证开户时签署风险揭示书、到券商进行投资者风险教育，再到公司在权证停止交易前不断刊登风险提示，可谓层层设卡，但依然无法避免部分投资者在“末日轮”中倒下。

“现在看，简单教育不起作用，你不可能把所有的股民都教育成专业人士。最主要的是要设置交易门槛，避免一些缺乏相关知识的投资者进入市场。”“应该在权证开户的同时，弄一张相关知识的试卷，考及格的才能开户。”“现在开户时投资者签署的权证交易风险提示书，太流于形式，有的券商可能并没有很好地履行告知义务。”在采访过程中，中国证券报记者不断听到中远航运人士以及一些有过与该公司类似经历的上市公司人士的呼吁。

“实际上，由于考虑到法律风险，很多权证的提示公告并未特别明确提示风险，这也是产生‘末日轮’行情的重要因素。如果能改变一下目前的权证提示公告格式，增加一部分对权证价值的评估，估计会好很多。也就是说当确定权证实际价值为零时，应该通过公告的方式明确告诉投资者，而不是像现在这样只提示行权日期和停止交易日期。”东方证券一位理财经理这样告诉中国证券报记者。

就在中远 CWB1 停止交易的当日，四川长虹 5.4 亿股认购权证——长虹 CWB1 正式上市交易，其后的连续涨停重复着中远 CWB1 去年上市时的一幕。希望两年之后，长虹权证能够平静落幕。

五、市场随笔

1. 真正的成长

很多时候，机会能否把握就在于你那一念之间。

把握住机会，会令人开心欣喜；没把握住机会，沮丧痛苦也难以避免。

情绪随着机会的得失在发生着巨大的变化，很难有人能够真正做到得失面前都平静面对，至少初期有那么一个阶段是情绪难以平复的。水平高的人，其实就是懂得在初期阶段之后平复心情的人，毕竟一切都会随风而去的。

每个人在资本市场都会经历很多，只是，那么多经历是否真正让每个人都成长了呢？显然，答案是否定的。很多人，不管经历多少得与失，总是在原地踏步或者成长不大，这些人最终难免成为炮灰级的人物。

要成长，首先一点，就要切忌烦躁！很多人为何原地踏步或成长不大，就是因为他们根本不舍得花时间去沉淀自己，一味去追寻那看上去很美的“短平快”，这里的“短平快”既包括操作的思路，也包括选择书籍的思路，更包括做事情的思路。其结果呢，最终往往都是昙花一现，或者难以成为市场真正的赢家。或许很多人，对“短平快”的研究花了不少时间，只是，你不觉得那些都过于表面，缺乏真正的内涵吗！与其花太多时间到那里，还不如真正好好地去充实自己的基本功，你不觉得一切都是从基本功开始的吗！那才是提升自己能力的真正捷径所在。看似笨拙，坚持下来却非常具有威力，很多大师级别的人物不都是这样诞生的吗！

2. 五点看创业板

创业板，对国内资本市场而言，还属于新生事物，但对国外资本市场而言，早已稀松平常。创业板不神秘，说白了就是中小企业融资与交易的场所，只是这里的企业更多突出“创业”而已。我们看待创业板，别激动，那不是金矿，更多是坟墓，平常心面对之，视野不妨放长远点。至于具体的思路如何，在此给大家一些参考：

（1）注重“创业”，最大机会在于上市公司的未来比预期还要好。

所谓创业板，“创业”二字必须要突出，也就是说这里的企业必须具有较为强烈的“创业”色彩，只有这样，机会跟风险才成正比。具体而言就是其当下的规模不能太大，但却很有前途与希望。“规模不大”带来的是不确定的风险，“很有前途与希望”带来的则是无限的憧憬。因此，如果创业板上市的企业不符合这样的特点，那不如观望之，要知道，创业板最大机会就在于上市公司的未来比预期还要好。

（2）承受风险的能力放在第一位。

创业板的市盈率动辄可能超100倍，没有巨大的成长性作为支撑那是不可想象的。道理很简单，试问100倍市盈率的品种摆在你眼前（也就是其按照当下业绩要100年才能收回成本），一旦其业绩不能保持高增长，哪怕只是跟过去一样，都将面临着巨大的考验，就更不用说一旦出现亏损带来的致命打击了。这里是要么疯狂要么崩溃的市场，由于创业板引入了退市机制，因此以后如果出现“仙股”请别惊讶。如果你要是想进去玩创业板品种的话，首先就要有承受巨大风险的能力，其次才能去谈把握机会。同理，我们选择创业板品种的思路也是如此，把企业承受风险的能力放在第一位。

(3) 不熟不做。

创业板所包含的行业范围相对比较广泛，而且有很多细分行业中的创业公司，有时候可能你连其赢利模式都搞不清楚。如果连在创业板的上市公司赢利模式、行业状况等都不了解的话，那么，就算再好的公司，都不建议进行投资。比如有个即时通腾讯工具 QQ 上市（这是已经发生的事情），一般人根本难以理解其赢利模式以及未来，而你却是其忠实客户对它非常熟悉，也看到了它未来有可能发生奇迹，类似这样较为熟悉的前提下，才具备冒险参与的基础。因此，我的思路就是不熟不做。

(4) 寻找增长"持续性"的品种。

按照我的研究，创业板品种的净资产、净收益率如果能够持续保持 20% 以上的增长，长久下来，会诞生奇迹品种。作为创业板的品种，提出这样的要求并不算过分，如果能够保持这样的态势发展，那高市盈率也是有价值支撑的。不过，就创业板的本质而言，要找到这样的品种并不容易。创业板的品种更多的是其收益率波动大起大落，是的，很多品种一旦大落可能就意味着离生命结束的日子不远了，毕竟其抗风险能力是相当薄弱的。所以，千万别碰那些收益率大起大落的品种，只把握那些收益率能够保持稳定增长的品种。

(5) 别着急，等其上市后第一轮股本扩张再跟进也不迟。

创业板的上市公司，既然是处于初期阶段，那么，其未来发展就意味着还有好几轮大幅扩展的机会，在股本上则体现为会有好几轮的股本扩张。我们都很清楚，很多上市公司的壮大必然是伴随着股本的不断扩容而产生的，如原来主板的云南白药以及中小板的华兰生物等，既然如此，我们不妨耐心等待其上市后第一轮股本扩张所带来的机会，毕竟，如果那时候其已能够做到第一次股本的扩张，至少说明两点：一是生存下来了，二是基础更踏实了。当然，此时参与进去机会成本有可能会提高，但至少企业风险大幅减低了，从长远来看，只要其是真正的高成长企业，上市再第一轮股本扩张再跟进一点都不迟。

上面五点是我对创业板的基本态度。面对创业板，千万别把它当金矿来看待，长远来说，肯定有"金子"，只是这是建立在许多"坟墓"的基础上。所以，不妨好好研究，耐心等待真正的机会，只要抓住一个"微软"，已经足够了。你说呢!

3. 股市可以爱但别上瘾

如果问一些职业股民，什么时间过得最快？什么时间最难受？

答案八九不离十：看盘的时间最快，收市后放假的时间最难受。

盯着电脑屏幕，很多人可能都不一定操作，但就喜欢看，看什么？看大盘的波动，看市场的热点，看自己关注或买入品种的状况，每时每刻这些都在变动，看着变动的过程就很容易忘却时间的流逝。所以，凡是经常看盘的人都有这样的体会，看盘的时间实在是太快就过去了。

同样的时间放在做其他事情上，那感觉就截然不同了。道理也不复杂，做其他事情，没有看盘那样高度集中注意力，注意力一集中时间就会感觉飞逝，注意力稍微分散，就会感觉时间比较缓慢在流逝，其实都一样，只是因注意力集中程度不同而有所差别而已。

股市魔力就在于可以使那么多人在同一时段集中注意力。为何来股市的人一旦看盘都很容易集中注意力呢？仔细想想，不外乎以下三点：一是股市的波动等状况确实有趣，就好像看一场精彩的电影一样，可以忘却时间；二是股市的起落关系到投资者本身的切身利益，每个起落都会给人带来喜悦或伤痛，能不集中注意力吗；三是股市的波动等状况很有研究价值，只有高度的关注才能有真正的收获。你有几点呢？不管你是市场人士或非市场人士，不管你是职业股民或非职业股民，不管你是研究员或非研究员，只要你看盘了，那么，你就免不了被它所吸引。

很多上瘾的投资者可能这样安排自己的一天：

早上醒来，吃完早餐；

没多久，浏览新闻，准备看盘；

9:15 一到，开始关注集合竞价；

9:30 一到，正式投入看盘状态；

11:30 结束，不过瘾地离开看盘状况；

12:00 前，午饭已经吃完；

12:00~13:00，难过的 1 小时，耐心等待下午开盘；

13:00 一到，眼睛再次发亮，继续进入看盘状态；

15:00 结束全天战斗，意犹未尽地离开股市回到现实；

15:00 后，煎熬等待，期盼明天的 9:15 快点到来……

就这样，每天都周而复始，直至周末，才结束这种生活。只是周末的时候，很多上瘾的投资者，也没太多时间花在其他事情上，更多的也是煎熬地等待着下周一快点到来。

这样的生活，你喜欢吗？你曾经有过类似这样的生活吗？喜欢不喜欢姑且不谈，但我相信基本上只要是在这资本市场待过一段时间的，类似这样的生活是肯定有过的。

我也有过，只是我知道，一直这样下去是不行的。一直这样下去，就算你拥有再多的财富，那又如何？最终你会发现，你已经失去自我，而且失去友情与亲情，当然，还有更多，你拥有的仅仅就是股市，仅仅就是那些财富而已，说俗点就是穷得只剩下股市与钱了。

何必呢？我想，每个人，都应有更多比股市与钱更值得去关注去追求的东西，股市很奇妙，可以喜欢，作为终生热爱的领域，但那不是全部。要懂得把自己的精力合理去分配，懂得把自己的心合理去调整，那样，人生才真正具有了精彩与意义，你说是不是！我是这样想的，也是这样去做的。

第二节　权证活跃时的机会

一、基础认识

1. 深入研究前先打好基本功

权证是什么？认购权证是什么？权证的正溢价是什么？等等一系列的概念问题，请不要到这里还说不清楚。深入研究的前提是，基本功要扎实，否则研究了也茫然。

2. 赌场特色让权证更有魅力

中国的权证市场很有意思，换手率全球之冠，虽然品种不多，由于换手称霸全球，总的交易量每年都是全球前三。很多人说中国人赌性强，权证这T+0的品种，换手或成交量达到如此惊人状态，从中也可见一斑了。正是具有一定的赌场特色，就使得权证有让人疯狂的魅力。

3. 权证低迷时必须坚决舍弃，好好休息

中国的权证市场有个特点：不动则已，一动疯狂。因此，权证行情一来：原则是胆大心细、敢于出击；一旦行情结束进入低迷阶段，那么必须坚决舍弃、好好休息。

4. 行情来时会很敏感，学会“三结合”来把握选择品种的波动

做权证，绝对不能只盯自己的品种，那是非常初级的操盘阶段；要学会结合本股、结合大盘、结合其他权证等，利用“三结合”来把握选择品种的波动。权证一旦动起来，是极其敏感的，任何其他相关联品种的细微波动都可以带给权证相当的影响。本股涨1%多，权证却已涨10%多，疯狂起来这样的状况也并非是不可能的。

5. 权证大波段与小波段的各自特点

把握权证既要做大波段，也要懂得抓住小波段。大波段机会是要靠大格局的深入研究，小波段机会则更多是综合短期的各种要素推断。大波段讲究的是潜伏，小波段讲究的是速度。切记，牛市阶段做大波动，不确定时期做小波段，这样就能让自己处于比较有利的位置。

二、操盘论道

关于“权证活跃时的机会”所涉及的范围图是从图59至图65，共7幅图，在这些图中展现出操作思维的过程，并且配上不少文字剖析，希望读者能够好好结合起来感悟，相信会有收获。

为了让读者更容易理解，在此特提前作出简要提示。

图59告诉我们的是权证活跃时本股可能出现的状态。

图60与图61告诉我们在一定时候权证活跃的契机就是逆大盘波动。

图62告诉我们的是权证活跃起来后所带出的轮动机会。

图63告诉我们的是要把握好权证轮动机会必须结合本股。

图64告诉我们的是可能给权证带来机会的本股，要如何去判断。

图65告诉我们的是如何看透权证的轮动策略。

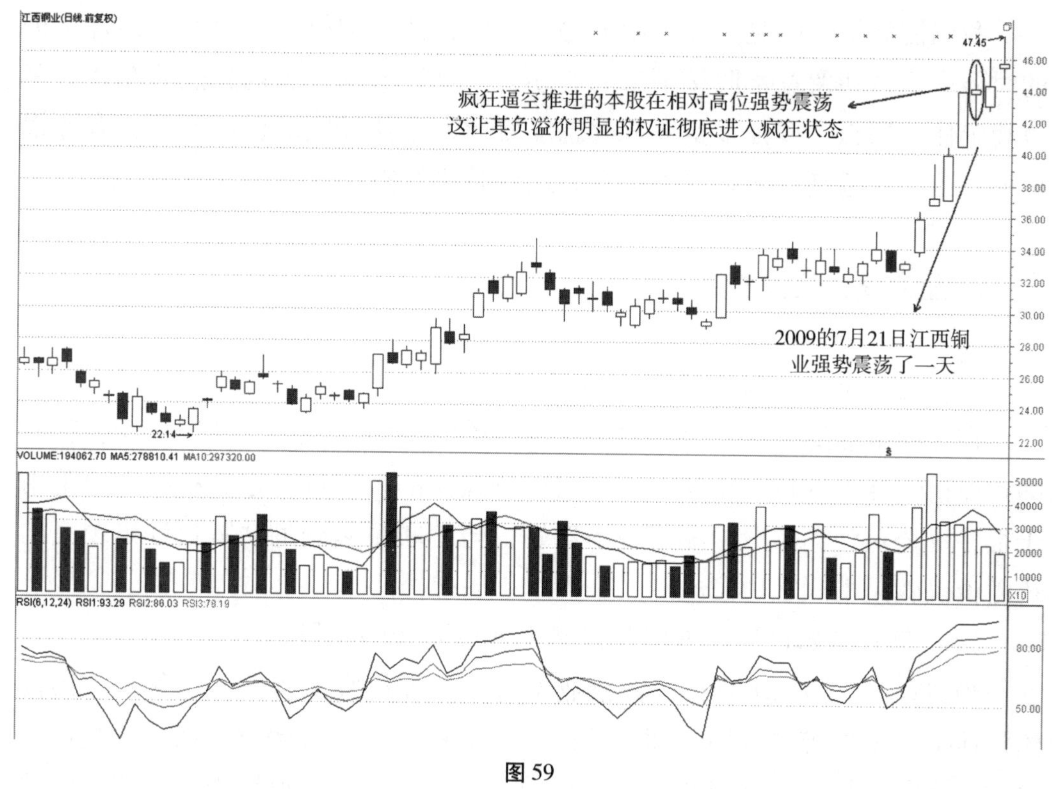

图 59

1. 权证活跃时

（1）权证活跃时，本股的细微波动就可以给权证带来巨大影响。

权证的波动，跟其本股的波动是紧密联系在一起的，尤其是在其权证开始进入活跃状态的时候，本股一些细微波动带来的预期就可以给予其权证巨大的影响力。

记住，有时候本股只是强势横盘震荡甚至小幅下跌，但其认购权证都可以出现疯狂的向上动作，那就是波动带来的预期影响力造成的。

（2）当本股逼空从怀疑转变为逐步认同后，其慢一步的认购权证疯狂机会就来了。

2009 年 7 月下旬，江西铜业开始进入一个逼空突破向上的状态，在初期阶段，市场未必认同这种有点过于疯狂的状态，对于其持续性表示了相当大的怀疑。

这就使得其认购权证跟随步伐显得落后，但人的前一观点随着时间的推移会受到极大改变，尤其是当江西铜业在 7 月 21 日大盘调整的过程中依然保持强势，这就让其认购权证彻底疯狂了。

我们需要记住的是，当本股强势突破后，其认购权证初期不能很好跟进的时候，请密切留意本股接下来的波动，一旦进入强势震荡且能够在相对高位稳定住，那么，权证多空双方的态度就此发生比较大的微妙变化，多方很可能就此开始逐渐扩大自己的地盘，最终趁机给空头更猛烈的致命一击。

2. 量变终会促使质变

（1）江铜认购权证高负溢价情理之中。

在江西铜业逼空推进并保持异常强势的背景下，此时的江铜认购权证，则是保持着强大的负溢价状态。为何保持强大的负溢价，很大程度上也是由于很多资金对江铜本股中期形势不看好，与其联系紧密的认购权证出现高的负溢价也就是情理之中了。

（2）理念开始彻底改变时就是量变促成质变的时候。

当2009年7月21日，江西铜业本身依然保持强势震荡，这种强势震荡给江西铜业未来带来相当空间的预期，而这种预期结合此时江铜认购权证本身的巨大负溢价，很多资金很快就想到，如果江西铜业继续上涨，那江铜认购权证的负溢价就会更疯狂地扩大，那到时，难道权证还不跟进上涨去缩小它的负溢价，答案是，肯定会！

量变终会促成质变，当江西铜业看上去还很有机会跌回来到转变为很有机会继续涨的时候，其认购权证的疯狂也就成了必然！

你要知道，那是一种理念上的彻底转变，一旦对本股未来预期出现彻底转变，那么，认购权证负溢价的状况就会得到极大的改善，达到高峰时，最终甚至会消灭负溢价。

（3）面对负溢价，既是风险也是机会，“三合一”综合把握之。

图60中，单日最高涨幅超过25%后的第二天，其负溢价的程度还有近20%，是风险也是机会。风险是指权证资金依然还有相当部分对未来本股不看好，目前虽然疯狂过，但未必就一定能持续，随时有可能出现逆转；机会是指只要本股继续大幅推进或者强势运行，那么，负溢价的多空双方就有可能再次发生微妙变化，多方再上一个台阶所带来的机会很大。

至于如何去把握，要结合三点：本股、权证整体状态，以及市场状况。三合一综合去把握，新的概率才会最大化，下面将会继续论道。

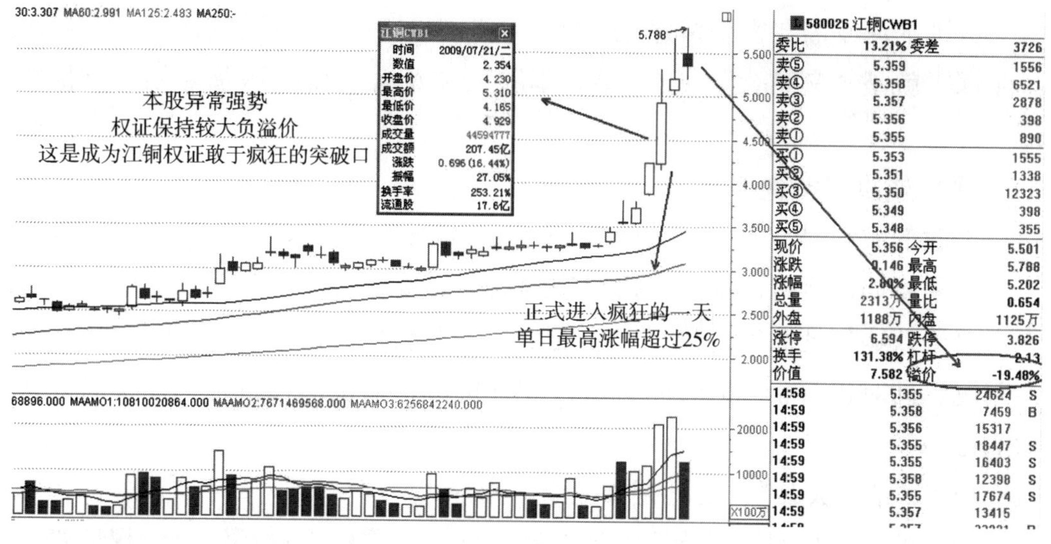

图 60

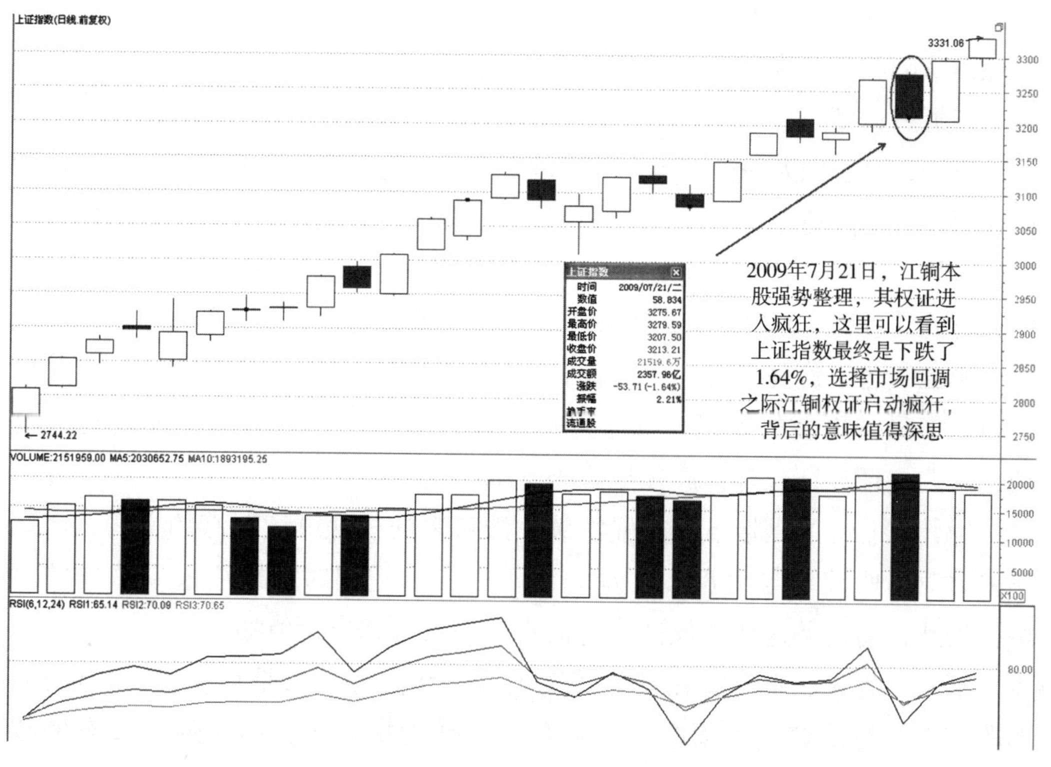

图 61

3. “三结合”

（1）三个要点与“三结合”。

权证的爆发需要密切留意三个要点：即本股、大盘以及其他权证。再进一步深入就是“三结合”了：“结合本股”，“结合大盘”以及“结合其他权证”。

（2）如何“结合本股”。

本股的波动是权证波动的根本方向，本股是涨是跌、处于什么趋势之中，未来将如何运行，都将直接影响到权证的溢价。

对于认购权证而言，只有本股处于大的上涨趋势，溢价处于相对比较低的状况，同时仍有相当的时间价值，才具备真正的价值，否则都是交易的价值而已。

（3）“结合大盘”，要把握好三点。

大盘的波动将间接影响到权证波动方向，不同的大盘环境会给权证带来不一样的影响。在认购权证中，只有大盘处于大的上涨过程中，才具备比较大的战机。只是，有时候，大盘与认购权证波动方向呈现相反状态，如这里的江铜认购权证与大盘在 7 月 21 日的对比。

把握好以下三点：

第一，为了先人一步。当大盘回调更多人认为只是短暂洗盘时，对于认购权证而言，要做到先人一步，在洗盘阶段就会有资金敢于进入，从而造成认购权证逆势上扬，不过上涨幅度往往不会很大。有没有注意到，很多时候，在盘中分时波动过程中，权证会反大盘波动，其实就是先人一步的具体体现了。

第二，为了疯狂吸筹。大盘跌，一般认购权证也跌，这是常识，但如果主力为了吸纳更多的筹码，完全可以采取反其道而行的策略，那就是大盘跌，认购权证疯狂拉升，疯狂把筹码全部吃进。

为什么？为的是接下来本股继续大涨带来的权证继续跟涨的空间，当运作主力对本股波动与大盘下一步的波动有较大把握时，往往采取这样的策略，当然，前提是这认购权证该阶段本身是具备相当价值的。

第三，先人一步与疯狂吸筹其实也就一线之隔，只是程度不一样而已，本质上也都是采取逆反策略来达到目的。作为操盘手，面对逆反状态的权证，尤其是进入疯狂吸筹状态中，盘中的波动是可以大胆进行跟进策略的。你要清楚，既然主力敢于如此大波动，就肯定是有备而来，只是在大盘跌的时候你觉得有点夸张而已，如果是大盘涨的时候，你是绝对不觉得夸张的。大盘涨在什么时候？就在第二天后接下来的日子里，明白了吗，提前动作而已。

（4）如何“结合其他权证”。

权证作为一个板块，尤其是当这板块的品种在屈指可数的状态下，其中任何一只权证突然出现疯狂暴涨，都会对其他权证带来关联效应。就如7月21日江铜认购权证疯狂的日子，其余权证虽然没有如江铜认购权证那么疯狂，但至少都出现了相应的跟随上涨动作，其余权证都没有与江铜一样的题材，但就是上涨，不为什么，就因为它是权证而已。

这里需要注意两点：

第一，没有关联的“其他权证”。

当其他权证跟自己选择品种没有任何关联状态下，你需要看的就是其他权证是否够疯狂，如果够疯狂，那么，可以考虑跟进自己选择的权证。虽然自己选择的权证初期是跟进上涨，有点被动，但等整个市场活跃后，就完全有机会走到前台了。有其他关联权证暴涨的时候，就是你好好盯着自己的权证，开始准备大举杀进的时候了。

第二，有关联的“其他权证”。

当其他权证跟自己选择的品种有关联时，这就不仅仅是准备大举杀进的问题了，而是要及时杀进。有关联意味着什么？意味着自己选择品种可能跟那权证是同一行业的权证，或者都是低价蓝筹品种的权证等，其中之一疯狂起来的话，不联动几乎是不可能的，因为，它们是“亲戚”或者是“兄弟”，市场资金很容易就发现，自己选择的品种很容易就跟上那关联品种，而且自己选择的品种一旦其本身独有题材进一步被市场挖掘的话，未来还不排除后来者居上的可能。记住，一旦关联权证疯狂，要做的很简单，那就是大胆潜伏自己选择的品种，速度快、果断，接下来就是享受被人抬轿的感觉了。

4. 轮番作战与多想几步

（1）权证初期疯狂时要理解轮番作战策略。

权证市场初期疯狂的时候，最喜欢的策略就是轮番作战。

怎么理解？比如前面我们已经很清楚，江铜认购权证在2009年7月21日疯狂过，那么，22日呢？还是江铜认购权证吗？市场往往会挖掘新品种，如何挖掘？首先你要找到与江铜盘子类似的品种，这样很容易就落到石化认购权证与宝钢认购权证身上；接下来就是看谁单日涨幅最大，这样很容易就落到了石化认购权证身上；最后则要看这两个品种盘中谁更容易爆发了，2009年7月22日，很显然，是中国石化爆发了，那么，石化认购权证也就顺理成章成为权证新龙头（图62）。这样也非常符合不少资金轮番作战的策略！

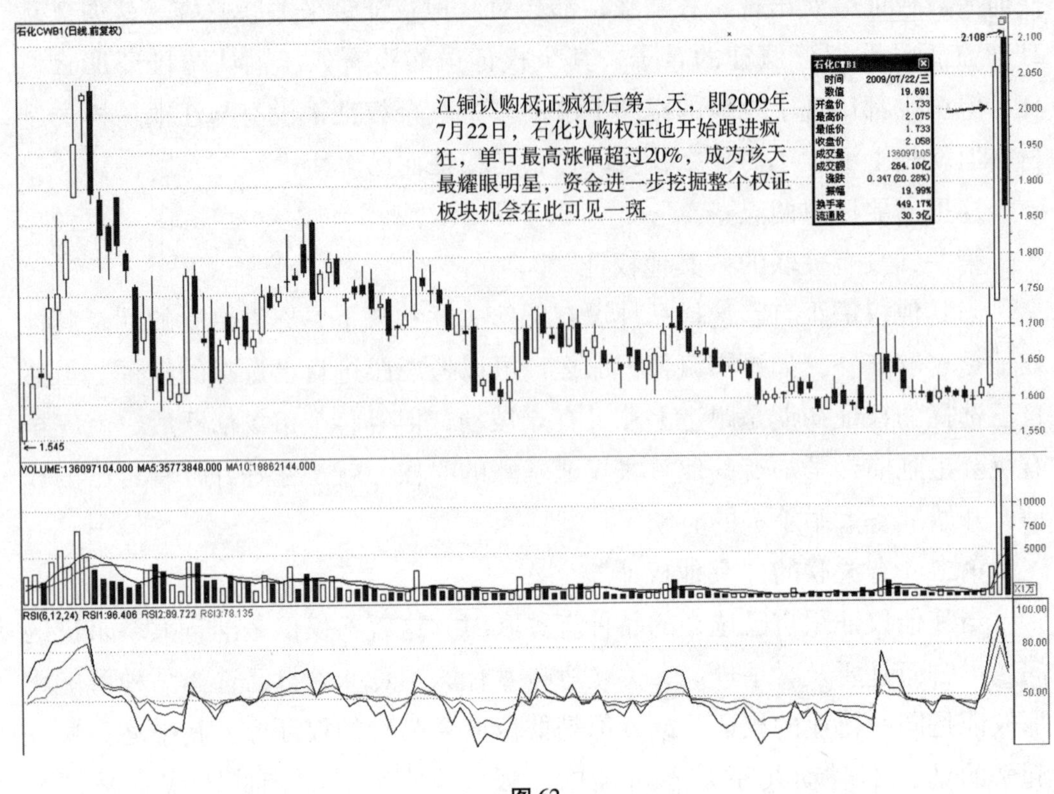

图62

（2）多想几步才能赢。

资金都是很敏锐的，机会就在于你是否能够发现资金的流向。石化认购权证的爆发，如果你能够很好地先人一步分析透彻，那么，机会也许就是属于你了。作为操盘手，一定要懂得多想几步，江铜认购权证爆发了，此时，你除了要分析其是否还有空间外，更重要的是思考接下来谁还有可能如江铜一般，不仅如此，你还要进一步思考，如果另一个品种也爆发了，那么再下一个又会是谁，最终市场又会如何演绎……想得越透彻，那么你做到先人一步的机会就越大，你要明白，很多人之所以输，往往就是只思考当下的结果，你要赢，不比别人多想几步是不可能的。

5．保持平和与冷静

（1）本股与权证相互配合，才能让行情走得更远，权证疯狂离不开本股的支持。

权证的爆发，如果要基础扎实，势必离不开本股的爆发，只有两者达到完美统一了，行情才能走得更远。如图 63 中，2009 年 7 月 22 日中国石化是采取了稳步推高、最终涨停的策略，这对本已开始升温的石化权证无疑是“兴奋剂”，当天权证新龙头的桂冠落在石化权证上可以说是当之无愧的，有本股的支持，想不疯狂都难。记住，做认购权证之时，必须要密切关注本股，一旦本股大力支持，你要做的就是坚定信心吃完认购权证的疯狂阶段。

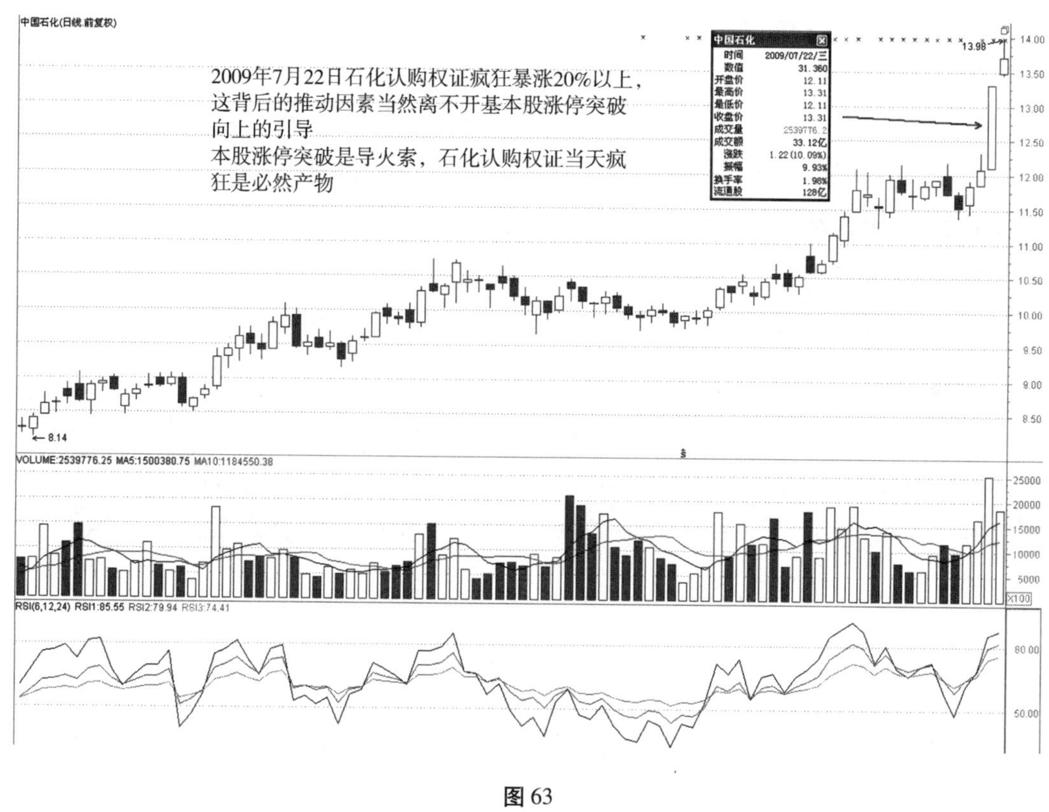

图 63

（2）有品种疯狂的时候，要平和与冷静地去发现下一龙头并抓住它。

当中国石化封死涨停，石化认购权证跟随疯狂的时候，你不禁要思考接下来石化认购权证是否会调整，更要思考资金接下来还会去挖掘什么样的品种？作为操盘手，多往下想，你就能发现更多的机会，这样，就能更为平和与冷静地面对手中已经疯狂的品种。因为，你心中已经有了新龙头，在行情没有充分确定或把握下，短期套现石化、继续挖掘并潜伏进下一新龙头将不失为上策。权证的资金性质就是短线为王，当本股的爆发行情不具备太大持续性的时候，此时权证更多的就是冲高震荡套现。说白了，权证大涨过后本股无法持续大力支持的话，结果就是资金基本会套现采取轮番作战的策略。

6. 与本股充分联系

（1）权证轮番作战，请“结合本股”，找到蠢蠢欲动的本股。

轮番作战，就要充分挖掘市场资金的炒作流向。前面我们已经清楚，权证板块比较活跃的状态，江铜认购权证以及石化认购权证都已轮番表演了一番，接下来会是谁?

作为操盘手，你要懂得怎么去找到这样的品种，此时，请采取“结合本股”的策略，去挖掘一下哪些权证本身具有相当的价值，同时其本股也是处于蠢蠢欲动的状态。

（2）权证与本股充分联系，才能发现战机。

图64，葛洲坝本股无疑就是这样的一个角色。2009年7月22日小阳站稳，形态上很容易就作出预期23日出现的上攻思路（最终也如期上攻）。另外，其权证本身溢价不高，而且22日刚刚创出新高，空间已经完全打开，完全适合做进一步上攻的品种，阶段性新龙头完全是值得期待的。

作为操盘手，一定要懂得把权证与其本股的状态充分联系起来，这样才能找到突破口，才能发现战机。

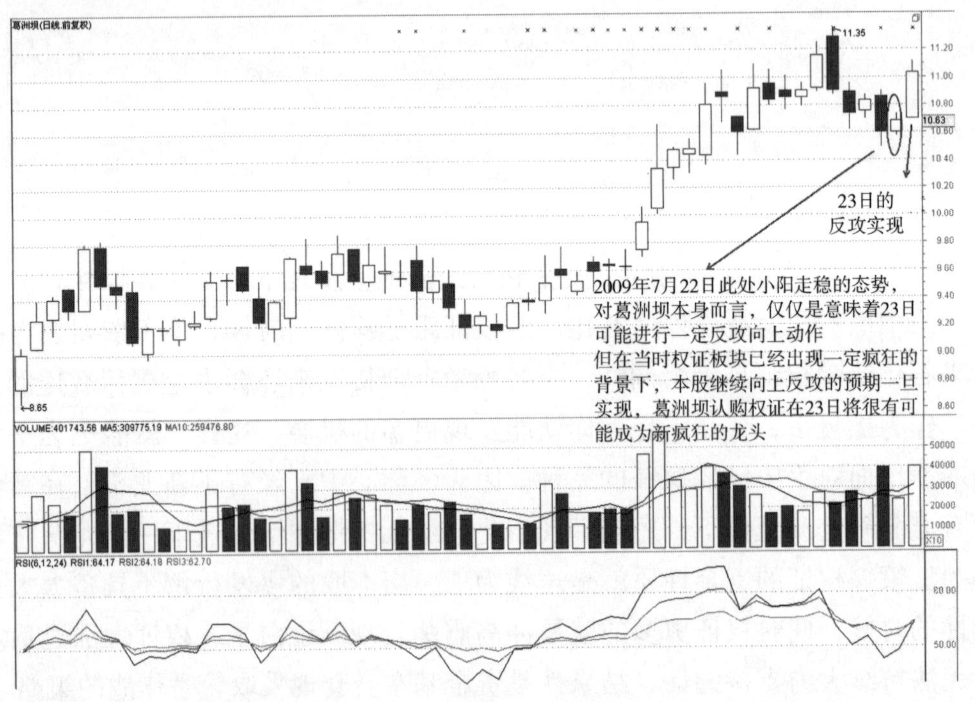

图64

7. 战机稍纵即逝与最优策略

（1）战机稍纵即逝，轮番作战策略下切记要快进快出，不恋战。

图 65，23 日葛洲坝认购权证是收出了一根带长上影的十字星，盘中确实最高上冲近 10%（在当天所有权证中异常闪亮）。虽然最后的收盘并不是特别理想，但至少轮番作战的思路是完全没错的，只要把握好快进快出的原则，不恋战，坚决做波段，那么，收获还是非常大的。

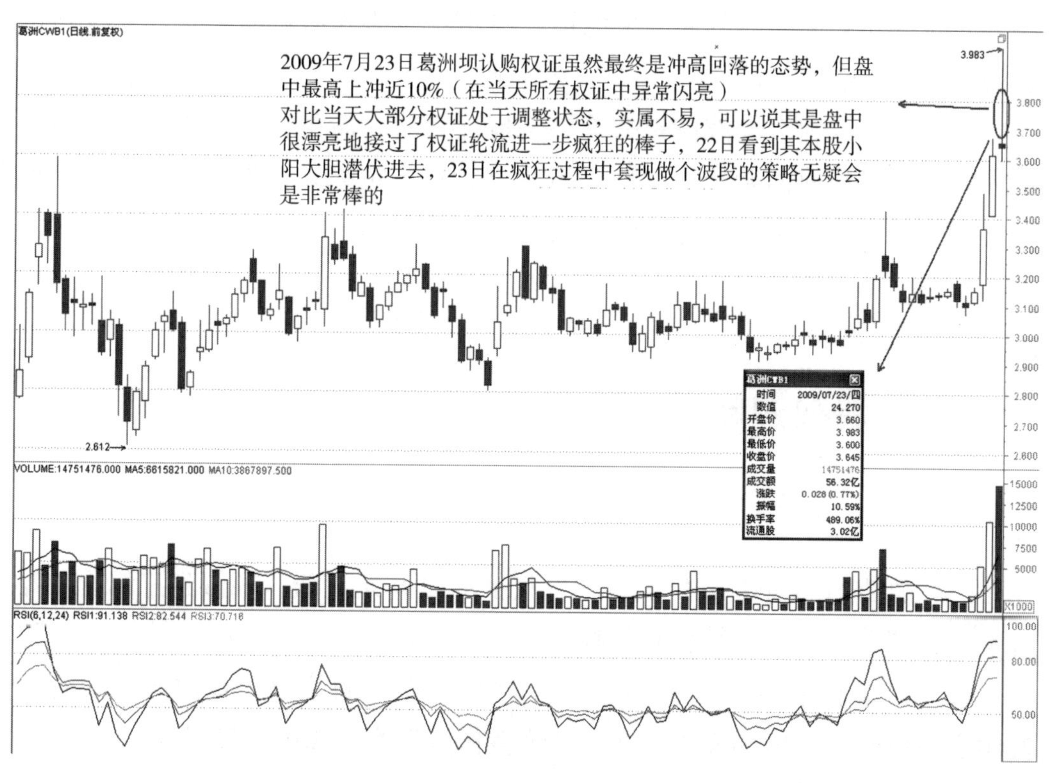

图 65

这里也告诉我们，权证短线机会的把握往往是稍纵即逝，要是有丝毫大意，就很可能竹篮打水一场空。因此，对操盘手而言，盘中实时短线把握能力提出了比较高的要求，否则，战机就算看到也抓不到。

（2）轮番作战只是阶段性策略（看不清大方向时使用），最优策略是大波段作战策略（看得清大方向时使用）。

从 2009 年 7 月 21 日的江铜认购权证疯狂爆发带动权证开始全面活跃，到 7 月 22 日的石化认购权证爆发跟进，以及 7 月 23 日葛洲坝认购权证大幅冲高回落，你应能充分感受到，权证市场一旦开始启动行情，轮番作战将带来多么巨大的诱惑力。

只是，请记住，如果这是一波大的权证行情，在行情往纵深发展的过程中，这种轮番作战的思路可能会作适当的调整。但必须明白的是，这轮番作战的思路放在任何时候都是具有相当威力的。毕竟权证的资金大部分都是短线投机资金，追求的就是短期利益的最大化，轮番作战很多资金都非常喜欢。

当然，如果是大行情，有些极其庞大的资金，将会选择一个品种集中运作。此时，如果你能够判断出来的话，就不是轮番作战的策略，而是充分跟随潜伏进去，吃大波段。

我一直都认为，大波段作战策略是最优策略，轮番作战策略只是在看不清大的方向时采取的阶段性策略，不适合做长久策略。你要明白，以往的实践证明，短线收益最终往往都难以战胜长线收益。

三、温故知新

（1）把握权证先要打好基本功，权证一旦开始活跃，要做到三结合：结合本股、结合大盘以及结合其他权证。

（2）权证行情初期要懂得把握“轮番作战”的策略，具体操盘过程中要学会多想几步，做到先人一步。“轮番作战”的策略应用过程中，注意战机的把握，有时候战机稍纵即逝。

（3）大波段策略是最优策略，轮番作战策略只是在看不清大方向时采取的阶段性策略。权证机会不来则已，一来则往往具有相当诱惑力，为何要把大波段策略作为最优策略，因为大波段策略可以尽最大可能把行情吃到手，而“轮番作战”一不小心就可能与更大的一个波段失之交臂。

（4）千万别抱每天赚一点的心态来把握权证，大家都是凡人，错误是难免的。

由于权证的交易规则很吸引人，很多人都抱着每天赚一点的心态来把握权证，其实这是非常危险的。

首先，“每天赚一点”本身就是看上去容易实际上是神话。想象一下，就算你每天赚 1 个点，1 万元本金投入进去，1 年 365 天复利算下来，那绝对是天文数字。可能吗？其次，从概率来说，每天都成功也只有神仙才能做到。所以，千万别抱着这种幼稚的想法进入这市场。

进来时，更多应抱着做个大波段的思路，遇见市场有比较明显的“轮番作战”机会时可以适当把握，但千万别以为每次都能成功。别把自己太当一回事，否则就离失败不远了。我们都不是神仙，只是凡人，错误始终是难免的，只是让这错误尽可能少犯，每次犯错的成本尽可能少，我们能做的就只能是这些而已。

巴菲特也会犯错，只不过他犯错跟做对综合下来，做对的太多了，所以最后才成就股神。认清本质，做好属于自己的机会就行。

四、课后习题

（1）把握权证过程中的“三结合”是什么？试详细阐述。

（2）把握权证怎样做到先人一步？

（3）把握权证每天赚一点现实吗？

（4）把握权证的最优策略是什么？

（5）如果有收获的话，请把学后感记录下来。

五、市场随笔

1. 对权证交易的感悟

权证板块一旦有活跃迹象，盘中各个品种此起彼伏的波动机会，就会变得非常诱人。

试想一下，一天可以反复交易无数次，自己能够把握好几次轮动机会，累计起来的收益也不会低，最爽的是那种成就感，把握好一切的成就感。

只是每一次都充分把握好，那绝对是天方夜谭，但通过深入综合分析并结合深厚的盘感，在条件具备情况下，一击成功的机会还是很大的。关键就是千万不要过贪，过贪的结果往往就是失败。

有时候，环境具备，一天可以反复交易十几次。追求综合的最后胜利，这样的方法无可厚非，只要你的时间够充沛，对盘感够敏锐，具备最重要的市场环境，那么，如果你对自己有充分自信，大可为之。只要结果是好的，过程如何并不重要。

有人喜欢一击即中，吃个大波段；有人喜欢频繁交易，吃小波段，积少成多。从策略的角度来说，都无可厚非，只是，从最终结果的统计上来说，吃大波段要远比吃小波段积少成多的成就要大得多。

我的看法是，如果具备大波段机会，那么，势必需要以大波段操作思路为主，别太看中阶段性盘中的交易性机会，部分机会可以放弃；同时，如果市场环境具备，在已经吃到一定大波段前提下，可以拿出部分仓位进行小波段积少成多的短线交易，此时，可以大胆激进地去操作一番。收获多算是意外惊喜，即使收获一般甚至没有收获，大波段那边的利润依然能够让你较为坦然地去接受结果。

短线交易频繁获利能力非常重要，也是作为一个操盘手必须具备的一项素质，可以让人大大提升对市场的盘感和对市场的敏锐度。别抱着靠短线频繁交易赚大钱的思想，但可以抱着靠短线频繁交易提升自己水平的思路。

人是需要不断进步的，那就要让自己充分动起来，在动起来的过程中，你就能够感悟与收获更多的东西，短期频繁交易的过程其实就是让你充分动起来的过程。

当动达到一定程度的时候，你更需要静下来。此时，静下并非为了静，而是为了大动，静如处子，动如脱兔，就是这样的一种状态。你想想，当你利用短线频繁交易大大提升了自己水平与能力之后，一旦静下来，那能量会不断地积累，不要让它马上释放，充分储存起来，等待大机会，然后一击必中，就吃到大波段了。是否发现，当短线交易能力提升后，充分静下来再出击，吃大波段的能力也就不经意地提升了。

两者显然是有内在联系的，只是很多时候，大家喜欢把这两者特别地分开来以作区别，其实，能力到了一定境界，很多东西就是相通的了。

透过权证的频繁交易，人会成长得更快，如果频繁交易过后懂得静下心来再出击，那你的成就可能就无可限量了，这就是我透过权证交易的体会。

2. 日全食之日参与权证有感

2009 年 7 月 22 日，当市场的波动到了确实出乎意料的时候，尤其是在权证板块上，那么，按捺不住寂寞后的出击就成了必然，但更应理解为局部认错后的出击。

权证是我一直都非常关注的，而且自己对它的感知自认为都还不错，我很清楚，权证不爆发则已，一爆发绝对是个不小的波段行情。

大盘虽然处于严重看空的大思路，但局部战役上却出现了持续强势的状态，这跟严重看空的大思路违背，更跟自己目前在股票操作的策略上形成鲜明对比。当然，我很清楚，局部的背离不会影响到大局，股票操作上可以采取局部放弃机会的思路。

只是，对于权证，却难以做到，原因如下：一是大盘局部依然保持强势。二是权证群体一旦爆发行情将具有一定持续性。结合起来，短期参与进去成功的概率还是比较大的，虽然坚定认为大盘必然会有一波调整。

权证一旦行情爆发，具有一定的独立性，趁着现在人气高涨疯狂之时，快进快出，一旦获利达到一定量，势必尽快出局。

面对不一样的市场状况，需要采取机动的策略，这是必需的，但有时也是需要相当的坚持。这看似矛盾，其实也统一，就看你面对的状况是你熟悉的，还是你陌生的，是你把握性比较大的，还是把握性比较小的。至少，在权证机会面前，我自认为把握还是比较大的。

正如我预计的一样，进去就有收获，只是，没做到最好，因为有点保守。不过，自己倒是看得开，原因很简单，对现在的收益，我都看成是下半年的超预期收益，有就好，是多是少都无所谓。

当然，这超预期收益最终务必要落袋才算真正结束，所以，还需要点时间，或许就在明天结束。

2009 年 7 月 22 日是 500 年一见的日全食，虽然在广州不能看到完整的日全食，但网络的发达已经可以让自己在网络上好好欣赏那神奇美丽壮观的自然景象。惊叹大自然的同时，也感叹人类科技的发达，竟然可以准确预测到发生的具体时间。

大自然神奇，人也一样神奇，这就是世界！放松自己，看看世界，蓦然回首，资本市场也是那么有神奇！

3. 透过台风想到的

台风，很突然，如果没有天气预报，基本上就是在没有征兆的背景下袭来。

那风，那雨，将树木连根拔起。如果不是住在现代坚固的水泥楼内，很难相信人可以平静面对这台风。

通过电视报道，可以知晓，在乡下，在那些没有太多现代高楼的地方，是多么惨烈的一种状况：庄稼严重被损，果林几乎毁于一旦，台风所到之处，基本上就是“残骸”一片，相当悲惨。在此时，也有人可能在台风袭击的过程中，躲在家中安然上网聊天看新闻，台风反而变成窗外难得的“景色”。

台风，在不一样的环境下，带来的结果是截然不同的。这就让我联想到资本市场。如果资本市场出现一场暴风雨，受伤最大的无疑就是那些没有成功躲入楼中的散户，散户要想躲入楼中，能够坦然面对台风，或者把台风当成一道风景线，这并非易事。

资本市场的暴风雨，不像台风，天气预报往往能够提前预知。对资本市场的暴风雨，市场的预知能力可以说相当低，因此，最终往往也只有少数人才能幸运躲过。

那些少数人为何能够躲过资本市场的“暴风雨”呢？有些确实是因为运气好，有些则是提前预感到了。为何能预感到呢？这就是“功力”和经验的问题，以及个人把握市场能力的问题。你会发现，真正的赢家，就是那些能够躲避暴风雨，同时又能把握好艳阳天的人。

抱着平和的心态去面对资本市场的台风，或许，很多东西，就能够顿悟了以至于带来收获，相信不仅仅是机会而已。

第三节　期货闪电图与股期联动

一、请把握好期货闪电图

1. 注意三点

期货闪电图对于做股票的人而言，是相对较为陌生的，因此，这里就不妨结合盘中头肩顶形态来揭开其中的面纱，让大家有个直观的了解，在具体了解之前注意以下三点：

（1）头肩顶一旦完成形态，是一个比较有效且杀伤力较大的看跌形态。

一“头”两“肩”，“头”高，两“肩”比头低。只要仔细观察，是比较容易辨别的。一旦形态完成下破，其下跌空间的计算是从颈线位开始作为起点，跌幅是至少不小于颈线位至“头”顶的垂直距离。

（2）注意一环扣一环。

很多时候一个局部头肩顶完成后，同时也是帮助另一个大的头肩顶或其他看跌形态的构筑，一环扣一环，也就很容易出现跌了还要跌，最终促成一个大的下跌浪的产生。记住，大图含小图，小图引大图，这就是技术图形分析的精髓之一。

（3）闪电图的价值。

日内分时图，就是在图中按波动时间等分，将每段时间的最新价格标出，随着时间延续就会出现一条弯弯曲曲的曲线，我们在股票市场中已经非常熟悉。日内闪电图，则是将每一个成交价都在坐标图中标出，从而组合成更为精细曲线的方式。作为期货交易，有时候，讲究的是绝对的速度与反应，闪电图的价值就在于此了，它让你看得更清晰，更好去把握一些超短线！

2. 闪电图之旅

透过上面的了解后，下面就以图的形式展开“闪电图”之旅：

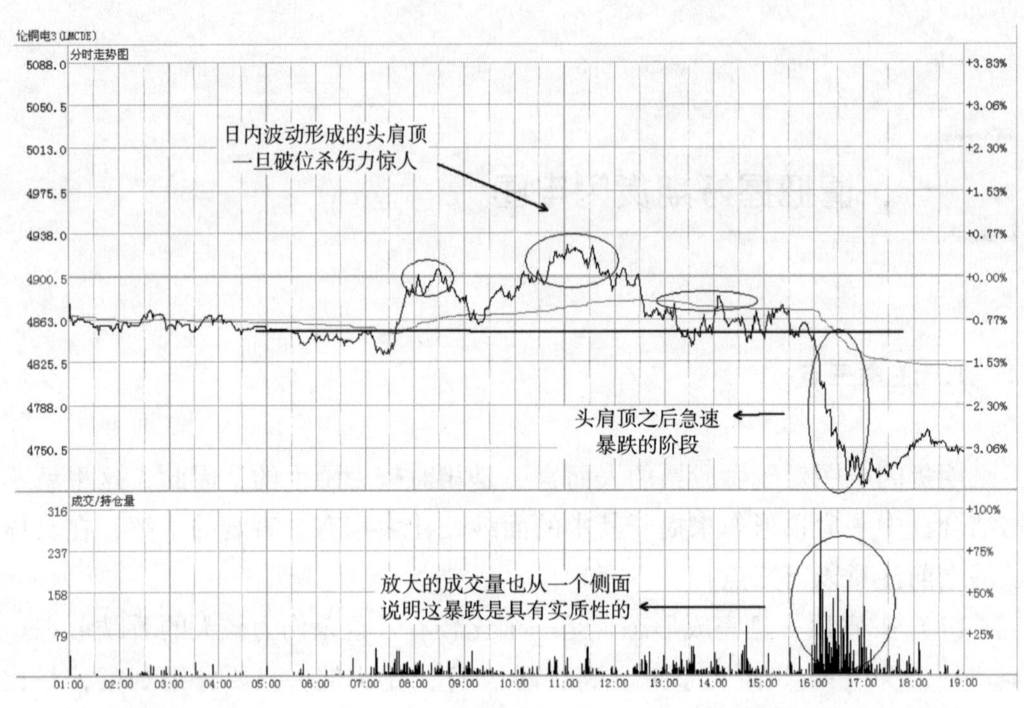

图 66

解读一：

要学会观察并发现日内头肩顶形态，密切留意颈线位，一旦下破就说明做多的最后防线崩溃，此时，就是加大做空力度的好时机。

日内一旦形成头肩顶，往往就是暴跌，此时，要特别关注破位后的成交量，成交量急剧放大，才能充分说明这下跌具有相当的力度。

解读二：

如果分时图已经让我们对价格的波动较为清晰的话，那么，闪电图就更为清晰了。闪电图精确到每笔成交的特点，在期货交易超短线的博弈过程中会起到奇效，也更容易发现一些形态转变的蛛丝马迹。

解读三：

伦铜电3(LMCDE)
闪电走势图
闪电图让我们看得更为清晰
成交/持仓量

图 67

伦铜电3(LMCDE)
闪电走势图
进一步局部放大
更容易看清突破
成交/持仓量

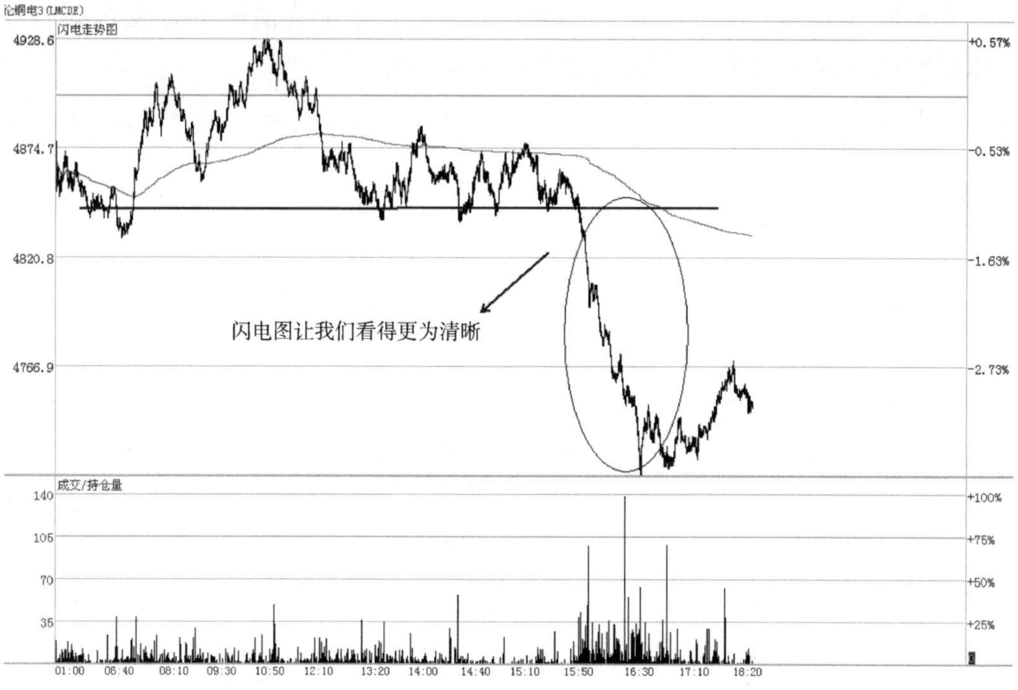

图 68

从全貌到局部的进一步放大，视觉上将会带来更为清晰的转变，同时在具体观察的过程中也更容易发现细微特征的变化。

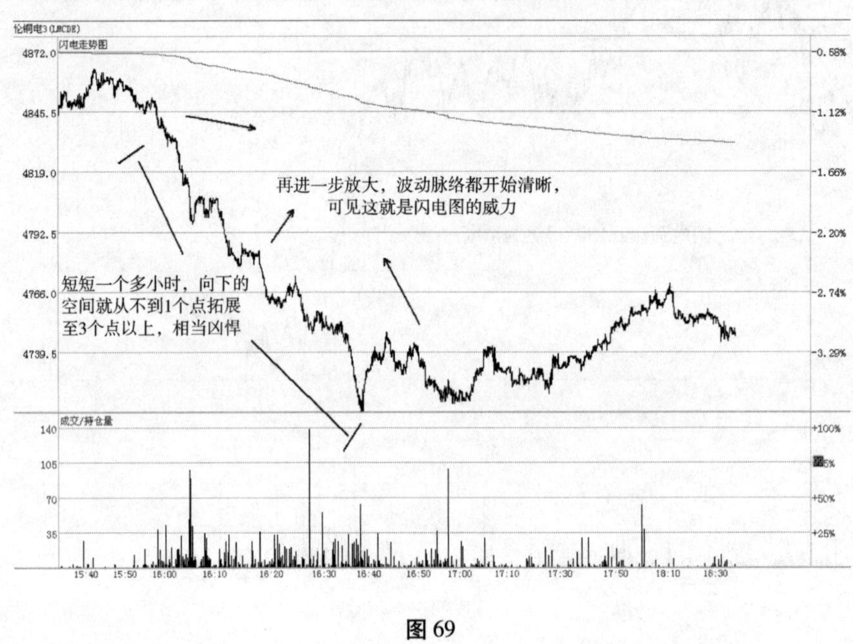

图 69

解读四：

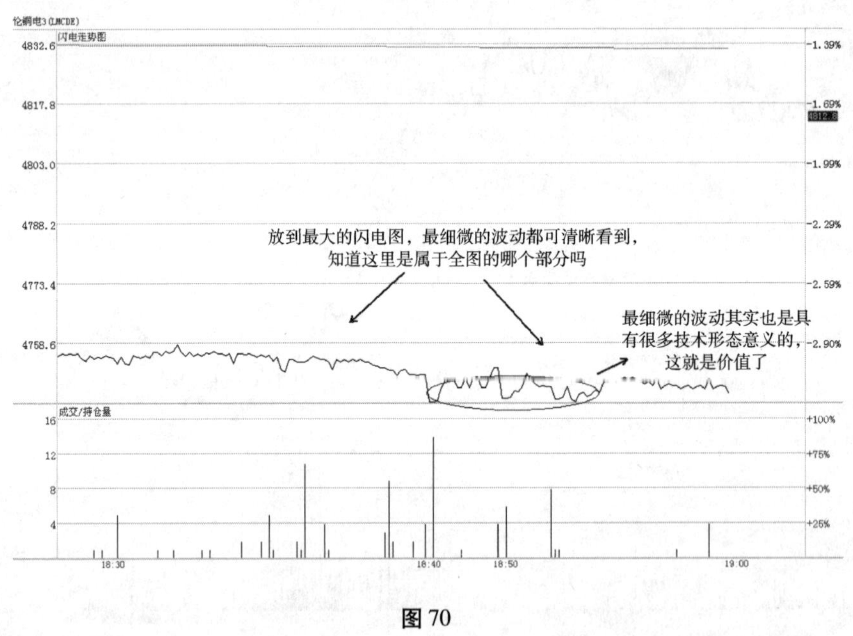

图 70

继续放大到连脉络都清晰可见的地步，此时，你就很容易看清破位后带来急速下跌的细节特征了，短短一个多小时，下跌空间就从不到 1 个点拓展至 3 个点以上，这就是头肩顶破位后的威力，在闪电图中，那震撼的过程会表现得淋漓尽致。

解读五：

局部放大到最大的地步，看上去的波动往往就跟心电图类似，只是幅度一般没有心电图那么大而已，但却绝对清晰，每一秒都会跳动。虽然跳动很快，但图形却依然不乏具体的技术意义，形态分析就算是放到以秒为单位的曲线构成，那也是一样有其技术含量的。

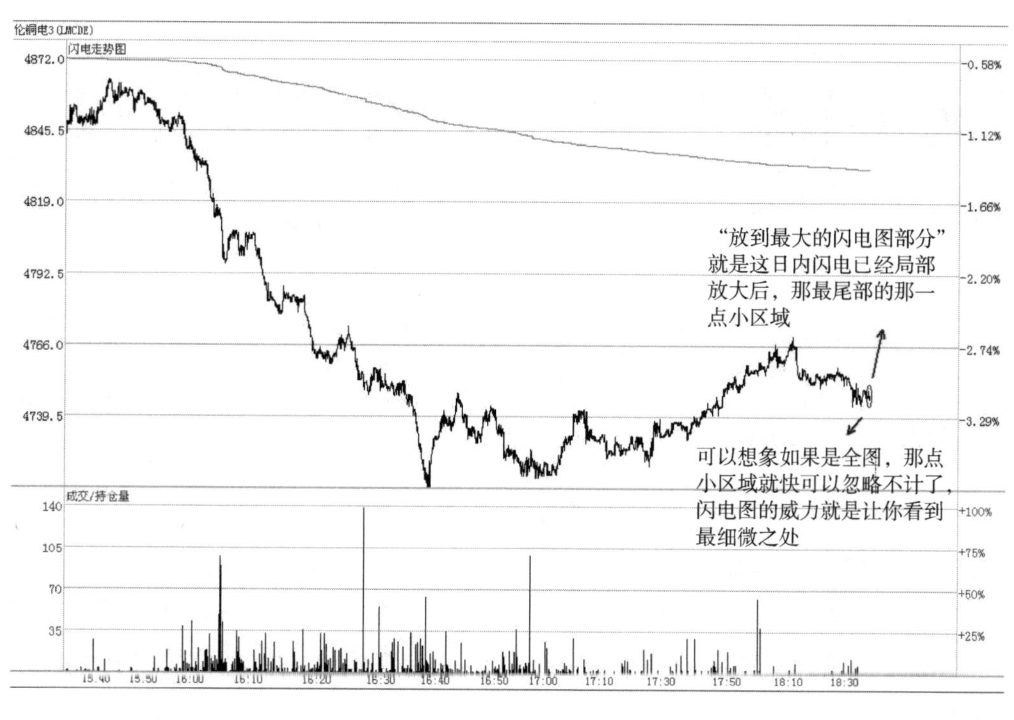

图 71

解读六：

放大到最大的局部，回归到整个日内闪电图全貌上，其实就是全貌里的一个小点，说那是“冰山一角”一点也不为过。细微之处见功夫，闪电图放大到极致就是展示细微功夫的平台。

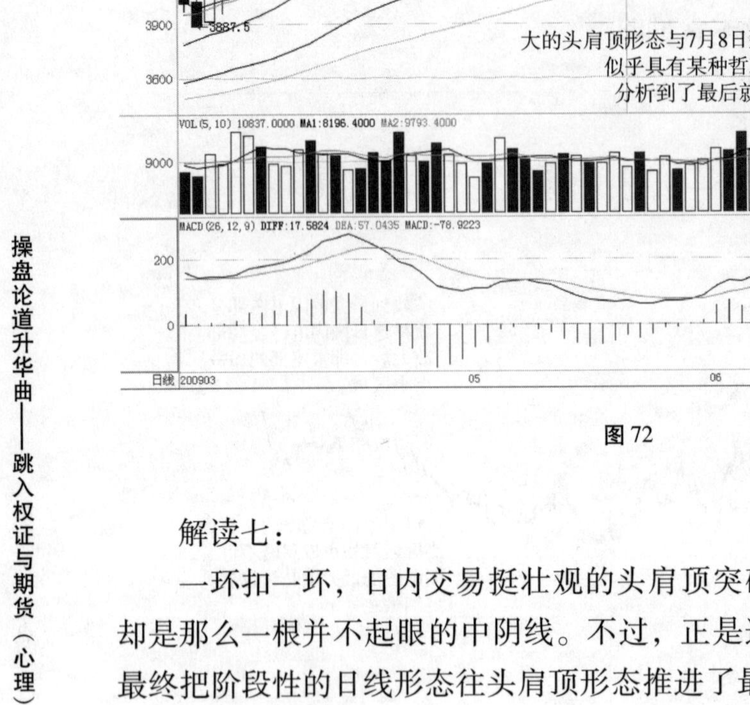

图72

解读七：

一环扣一环，日内交易挺壮观的头肩顶突破向下走势，回到日线图上，却是那么一根并不起眼的中阴线。不过，正是这根不是特别起眼的中阴线，最终把阶段性的日线形态往头肩顶形态推进了最关键的一步。大的形态含有小的形态，小的形态反映出大的形态，操盘就是一门越研究越有意思的艺术！

3. 闪电图犹如显微镜

总之，闪电图在期货中有着独特的价值，这是必须重视的工具，它就好像显微镜一样，让我们认识到微观的世界，很有意思。资本市场需要宏观的认识，但有时候就是需要闪电图这般的细微，在里面感受，也是一种提升自我的过程。

二、抢占先机——把握好商品期货与股市联动实战方法

股市，这是投资者接触最多的投资市场，也是很多人天天研究的市场，只是，如果总是把眼光放在股市，会有其局限性。我们需要跳出来去看整个市场，从各个资本市场的相互联系与影响中去看股市，你会发现，视野将大大拓展，清晰度也将会大大提高。

只是，目前这种懂得双栖联动作战的投资者并不多见。从目前国内期货市场投资群体的数量远比股票市场的投资群体数量少很多，就可见一斑了。股市大家都不陌生，但期市则大部分人都比较陌生，正因如此，这两者之间的联系带来的综合视野观以及具体的策略将会更显价值，毕竟稀缺就是价值。当然，由于涉及的面很广，并非几千字就能全部阐述完，因此，在这里，我只结合实际就其中一个点谈谈一些实战的体会与方法，希望可以给投资者以点带面的启迪。

1. 抢占先机，通过商品期货来透视股票市场的机会

很多时候在股票的具体把握上，由于各种不确定的因素，投资者很难确定此时是风险巨大或者是机会巨大。这时候，不妨把眼光放到商品期货上去，尤其是当你的投资标的就是相关的有色金属板块之时，更具有实战威力。

举例如下：

阶段性江西铜业日线图（图 73）：

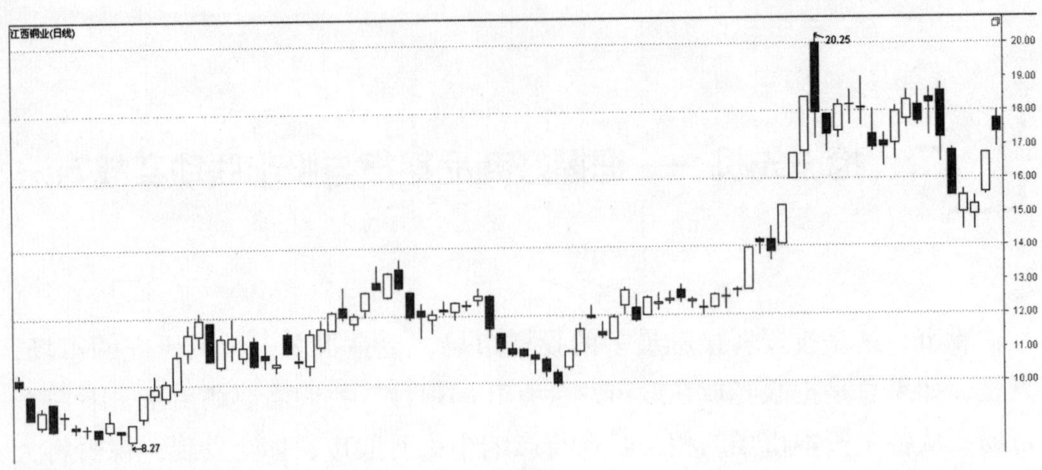

图 73

阶段性上沪铜的日线图（图 74）：

图 74

图 73 和图 74 是分别从股票中的江西铜业与商品期货中的沪铜截取而来的，图 73 的最低点其实就是这波反弹以后江西铜业的最低点，而图中冲高回落带来的最高点价格在 20.25 元，发生的日期是 2009 年 2 月 11 日，之后则迎来一波调整与反抽，但当时，如果只是看上面这形态，你很难判断接下来是否还会有行情。正常思路可能是，目前价格已经至少从最低上涨超过 2 倍，套现防范大调整才是上策。事实最终却并非如此，到了 2009 年的 6 月，其价格更是超越了 32 元，比最低价格足足上涨近 4 倍。事后回顾，你会发现，那时仅仅只是上涨途中而已。

如果当时，你懂得联系商品期货的走势来综合判断的话，那么，思路就清晰很多。图 74 截取的也是阶段性波动图形，图中最后一个交易日创阶段性新高的日子则对应图 73 最后一个反抽阴线交易日的日子，都是 2009 年 3 月 5 日。从图 74 的整体形态，你很容易发现这是个上涨巨星突破状态，图中最后一个交易日创新高的姿态，预示着未来应还有空间。你要知道，商品期货往往具有先行指标的作用，在两市联动日益密切的背景下，作为对铜价格很敏感的江西铜业而言，其未来走势会如何？至少，从商品期货当时的状态来看，阶段性对应的江西铜业当时构筑顶部的概率很低，未来完全还有机会创新高，并继续走出一波行情。因此，两者一联系，你是不是发现，对一些股票的阶段性看法会变得更为清晰了！这就是价值，若你当时完全借助商品期货的状态，坚定选择持仓或加仓的策略，那么，最终从 2 倍多到 4 倍的战机就不是梦了！

2．抢占先机，更要懂得抓住稍纵即逝的短线机会

由于目前股票市场与商品期货的联动日益紧密，股市的暴涨或暴跌能够影响到商品期货，相反，商品期货的暴涨暴跌也能影响到相关品种。而在这联动的过程中，相关的机会与风险也就孕育其中了，任何一方市场大跌另一方市场要懂得回避，等于是提前给予了风险提示；相反，其中一方大涨更要懂得把握住稍纵即逝的联动短线机会。

举例如下：

2009 年 4 月 10 日江西铜业日内分时图（图 75）：

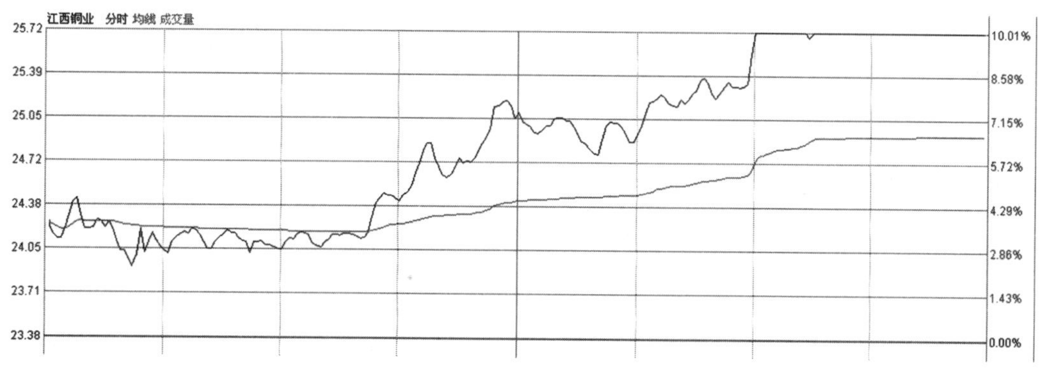

图 75

江西铜业阶段性最后突破涨停日线即为4月10日（图76）：

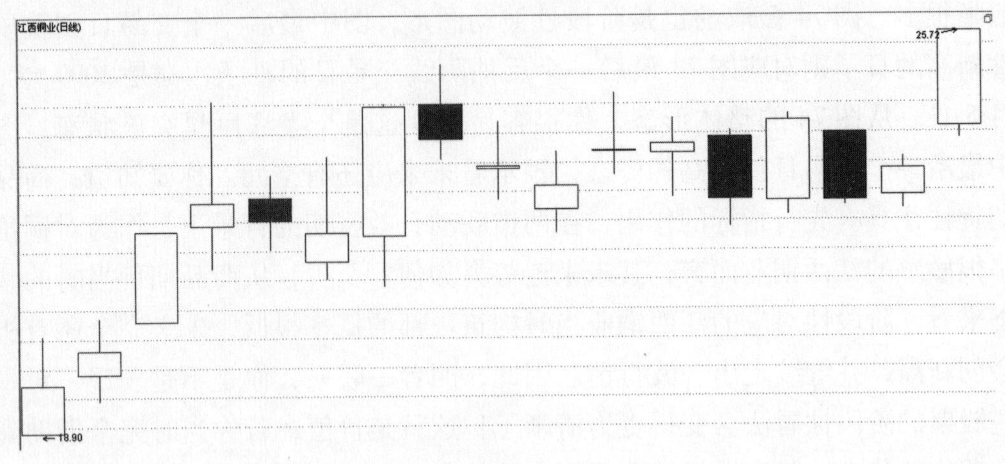

图76

2009年4月10日沪铜主力品种的日内分时图（图77）：

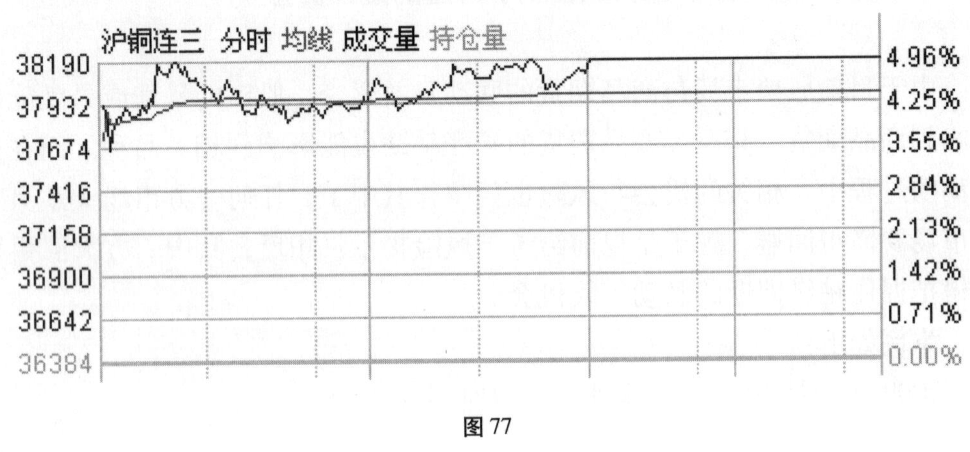

图77

沪铜阶段性最后加速涨停交易日即为4月10日（图78）：

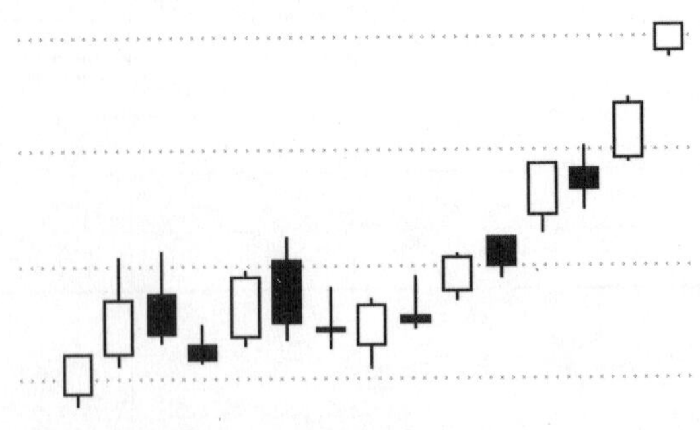

图78

图 75 中江西铜业在下午 2:30 才正式封住涨停，而在全天震荡上扬的过程中，很多投资者最大困惑就是这是否一次假突破？此时，如果你懂得在那天看沪铜的分时图，并结合其阶段性逼空推进的状态，你的答案将会变得很确定！当天最具有价值的是，期货的分时走势给相关股票带来的影响，说白了就是带给江西铜业最大的短线机会！

在具体操作时首先要清楚的是，国内商品期货的交易时间跟股票市场交易时间稍微有些不同。国内商品期货市场上午是 9:00 开盘，下午是 1:30 开盘，上午比股票市场提前半小时开盘，下午则比股票市场推迟半小时开盘，两个市场的收市时间则相同。但正是两者具有差异的开盘时间，可以给予我们很大的先机指示，从而带来巨大的短线操作价值。

好了，转入正题，从图 77 中期货铜的走势我们可以发现，上午基本上是强势在接近涨停中震荡，最后收盘阶段是封上涨停位置，下午开盘后则一直到收盘都是封死涨停。图 75 中，江西铜业当天的波动状况则是犹豫中震荡向上，直至下午 2:00 才发力封死涨停。机会在哪里？其实就在当沪铜全天强势冲击涨停震荡格局形成后，此时结合当时沪铜阶段性强势加速上涨的状态，你再看当时江西铜业的突破形态，应该完全可以确定，这应是一种要演变成真实突破的走势。上午股票市场中，江西铜业震荡向上的走势，不是正好可以大胆吸纳，把握这联动影响带来的短期巨大机会吗！要知道，上午基本都是在 5 个点涨幅下波动，如果上午大胆吸纳，到下午涨停收市，当天获利就至少超过 5 个点。另外，如果你一定要等到沪铜封死涨停才敢于动作的话，其实沪铜上午尾盘就刚好封住涨停，下午 1:00 股票市场开市后，还有很多机会继续参与！当然，这时候，江西铜业的涨幅已经达到 7 个点左右，但毕竟还是有机会在涨停前吃到货，只是对比上午的获利空间稍微少而已。期货铜下午 1:30 开始就一直封住涨停到收盘，而对于股票市场中的江西铜业，其是一直震荡到下午 2:00 才发力封死涨停，下午1:00 ~ 2:00，这不就是稍纵即逝的短线机会吗！

3. 抢占先机，国内股期联动早已悄然展开

很多机会，其实就孕育在商品期货市场与股票市场之间的联动过程中，上面我更多的是谈到机会，至于风险的判断，就是反过来而已，道理其实也是一样。当然，两者联动的关系并非绝对，这要具体问题具体分析，一般情

况下，两市波动都较为剧烈的时候，这种联动带来的关系则更为突出。

2009 年年初至今，国内这两个市场的联动波动状况紧密程度已经上升到一个新的高度，这跟目前国内投资者（主要指机构投资者）的视野上升到一个新的高度有很大关系，这是中国资本市场日益进步的体现。在我看来，中国的商品期货市场已经是比较成熟的市场，基本跟国际接轨，只是一些具体的游戏规则有点区别而已。中国的商品期货市场目前更多是跟随外盘波动，因此，到了最后，如果要更好地研究我国商品期货与股市的联动，我们的视野还必须放到国外，而国外影响期货市场的波动又涉及汇率等因素，那么……如此推及下去，你会发现，这世界就是个联动的世界，很多机会与风险蕴藏其中，只是你会不会看，能不能发现并最终很好地运用起来！有些东西，看起来确实有点复杂，但只要你深入其中，慢慢的，复杂也就会变得简单，总结好规律，运用好，质的成长或许就跟你不期而遇了。

三、市场随笔

1. 从期货偶尔空仓想到的

做期货，久没空仓，偶尔空仓一下，那种如释重负的感觉，也只有做过的人才知道。当然，这有个前提，那就是收益还过得去，异常轻松，至少，不用担心明天是涨是跌了，一切波动都无所谓，不空仓的赚或亏的问题也能欣然接受。

偶尔的空仓，是要让心灵进入一个归零的状态，否则，天天有仓位，尤其是天天较重的仓位，那压力是很大的。就好像赌徒，如果一直很大筹码地玩，总是会想着接下来的牌局如何，久了，就跳不出赌场，最终也只能是输而已。毕竟赌场最怕的不是你赢钱，怕的是你赢了后休息不玩了。

这个资本市场为何那么多人输呢，那就是因为有很多人不懂得在适当的时候跳出市场，一直玩，一直疯狂地玩。或许曾经赢很多，但只要一次大的失败，就能让你把前面的都吐回去。玩的道理其实类似，只是资本市场的性质跟赌场有本质区别而已。

做期货不比股票，一旦重仓，方向一定要正确才行，否则，一个不小心，方向错误，那么，损失将是非常惨重的。这里数字游戏的波动幅度是远比股票激烈得多。偶尔空仓，晚上在阳台上，看着星空，才发现原来还有个天空就在我们的头上。

天空一直都在我们的头上，只是，我们很多时候因一些事情太专注，以至于头上存在无穷大的世界都忽略了。

跳出来，才能更好地去看清这个世界，世界很大，很奇妙，有很多值得我们去欣赏、去把握、去热爱的人与事物，让生命更好地与宇宙自然融合才是。要知道，人最终都将成为尘埃，活着，就不妨好好珍惜生命，享受活着的快乐与幸福！做期货，最终不就是要好好活着嘛，会空才能活！

2. 博弈的背后

在投资交易上，建立属于自己的赢利模式，这点至关重要！

看着股票起起落落，这背后的资金博弈，说穿了，就是人心的博弈，谁能看透，谁就占据先机。当然，这里赢利模式就是指谁能看透属于他自己领域的人心博弈。

很多股票，看似没有规律，其实放大去看，总能从过去很多不同的其他股票品种上找到一些相同的影子。影子背后的心理博弈，就是需要好好深入去研究的。

就如市场放量急跌，这背景是在慢涨的前提下发生的，其背后反映了什么，反映更多的是一种短线资金的套现洗盘，接下来往往有发生凶悍逼空收复失地的可能。道理也不复杂，对于多头而言，急跌下来了，洗了一帮人出去，那么就又是很好的进场机会了，毕竟多头的空间还在后头，怕什么。2008 年 11 月 19 日星期三的大盘，不就是这样走出来的嘛。

看透大的格局需要大智慧，有时候，直觉或许可以告诉你答案。

看透小的格局更需要大智慧，只不过，这里的答案不仅仅是直觉，更是需要果断。机会稍纵即逝。

当然，勇气更是不可或缺的，很多时候，在小机会面前，比如当你在只权证品种已经上涨了十几个点之时介入，心态则会难免紧张起来，毕竟这对于小格局而言，明显是追高了，但是，这十几个点可能短期给你带来一个近10个点的机会，博弈就是这样产生的。买进了，才会紧张。直觉，果断，加上勇气，结果如何？功夫自现。

3. 把资本市场看成“海岸别墅”的时候

2009年8月，台风“莫拉克”肆虐台湾海峡两岸，看到那些海岸边的房屋被海浪冲击、淹没、毁坏，你是否对海岸别墅多了一分恐惧呢，其价值在你心中是否就要大打折扣呢。

面对海岸别墅，别老想着蓝天、白云、海风、海鸟、沙滩。这些固然美丽，但不会是永恒的，总会有狂风来袭、飞沙走石、海浪冲岸的时候，美好的一面固然需要看到，但别忘记极端的一面，任何情况都有两面。海岸别墅，带给你欢乐的同时请别忘记背后隐藏的隐患，多听听最新的天气预报，防范气候变化有可能带来的风险还是有必要的。“居安思危”也是这个道理了。

跟资本市场一对比，是否也是极度相似呢？很多时候，人们只是看到资本市场充满机会的一面，尤其是当行情进入相对疯狂状态时，更是把风险抛之脑后，一味沉浸在机会带来的欢乐之中。此时，其实是很危险的，风险很有可能就在欢乐之中悄然降临，就如你在海岸别墅狂欢的时候，台风其实已经悄然降临，而你浑然不知，当发现海浪已经疯狂涌上岸直扑过来的时候，意识到了，想逃，但已经太迟了。

稍微多思考一下，其实欢乐还是有，只是换了个地方而已。比如，当大家都为市场的机会欢呼雀跃的时候，你是否该想想跳出这热闹的做多疯狂气氛中，悄然站到这对立面去，在期货上逐步建立一些空单，或是找一些跷跷板的品种如国债等，那样你不就可以让欢乐延续了吗，只是换了个地方而已。

等风平浪静，太阳再次当空照，蓝天白云再次露出来，沙滩海风再次舒服地展现在眼前，那时再回到海岸别墅继续享受欢乐时光，不是挺好吗。人生需要懂得进退，该进则进，该退则退，资本市场不也是如此吗？

4. 走好自己的路，长期活下去比什么都重要

失去一切，这滋味难受，有时候，甚至让人崩溃。

在期货市场，这并不鲜见，而是非常常见。

我在期货市场就曾经遭遇过几乎全军覆没的境况，那滋味，真不好受，幸运的是，投入的资本并不算大，能够承受。

不过想想那几乎全军覆没的情景，真的是恐怖。期货，很强调仓位的控制，而那次，就是因为仓位过重，方向错误，没有及早认错，最终局面难以控制。

沉浸市场那么多年的我都会遭遇这样的状况，对于一般投资者而言，那就更不可想象了。听一位期货公司老总说过，其旗下的交易客户，每年被市场彻底淘汰的群体达到50%以上，所以他们的客户群体变动是非常大的，能够长期活下来的人是极少数。

别看期货那么热闹，有赢就必然有输，大赢背后是大输，很多人赢了一个阶段，但最终失去了所有，而更多的是连一个阶段也没赢就彻底输了。输家永远不会大肆宣扬自己是输家的，只有赢家才会展现在聚光灯下，输家更多的是默默承受，黯然离场。我们看到很多赢家，其实他们也仅仅是占据整个群体的一小部分而已，更多的是我们看不到的输家。

期货由于其交易的本质，在这点上表现是特别明显，股票市场虽然也类似，但其没有期货那么残酷。至少，我们都知道，股票再怎么跌，在目前中国资本市场环境下，要跌到渣都没有，难度是很大的。期货市场则不然，要渣都没有，很简单，而且很快，几次交易足矣。

有经历才有感悟，有经历才有成长，有经历才有未来，很感谢过去那些不幸的经历，正是有了它们，我才能不断向前不断成熟。想想，自己虽然有得有失，但总的来说，得远大于失，对于那些被市场彻底淘汰失去了一切的大输家，我是无比的幸运，也是大赢家了。

人的追求是无止境的，这跟人的欲望有关，但适当地降低一下追求，懂得适时放弃，以退为进，有时候，反而海阔天空。是的，自己从刚开始投资到现在，输赢相抵后，至少，目前还是大赢家。当然，比我厉害赢更多的大有人在，但那是他们的，我就是我，我要走自己的路，不断走下去，走好就行。一旦盲目对比，总是容易让人迷失方向，看好自己，走自己的路，其他就留给他人评论吧。

第四节　综合市场作战：正常的思路

一、基础认识

1. 任何品种的波动都是多种因素组合在一起的合力带来的影响

包括基本面、技术面以及心理层面等，单一运用其中一种层面去分析，都具有很大的片面性，任何大的机会与风险的发生都是多种层面发出强烈的往一方向波动的合力带来的结果。

2. 要懂得从其他相关市场的波动过程中找到启发

比如研究股票市场的同时，也要懂得从期货市场、外汇市场的波动中找到一些支持思路，因为目前任何一个交易市场都不是孤立存在的，都是相互联系与影响的。如大宗商品与美元汇率一般情况下的跷跷板效应；如道·琼斯指数与美元汇率一般情况下的反向效应；又如上证指数与道·琼斯或我国香港恒生指数等一般情况下的正向效应等；类似这些都要具有相当的认识。如果仅仅盯着单一市场来研究，势必会大大影响到最终操盘的结果。世界是相互联系的，懂得分析各种资本市场之间的相互联系与影响，我认为这是一个操盘手在当今博弈异常激烈的资本市场中必备的素质之一。

沪铜 0910（2009 年 7 月 2 日）结合美元指数综合操盘案例解读：

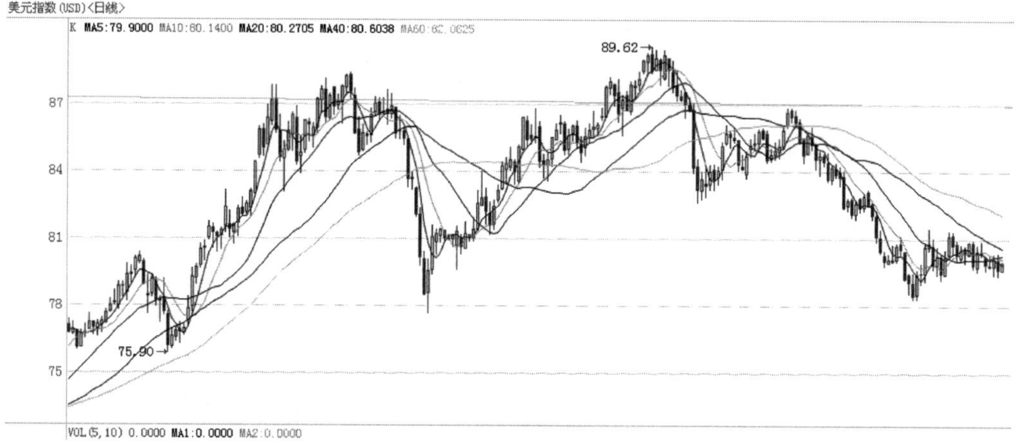

图 79

二、认知

美元指数指的是透过各种主要货币与美元之间汇率的波动状况，结合汇聚而成的反映美元强弱的一种指数。(我的理解)

上面的美元指数告诉我们：

第一，从技术上来看，前期低点可能将构成强劲支撑，具有一定的反弹机会。

第二，从图形的最近波动状态来看，有该跌不跌的意味，随着战线的延长，一旦空头释放完毕，多头将会猛烈反攻。

美元指数的起落很重要。美元指数强，说明美元呈现升值态势，这对以美元为计价单位的大宗商品而言，无疑将会带来极大压力，呈现跌势的概率将加大，相反，则呈现涨势的概率加大。简言之，大宗商品价格与美元指数一般呈反向效应。

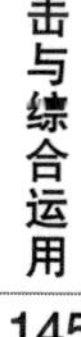

三、思路

1. 思路形成的背景

上述美元指数的形成时间正值2009年7月2日，那个时期，由于金融危机诞生于美国，全世界已经质疑美元全球货币储备地位，世界主要发展中国家以及一些欧洲国家，也发出了要寻找取代美元的全球货币体系的声音。正因有这一“利空”，大部分人都开始坚决并坚定地看空美元。

2. 思路形成的过程

道理确实看上去很充分也很充足，但不能忽略的是，冰冻三尺非一日之寒，目前美元主导的全球货币体系，并非一朝一夕形成，要想很快完全改革，不是不可能，只是难度非常大，短期而言可以说是几乎不可能完成的任务，这是其一。

其二，美国传导而来席卷全球的金融风暴，已经让各个主要国家自顾不暇，救自己都已相当艰难，没精力也没实力来迅速整合全球资源形成新的货币体系。

其三，“烂中取好”的道理。虽然美国受到重创，但其他国家也不例外，汇率之间的比值波动，主要是看各国之间的经济状况来衡量，大家都遭受重创的背景下，美国作为经济最为成熟的国家，相对还是比较好的。从这个角度去看，美元跟大部分其他受创国家的货币相比还是有优势的，因此，美元汇率转强是完全可行的。有句话，叫做最危险的地方往往是最安全的，在这里其实也非常适用。

综合来看，美元并非大部分人所认为的要继续跌下去，相反，目前该跌不跌的状态则酝酿着涨的可能，阶段性看涨思路形成。

四、具体策略

由于对美元的综合分析得出阶段性看涨的思路，而沪铜 0910 跟随外盘波动，因此，美元走势是支持其下跌，阶段性做空沪铜 0910 的策略应该形成，操盘中的空单则应坚定持有。

要点解读：

沪铜 0910 有构筑头肩顶形态的趋势（图 80）。

图 80

要点解读：

沪铜 0910 日内分时图（图 81）。

第一，跳空高开后进行横盘震荡波动，10:30 后试图向上突破，可惜成交量没有有效配合，成为假突破，之后开始放量震荡下行，此时，日均线是非常重要的观察目标，只要没有再次突破日均线，那么，这波下跌的做空主力就占据了绝对优势。尾盘的暴跌几乎把全天的涨幅彻底吐回，空头的反攻显然是取得了不错的成绩。

第二，全天的思路应紧密结合美元指数的启示，那就是坚定做空的思

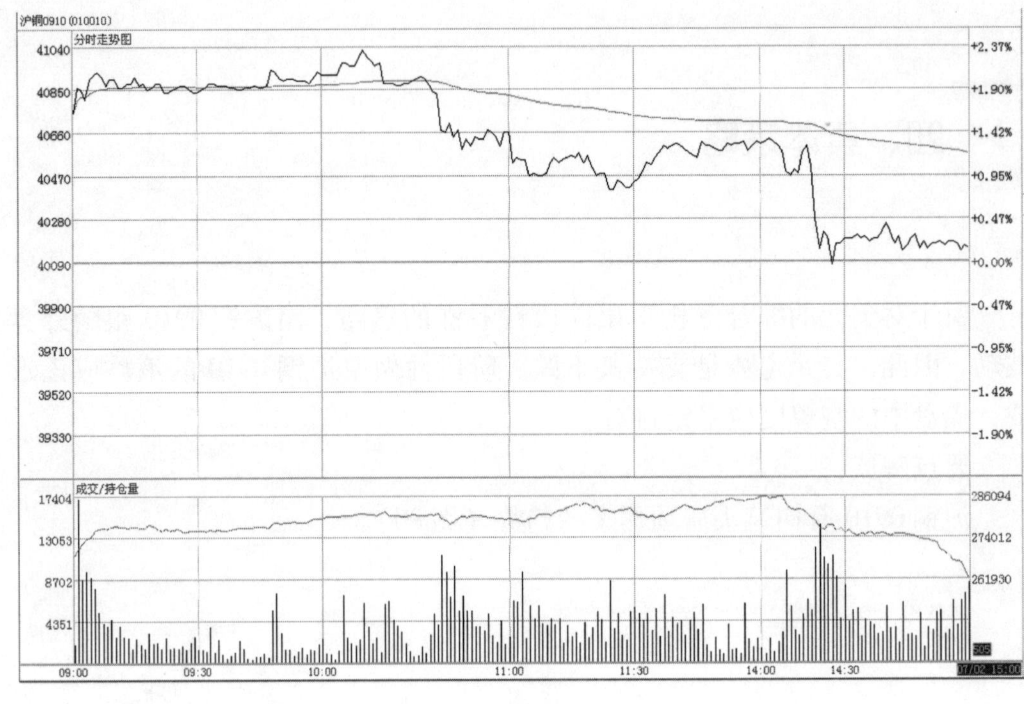

图 81

维，只要美元有效突破前面的高点，就坚定日线图头肩顶的思路，何况这里连前一天形成的高点都无法突破，这更是大大增强了做空的动能与信心！

要点解读：

沪铜 0910 的日线图（图 82）。铜 0910，局部放大来看，最后一交易日没突破前两天那跳空阳线的最高点，已经多少反映内在多空正发生一些微妙的变化，近 8 个交易日，七阳一阴看似绝对优势在多头，但从大的格局以及最后一阴没能顺势创 8 个交易日新高的态势来看，空方完全有可能采取重头一击，逆转短期局势并长驱直入，致多方于死地，从而最终完成阶段性头肩顶的形态。

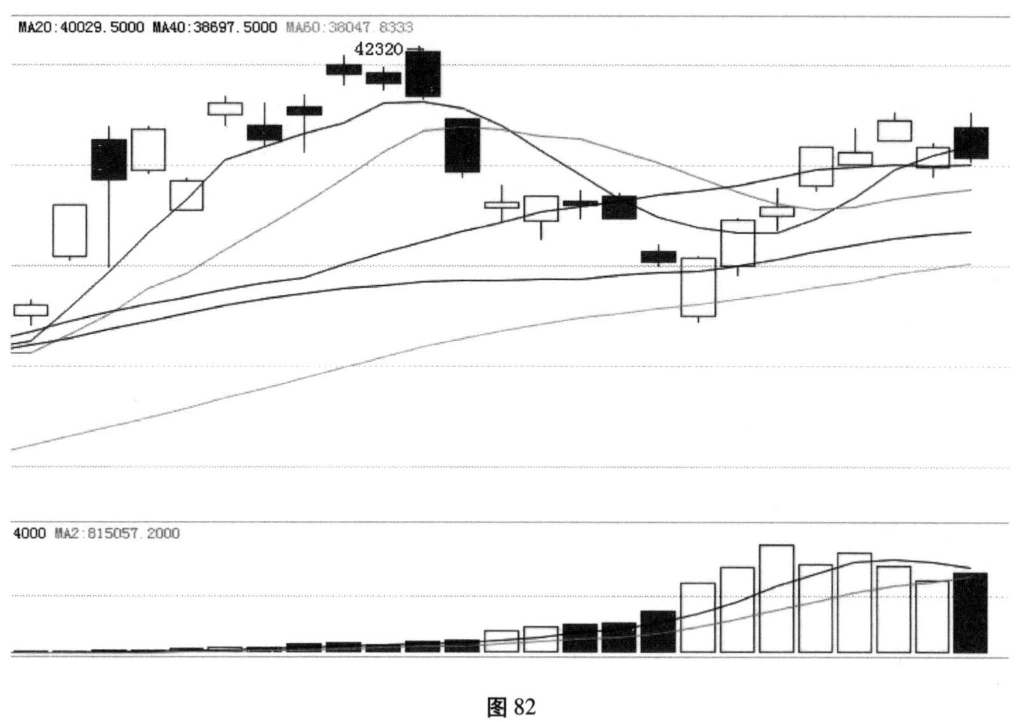

图 82

五、市场随笔

1. 别盯着神话而忘却了自己

如果……
那我就……
哎……
上百万呀……
类似这样的后悔话，
是否出现过在一些大户身上？
试问谁没在这市场后悔过？
没有完美的操作，

要追求最高点与最低点，
这是有点痴人说梦。
能做的，
就是让自己的操作少点后悔，
失误的次数少一点，
资金能够更稳健更好地去增值。
这市场可以创造神话，
只是，
当你还不具备那种创造神话能力的时候，
就好好做好属于自己的操作吧。
最可怕的是，
一直盯着神话，
却忘却了自己，
那最后自己将什么都不是，
我也有很多操作上的后悔，
如果要计算那些因后悔而带来的损失，
我的心不知道要碎多少次。
只是，
我在每次后悔中，
总能感悟一些东西出来。
最重要的是，
我的心态总能逐步调整过来，
人嘛，来到这世界，
不容易。
既然来了，就要好好活下去，
向前看才是真，
不论有多少挫折，
坚持并不断让自己成长，
终有那么一天，
神话或许就不经意降临在你身上。

2. 从乒乓球上想到的

乒乓球是国球，
也常在电视上可看到球赛实况直播，
众多运动项目，我对它情有独钟，
多少也就有点心得。
发现，
实力相近的时候，
比的是谁耐力更强，
比的是谁心态更好，
比的是谁策略更佳，
比的是谁气势更牛，
……
说白了，工夫就在细节上比高下。
做股票，何尝不也是如此呀。
细节，谈来容易，做起来难，
尤其是当细节成为一种习惯，更是难。
乒乓球虽然看起来简单，规则不复杂，打法也看得懂，
但要让自己成为一个高水平的运动员，
并不是说懂得一点架势或动作就可以的。
这更多的是需要日积月累坚持不懈不断自醒才能有上佳的水平，
那水平就是比一般人要强很多的球感，一种在细节上达到上流层次的习惯。
股票交易操作上，
不也很像吗。
股票交易看起来不就是高抛低吸就成功了吗？
但事实呢，
你要培养出让自己成为大赢家的高抛低吸的水平，却不是一日之功，
这需要更多的锻炼与总结，只有当你对市场的盘感如球感一样，
在细节上达到上流层次的习惯，那么，你才有可能真正懂得做股票。
看着市场的波动，看着那分时图上一上一下的起伏，

心中不禁想到，多头与空头，

这不就如乒乓球一来一去的击球一样，

每个来回你是否能够精彩地取得成功，

你不仅要看清对手，更主要的是，让自己变得更强才是，只要自己够强，

不论是什么对手，你总会有套“盘感”来应对之，胜利也就胸有成竹了。

在此，我又联想到，资本市场虽然在我国还时间不长，其中的操盘手或许还没达到国际间的“盘感”，但随着时间的不断积累，当中国的操盘手对资本市场的积累程度达到质变的时候，或许会让这个世界震惊的。

为何，因为中国人乒乓球厉害呀，在细节上愿意下工夫的人，结合中国本身的文化底蕴，成绩没有理由不令世界震惊，资本市场的中国崛起，那一天应该也不远了！

3. 提升系统能力之如何面对暴跌暴涨

市场看似相同的大跌或大涨，如果内在的构成因素不一样，那么，其接下来的结果也就必然不一样。我们千万不要犯经验主义的错误，只看外在，而忽略了内在，这是最容易被市场所欺骗的。

具体而言，比如市场暴跌，此时，恐慌是正常的，但是我们要看到这暴跌的具体盘面如何？一般会有两种不同情况：

第一种情况：大面积普跌，跌停一大片。这种状况毫无疑问，是空头占据了绝对优势，空头在疯狂宣泄，接下来，继续下探是很正常的，这个时候千万别贸然抄底，任何冲动行为都有可能带来损失。

第二种情况：大部分权重品种跌幅惊人，引领下挫，不过跌停品种不算多，同时不少非权重品种较为活跃。这种状况在暴跌中也常见，如果说第一种是真暴跌的话，那么，现在这种暴跌很有可能就是假动作，暴跌过后则有可能演变为短期洗盘。道理不复杂，因为跌停品种不算多同时有非权重品种活跃，就说明做多资金存在，市场人气局部活跃，这对市场接下来是有利的。至于权重股大跌，这有可能是基金的一种调仓或适当减持动作，并不意味着行情的结束，空头看上去占据了绝对优势，但在局部地区显然是没有的，只不过，在权重暴跌引领下，市场不得不低下头。

上面两种情况，前者是要继续下挫的盘面特征，这个暴跌具有很大的杀伤力，什么时候能够见阶段性反弹，关键是要看盘面有没明显做多的痕迹以及特征，或者说，要耐心等待空头的充分宣泄。后者是接下来有可能进入区间反复震荡的盘面特征，这个暴跌看上去有杀伤力，但内在的做多能量依然存在，空头要充分消灭多头，至少要进行一定的拉锯消耗才有可能实现，若想一步到位把多头消灭，难度很大。所以，一旦出现暴跌盘中局部有做多痕迹以及特征，那么，就不必太过担忧，相反，倒是可以积极去把握一些局部机会。

暴跌如此，那暴涨呢？其实原理是类似的。暴涨一般也会有两种不同情况。

第一种情况：大面积普涨，涨停一大片。这种状况毫无疑问，是多方占据了绝对优势，多方在疯狂宣泄，接下来，继续上攻是很正常的，这个时候可以积极采取加仓或追进的策略，赢的概率相当大。

第二种情况：大部分权重品种涨幅惊人，引领上涨，不过涨停品种不算多，同时不少非权重品种走势远比市场弱或逆市下跌。这种状况在暴涨中也常见，如果说第一种是真暴涨的话，那么，现在这种暴涨就很有可能是假动作，暴涨过后则有可能演变为震荡回落。因为涨停品种不算多同时非权重品种低迷，就说明做空资金存在，市场人气局部低迷，这对市场接下来是不利的。至于权重股大涨，这有可能是主力资金为掩护其他品种出货的策略，并不意味着行情能够进一步向上发展。至少短期是这样的，多头只是看上去占据了绝对优势，但在局部地区显然是没有的，只不过，在权重暴涨引领下，市场不得不抬起头。

上面两种情况，前者是继续上涨的盘面特征，这个暴涨具有很大的冲击力，什么时候能够见阶段性顶，关键是要看盘面有没明显做空的痕迹以及特征，或者说，要耐心等待多头的充分宣泄。后者是接下来有可能进入反复回落的盘面特征，这个暴涨看上去有冲击力，但内在的做空能量依然存在，多方要充分消灭空方，至少要进行一定的拉锯消耗才有可能实现，若想一步到位把空头消灭，难度很大。所以，一旦初出现暴涨盘中具体有做空痕迹以及特征，那么，就需要多点警惕了，此时倒是要积极把握反弹高点减持回避局部风险。

总结下来，暴跌或暴涨都有两种重要的不同情况，每种情况都有相应的策略应对，虽然不能说绝对正确，但很多时候都是正确的。所以，参考的价值是比较大的，不妨好好理解并融会贯通。

4. 从表妹换新工作谈起

表妹本科化学系毕业，2009 年 8 月中旬的一个周末，她过来家里闲聊，说已找到新工作（原在连锁药店做店员），是在一大公司做检验，不是在厂房，是在空调房里，工作比较轻松，包吃包住初期1500 元，转正后2000 元，当然，每年年底业绩好会有奖金，但也就是一个月工资的 80%。

为她高兴的同时，也深深感受到大学生的不易，不过路是自己走出来的，我过去不也是从 600 元基本工资开始的吗，一切成就最终还是要靠自己。

看得出来，她是比较高兴的，毕竟这对她而言，已经是走进社会后的一个进步，这一步对她而言可能是一大步。

有进步就是好的。若好高骛远，眼高手低，最终会一事无成。在现实的残酷考验下，人都是会成长的，看得出来，她也随着社会的磨炼成长了。

想想资本市场，你说什么不是从基础做起的呢，这样也才会更踏实，不论是学习或者是具体操盘，基础都很重要，没有坚固基础的大厦能经受住十二级的台风吗?

从小做起，这一直都是我觉得人成长过程中的必经阶段，当然，这个“小”是个相对量，有些人可能一开始所谓的“小”就是别人的“大”，甚至是庞大到一般人难以企及的地步。比如富二代，对于他们而言，如果有个非常有成就的老爸，那么，一开始的起点可能就已经是一家公司的老总，这不能说是大，对他们而言，这也是小，因为在他们眼中，那样的公司真的算不上大，没太大感觉的。

再比如，在资本市场，有些人可能觉得100 万元已经是个大的数额了，但对于有些有条件的人而言，这可能就真的不大，而且“小”了，在他们眼中，所谓从“小”做起，其实就至少不能够少于100 万元这个级别了。

所以，我们要看具体的背景，这“小”只能是相对而言，我只是强调不要一下子就从大的开始起步，那样等于是冒险，不论是在职场或者是资本市场，都是如此。

或许很多人说自己能力早已超越“小”的范畴，但我们不要忘记，其实很多人天天都巴不得马上眼前就有 1 亿元，或者梦想自己就是大老总，一个涨停或一句指令，就让财富增值惊人或运作成功一项大买卖。白日梦谁都会做，但你想过没有，要达到那种状况，是需要过程的，毕竟对于大多数人而言，起步阶段都是相对平凡的阶段，不可能谁都如超级富豪的孩子一样，起步时就高人一等。

再看看资本市场，大部分投资者其实都是散户，散户群体占据市场的比例还是相当高的，机构或大户这些群体，就数量而言，仅仅是那么一小部分而已，所以，我们必须面对现实。少点白日梦，多点自我提升，一旦机会来临，你才能抓住。

现在是网络时代，是一个比较容易创造奇迹的时代，只要你真的有“料”，总有那么一天，机会会悄然降临在你身上的，就看你能否抓住而已。百家讲坛的易中天不就是这样的一个典型例子吗。或许有人说我也算，嗯，我不否认。

不管如何，如果要有所成就，先问问自己，到底到什么层次了，舞台有很多，就看你到什么境界而已，否则，自以为是，打肿脸充胖子，就算你上舞台了，最终也仅仅是昙花一现，走不远。

人都是需要沉淀的，表妹这新的开始，可以说就是一个新的沉淀的过程，未来掌握在她手中，希望她一路走好。

5. 暴涨或暴跌中看“轮回”

当投资者碰到暴涨或暴跌的时候会怎么样呢？

投资者面对暴涨时，有两种情况：

（1）空仓。

此时，作为空仓者将难免失落、后悔，心情是复杂的。

接下来具体策略要不跟进，要不继续踏空。

有人可能选择继续空仓，理由很简单，宁愿错失行情也不愿意冒风险。有人则可能选择跟进，理由也很充分，及时认错总比一直踏空错下去要好。你会选择什么呢？

（2）“在其中”。

此时，作为“在其中”者，无疑是开心的，那种享受上涨带来的快感一旦到达高潮，几乎就可以忘却人世间所有的烦恼。

接下来具体策略要不就是选择时机趁机套现出局，要不就是任由其疯狂涨下去。

选择时机趁机套现出局者，理由很简单，不贪心，见好就收，疯狂就是出局的好机会。选择任由其疯狂涨下去者，理由也很充分，趋势形成，一切皆有可能，要吃就吃个彻底，做个大赢家。你会选择什么呢？

总之，不管选择什么，如果选择了趁机套现出局，市场继续疯狂暴涨，那么，这部分投资者就会变成踏空者，进入第一种情况之中。发现没有，“轮回”就在其中。

投资者面对暴跌时候，也有两种情况：

(1) 空仓。

此时，作为空仓者将难免有点幸灾乐祸，内心会很开心，希望再跌多点，自己好在适当的时候抄个漂亮底。

接下来的策略要不在继续下跌过程中趁机抄底，要不就继续耐心等待市场明朗再进入。

选择趁机抄底者，理由很简单，人弃我取，机会就在疯狂暴跌后。选择继续耐心等待市场明朗再进入者，理由也很充分，不做无谓的冒险，宁愿失点机会，也要交易更稳妥。你会选择什么呢？

(2) “在其中”。

此时，作为“在其中”者，无疑是有点担心恐惧的，那种疯狂下跌带来的恐慌一旦达到高潮，几乎就可以让人彻底崩溃。

接下来具体策略要不就是壮士断臂坚决出局，要不就是任由其疯狂跌下去。

选择壮士断臂坚决出局者，理由很简单，不侥幸，形势不对坚决逃跑，此时认错总比一直错下去好。选择任由其疯狂跌下去者，理由也很充分，没有只跌不涨的市场，暴跌过后往往暴涨，坚决不想死在黎明前。你会选择什么呢？

总之，不管选择什么，如果选择了壮士断臂坚决出局后，市场继续疯狂下跌，那么，这部分投资者就会变成踏空者，回到第一种情况之中。大家发现没有，“轮回”就在其中。

不论是面对暴涨或者暴跌，都有两种情况：“空仓”或“在其中”。而每一个情况都有两种不同的策略：“继续或变成空仓”或“有所动作”。根据策略的不同又会有不一样的局面，而一旦采取“有所动作”之时，就会进入一个“轮回”之中；所谓“轮回”就是“空仓”—“在其中”—

“空仓”，如此不断反复，只不过在暴涨或暴跌不同环境下有不一样的意义而已。

所以最终不论选择什么，其实我们都是在一个“轮回”的过程之中，这个“轮回”就市场而言，可能仅仅是一个小“轮回”而已，但却必不可少。

透过这暴涨或暴跌带来的选择策略上的分析，以及“轮回”的启迪，你是否有一些感悟与收获呢？

第五节　综合市场作战："脱钩"的背后

一、基础认识

1. 起落的本质

股市与期市为何能够起落？归根到底，就是有资金进进出出，起是进的力量大于出的力量；落则是出的力量大于进的力量。两者的区别是一些交易规则以及具体品种的区别；两者有共性，都是需要流动性充沛才能制造比较大的行情。

2. 期市会成为股市的先行指标

一般情况下，期市会成为股市的先行指标。为什么？因为期市交易的是未来的合约，股市虽然要看未来，但交易的是当下的"合约"。未来引导当下，这就是期市的先行指标作用。

3. 利用股期联动是常用手段

在市场流动性较为充沛的背景下，两者的联动会非常紧密。很多时候，期市涨股市也跟着涨，或者，股市涨期市也跟着涨，两者是相互影响的。看着期市波动来分析股市，或者看着股市波动来洞察期市，都是常用的手段。

4. 股期逆向波动是关注重点

两者正向波动这是正常的，利用这种特性我们可以寻找很多战机或提前发现风险。当两者逆向波动时，更要高度关注，因为最终会趋于一致，你此时要看的就是谁才是最终的方向引领者。前面已经谈到，期市往往具有先行指标的作用，因此，将会在操盘上带来至关重要的实际意义！

5. 股期反向波动就是“脱钩”状态

当股市与期市的波动处于反向波动时，也就是“脱钩”状态时，其中蕴涵的巨大机会与风险是值得好好研究的，也是操盘手必须要经历的一个阶段。我们要知道，正常的正向波动这是谁都能明白的事情，反向波动则仁者见仁，智者见智，这才是真正考验投资者功夫的时候。（附：案例谈到的期市是指商品期货市场。）

2009 年 7 月 6 日沪铜 0910 分时波动（图 83）：

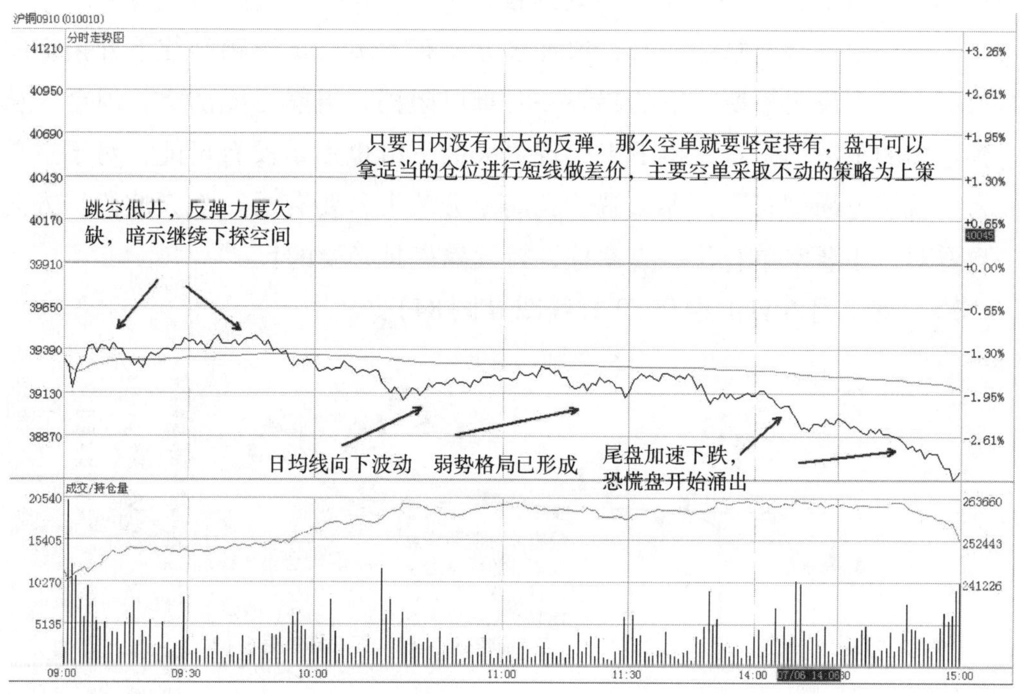

图 83

二、操盘论道

1. 隔夜仓的条件

（1）关注跳空低开后的反弹力度。

关注跳空低开后的反弹力度，力度的强弱决定这跳空缺口是否具备回补可能。图 83 的力度显然是欠缺的，形成分时图上的多重顶后逐步下滑。

（2）关注价格波动范围主要是在日内均线上方还是下方。

图 83 很明显，双重顶形成阶段还有一时间段价格波动在日内均线上方，形态完成下破后的价格则基本上没有再返回到均线上方，这一方面说明弱势格局形成，在具体操盘层面上，部分超短线仓位则完全可以依托日内均线为阻力位，采取高抛低吸做差价的策略。

（3）方向看对，主要空单不妨隔夜。

主要空单务必要坚定持有，这种多方没有太多反抗便顺利往下开拓空间的状况，至少说明短期往下的趋势一时难以阻挡。虽然可能诱空，但至少从这种逼多的下滑形态看，接下来出现更大的下滑也不是没有可能，对于空单而言，既然方向押对了，那么就让利润充分放大，要有勇气吃大波段！方向一旦看对，主要空单仓位一直拿住，持续隔夜是必要的！

2009 年 7 月 6 日沪铜 0910 日线图（图 84）：

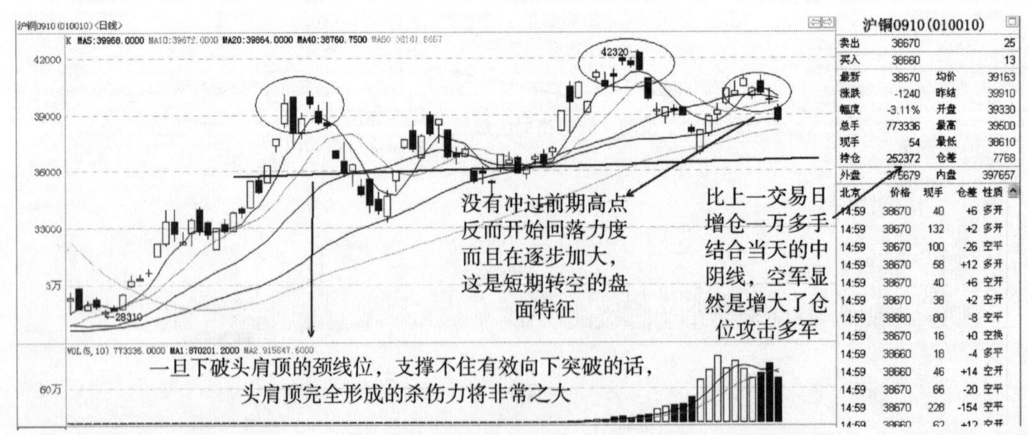

图 84

2. 注意形态的趋势

第一，大形态具有头肩顶的味道，虽然目前没有最终完成，但正在构筑的右肩只要有效下穿（图84）颈线位，那么，大的下跌空间将随之打开。

第二，7月6日是以增仓大幅下行的方式来进一步逼近颈线位，此时，已把前面逼近颈线位引发的7连阳反弹空间压回了一大半，可以说，空方目前取得了一定优势，就差最后一脚向下突破，整个形态就宣告完成。

第三，大的形态有利于空单，放弃多头思维，进入空头思维，只要空单价格波动没有上破头肩顶的“顶”位置，那么就可以考虑继续持有（这里仓位的控制要讲究艺术），直到整个形态的完成。

2009年7月6日上证指数波动（图85）：

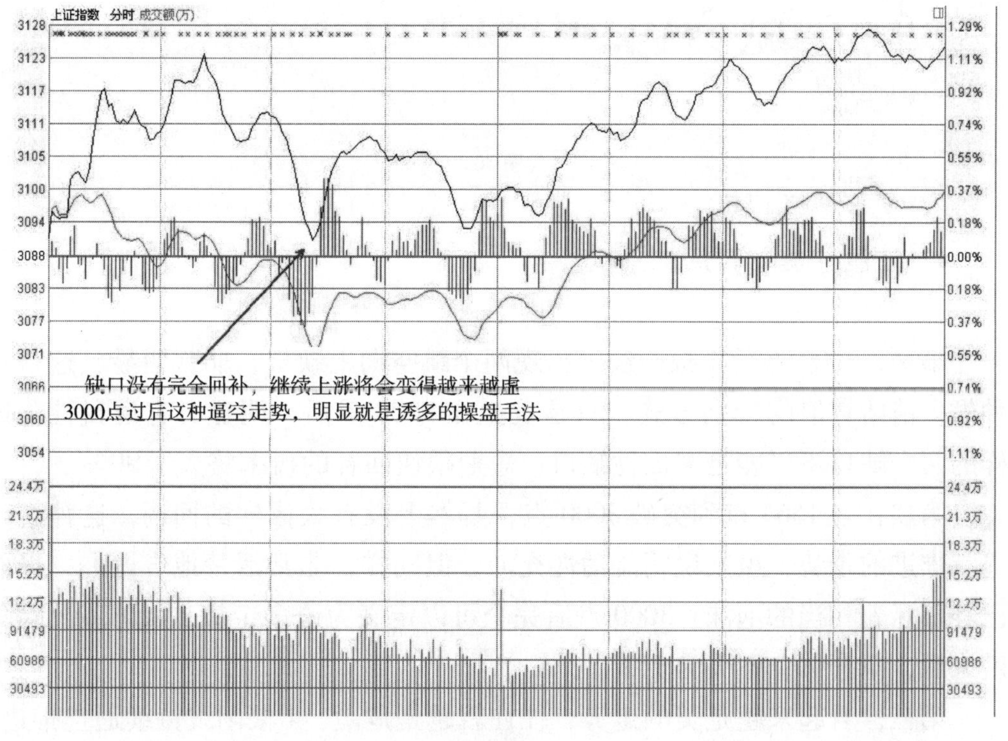

图85

3. 关注缺口

第一，持续逼空疯狂的阶段，出现跳空缺口没有回补，这并非积极的信号，相反，这是相当危险的信号，此时的缺口不具备突破性，短期迅速回补的可能性将非常大。面对此景，最好的策略就是空仓休息，耐心等待大跌。

第二，3000 点后，情绪进入盲目状态，出现短期的非理性疯狂走势。这很正常，无论如何，别去凑这份热闹，此时坚持寂寞会显得尤为珍贵。记住一点，缺口没有回补，未来向下的牵引力将越大，涨可以猛，跌同样可以猛，甚至更猛！

2009 年 7 月 6 日上证日线图（图 86）：

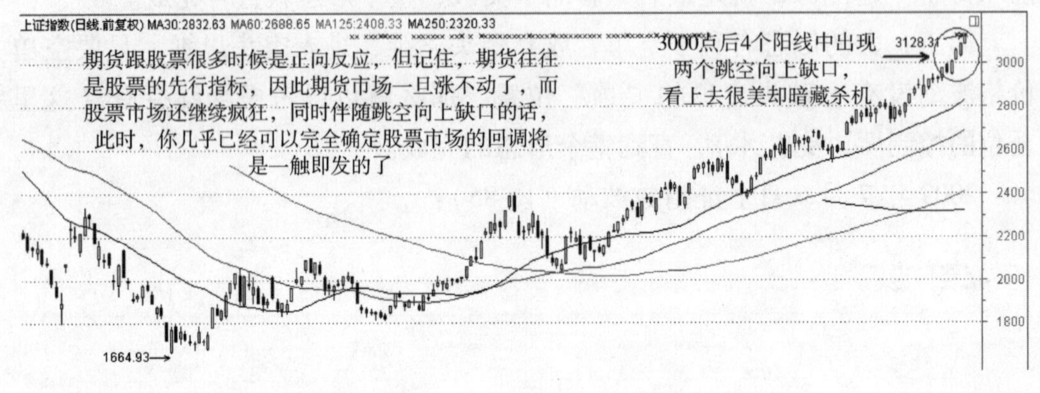

图 86

4. 注意“美”背后的杀机

第一，3000 点后 4 根阳线中出现两个跳空向上缺口，非常明显，这是一种做多情绪宣泄的特别方式，只是发生在 3000 点后，明显具有盲目性。这样的两个缺口不可能是突破性缺口，短期很快回补的概率将大于 90%。

第二，自 1664 点到突破 3000 点，基本上没有太像样的回调，这种过于逼空推进的走势，虽然说明流动性充沛，但同样，非常清楚地告诉你，里面已经蕴涵着相当的泡沫。3000 点后完全可以定义为诱多走势，从防范风险角度来看，空仓休息不失为上策。

第三，看起来越是美的走势，往往就越是危险，4 根阳线持续逼空推进，确实很美，但请记住，这市场是充分博弈的市场，某种意义上来说就是不见血的战场，一切美的表象，为的是隐藏背后的杀机！

解读完上面各个单一领域的思路后，现在就进入更深层次组合领域带来的思路，也就是正式进入主题，把握“脱钩”操盘！（请充分联系上述图 83 至图 86 来学习）

三、组合认识

在具体操盘上，既要懂得单一攻击或防御战术，更要懂得组合攻击或防御战术。很多时候，不论是把握机会还是回避风险，都是建立在战术组合攻击或防御的基础上。可以说，没有组合的思维，一些大的战役都是不可能完成的任务。操盘手的一个重要素质就是懂得组合战术的把握！

四、组合思路

（1）综合上面关于股票市场的两幅图，一定要非常清楚的是：在股票市场大盘越涨，越是逼空，越是疯狂，就说明越是危险，大幅度的回调就越可能随时展开。3000 点过后盘中缺口该补不补，持续逼空缺口过于频繁，这些都是诱多的具体表现。

（2）综合上面关于商品期货品的两幅图，一定要清楚的是：沪铜目前的格局已经转为空头占据优势，一旦有效下破，头肩顶形态形成，做成空单，那么利润空间将十分诱人，这里确实存在着重大的战机。

（3）综合对比股票市场与期货市场各自的日线图，很容易就发现，在股票市场持续逼空推进的 4 个交易日中，在期货市场上，铜这品种并没有跟进。相反，与之对应的是一阳三阴的组合线，尤其是后面的持续三阴线，具有相当的杀伤力，让整个形态迅速转变为空头占据绝对优势。难道期货市场上的做空资金就不担心被股票市场的做多情绪感染而最终失败吗？

确实，存在这种可能性。但是，做空资金如此“脱钩”与股票市场的逼空态势，反映出期货市场上对后市看空，且会有较大回调具有相当的自信，此时敢于脱钩，就是一种非常自信的情绪表达。

（4）沪铜持续收阴，而股票市场则持续收阳，到底最终两者趋向于涨还是趋向于跌，这将很大程度上影响此时的操盘决定。因为不管什么方向，有一点是可以肯定的，那就是一旦方向确定后，空间都将是非常诱人，“脱钩”不仅是一种逆反的现象，更是一种重大战机的潜伏！

（5）股票市场的操盘要点已经很清晰地告诉我们，跌的概率将远大于涨的机会。同时，沪铜的操盘要点也很清晰地告诉我们，目前非常有利于空头的运作。如果上述思路成立的话，那么，我们就不妨进一步往下思考，一旦股票市场结束逼空态势，转入大的下跌浪，那么，对于目前已经持续收阴，整个格局已经很有利于空方的沪铜，接下来的动作是反弹还是进一步下跌呢？反弹，不是不可能，但那也顶多是多方最后的挣扎。你可以想象，连股市上涨这个带给沪铜信心的要素都结束，而且也转变为下跌浪，那对人气的打击、对沪铜多方的冲击绝对是致命的。

（6）操盘就是要找到致命一击的机会。此时，只要股票市场转为下跌浪，就是进一步扩大期货市场空方地盘的最好时机，也是给予多方致命一击的最好时机。当然，在初期阶段，股票市场的下跌并没有被大多数人认识到其可怕之处时，沪铜的波动难免会被多方利用做最后的挣扎，但无论如何，只要耐心点，度过初期的挣扎阶段，那么，致命一击给予空方的成果将绝对是非常丰厚的。那时，对于沪铜而言，跌停的命运将很难避免。

五、组合要点

（1）看准做空的重大战机后，一定要懂得耐心等待致命一击的日子，“脱钩”状态是不会持续太长时间的，要做的就是在还没同步前布局好。

（2）一定要懂得想象一旦没“脱钩”后的情景，记住，刚结束“脱钩”后不一定马上迎来致命一击，对方进行一定的挣扎动作是难以避免的，不过，此时，要做的就是耗尽对方最后的能量，最终可以让致命一击来得更彻底、更猛烈。记住，所谓致命一击，大幅度在对方地盘打开空间固然是重要体现，但很多时候，都会伴随着封死板的状况，那样，才能让对方的心理受到摧残的破坏。

（3）好好对比“脱钩”的细节，尤其是在具体盘面中，很多时候，盘中的一些具体“脱钩”波动，会告诉我们很多信息，同时也能让我们确定更多信息。就如这里，沪铜尾盘进一步大幅下挫，而股票市场却是进一步震荡上扬。两个极端，这样的“脱钩”波动，除了告诉我们沪铜做空主力看准股票市场进一步上扬的背后肯定是回落外，更重要的是透过这种极端的对比，可以让人更清楚运作主力的实力与凶悍，让对手盘不战而怯，最终达到让对手盘无心战斗、主动逃亡的目的。一旦那样，你可以想象，运作主力最终能够达到什么样的战果！

记住，越是极端的对比，隐藏在背后的结果就越不会简单！极端背后的结果要不就是马上以暴跌宣告空方胜利，要不就是进一步疯狂把空方逼死！

六、市场随笔

1. 涨停随感

涨停
当你很久没这感觉的时候
你是否依然还记得那感觉
涨停
一旦不经意降临在你身上
你是否能够承受突然的惊喜
涨停
很多人都在日思夜思想要
你是否明白欲望大就失望大
放下脚步
平静心情
静静思考
你或许能够收获一分成长
选择品种

如果真的好
涨停别强求
自然会过来
不是没来
只是时机未到而已

2.“起伏”中看“股票与人生”

很多东西，就是这样来的，看似不经意，其实却是冥冥之中早已注定，偶然的背后又是必然。

好比股票的波动一般，看似疯狂拉升来得很偶然，但其背后却是众多量变因素促成的必然质变。能否看透，关键就是你是否意识并发现到量变的过程。

又好比人生的起伏一样，有人突然崛起闪烁着灿烂光芒，可以说，此时该人已经进入人生的“起”阶段，看似有点偶然，其实在背后却有其必然的因素。一个人会有什么样的成就，其实，从其平时的一举一动、点点滴滴，已经可见一斑，只不过真正质变需要一个量变的过程，而量变的过程最突出的表现形式就是要经历一段时间。这时间有长有短，这就因人而异了。

人生的“起”需要时间，人生的“伏”也同样需要时间，这时间也就是量变的过程，量变发生的阶段则就是在“起”后开始忘乎所以的时候。人生起起伏伏是常态，只是，这起伏过程中的大轨迹是什么方向则决定了最后的结果。很多人，一生起起伏伏后，才发现最终原来自己是在区间震荡，原地踏步。

好比股票的波动一般，不论经历几个轮回几个起伏，其大的波动轨迹才是其内在的价值，是“上”是“下”或是“横”，这需要我们用睿智的眼光看待平时的量变才能发现真轨迹。

有些人，总想着“起”，而不愿正视“伏”，心态上本身就是有问题的，这样的心态，其量变的结果就是可能与预期完全相反。就好像很多人都喜欢在资本市场上赚钱，却不愿意输钱，这种只准赢不准输的心态，最后的结果必然是面对输的结局。本质上就是心态没端正过来，试问输不起的人面对波动剧烈的市场能赢吗？概率实在是太低，除非其运气异常好。

“伏”并不可怕，只要内心坚定，积蓄充沛的能量，等到在“起”的环境形成的时候，那么，就是一飞冲天超越过去的时候，此时的“起”就是一个新的腾飞。

“起”了后“伏”，只要再“起”的高度超越过去，这就是一个良性循环的“起伏”，其最后的结果必然是进入一个大的上升轨迹之中。

不论人生或股票，只要进入了一个良性的大上升轨迹之中，那么，很多东西，就会在那个时候不经意来了。那时候，一切都会显得那么美好的。你说对吗？

3. 资本市场的“人剑合一”境界

你是否喜欢独处？你是否喜欢外出？或者两者皆喜欢。

独处，变成“宅男”，静静地，几乎与世隔绝一样地生活一段时间，在这过程中，把思想融合总结升华，人会因此而成熟。

外出，变成“飞男”，闹闹地，几乎与世融合一样地生活一段时间，在这过程中，把思想发散释放腾飞，人会因此而成长。

成熟后成长，成长后再成熟，再成熟后再成长，如此周而复始，人的思想就不断进步起来了。

不断进步的思想伴随着舞台的不断扩大，人的成就也必然会不断向上拓展，很多人的路就是这样走出来的。

放在资本市场，思想的进步绝对是放在第一位的。操盘能否成功很大程度上取决于你达到了什么境界，思想决定你的策略，决定你的行动，从而最终决定你的结果。

你的思想境界有多高，就决定了你的最后结果有多大。既然如此，是否需要好好把“独处”与“外出”两者充分结合起来呢。

操盘股票的过程不就是要动静相结合吗？当你人本身能做到动静结合的时候，你操盘的境界要达到动静结合，是否就简单了呢。如果操盘与人本身都能达到动静结合了，那么，这不正好像古代所谓的“人剑合一”一样，那才是最高境界呀。

做好“操盘”，就从做好“人”开始。你同意吗？

4. 如何让瓶颈不再成为瓶颈

每个人到了一定阶段，都难免出现瓶颈，一时无法突破。不论是思想上或者是事业上，都有可能出现这种情况。这就好比一只股票到了一个特定的高度就会遇到强大阻力，一时无法突破。

当个股遇到强大阻力一时无法突破时，采取什么样的策略才能最终突破过去呢?

有人说直接奋力突破上去。是可以，但你发现没有，这就等于是贸然强攻，虽然初期好像挺厉害，也确实攻破过去了，但很快会发现后续能量不足，最终还是折回，而且由于耗尽了能量，在原来发起攻击的起点都无法很好地站稳，最终在恐慌的羊群效应下，飞流直下三千尺般地跌到不知道哪里去了。具体盘面，其实就是强势上行后再暴涨见顶并最终转熊暴跌。

其实倒是有两个盘面策略值得借鉴：

一是采取时间换空间的策略。在瓶颈附近采取长期区间震荡横盘达到消化获利盘并积蓄强大能量的目的，等最终时机成熟了有效突破上去，真正再上一个台阶。具体盘面表现就是在相对高位长期区间横盘震荡后爆发行情。

二是采取以退为进的策略。既然瓶颈一时无法有效突破过去，那么承认自己暂时没有这个实力，不如撤退，回去好好养兵蓄锐，等待自身能量达到真正有把握有效突破上去时再发起攻击。具体盘面表现就是遇阻回落后形成阶段性底部形态，最终完成形态展开新一轮行情。

总结下来，个股遇强阻要突破，要不就是“时间换空间”的策略，要不就“以退为进”的策略，千万别贸然强攻，否则会摔得很惨。

那么，人，遇到瓶颈的时候，是否也可以如个股一样呢?道理其实是相通的!

当发现自己思想或事业出现瓶颈，此时，至少你要懂得休息或者是放弃一些东西，如果不懂得休息或者是收缩拳头，硬是要让自己冲上去，自以为是的话，那么，很有可能最终的结果就是出大洋相，遭遇到大失败。人在关键时刻，最重要的就是要认清自己，盲目的自信带来的结果最终往往都是致命的。

5. 真正支持你的人很可能都是沉默的

无意中在开车听广播的过程中，听到一个故事。关于可口可乐的故事。可口可乐过去曾经为了迎合年轻人而改变口味，最终把其保密老配方彻底放弃，推出新配方产品，原以为会大受欢迎，事实却是一落千丈，原因就是大部分人坚决反对新配方、抵制新配方，拥护老配方。不是有改变口味的呼声吗，怎么最终那么多人不认同呢，其实，那些所谓改变口味的呼声仅仅是少数人，绝大多数人都是沉默的，而这些沉默的群体实际上是坚决反对新配方、拥护老配方的，只是没有全部喊出声来而已。

可口可乐故事就是告诉我们，有时候，别被那些喧杂的声音所蒙蔽，要清楚这声音背后真正代表的人群，更多时候其实都是少数人，真正多数人其实是沉默的，他们的心声才是最重要的。

换到资本市场，其实何尝不是呢？面对资本市场的众多改革，有些人总能指出贸然改革带来的众多坏处，大声疾呼要推迟、要慎重，不符合目前中国的现状。确实，有些说得不无道理，但实际呢，大部分人沉默的心声其实是非常期盼改革的，虽然有风险，但总要面对的。此时，改革比不改革要好，只有动起来才能进步，才能发展。股指期货的难产其实就是这样的一个状况。

做股票的时候，其实也是如此，有些股票看上去很热闹，以至于很多没有抓住那些机会的散户投资者心情很急躁，总以为大多数人都已经抓住了那些机会，可能只剩下包括自己为数不多的人没有抓住机会了，以至于做出非常盲目的举动，最终彻底地被市场撞伤。这怪谁呢？只能怪自己。其实，那些股票看上去很热闹，但真正把握住机会的人不多，你看到的那些赚钱的人，其实才是少数人，更多的大部分都依然是亏钱的，自乱方寸只会让自己亏钱。

就好像这市场一样，很多人都觉得挺好赚钱，而且看上去很多人都赚到了一样。事实上，那些赚到的被曝光的仅仅是少数人而已，更多的没赚到的都沉默而已。不是有句话说，做股票十个人七亏二平一赢吗！何必眼红他人呢，做好自己的，就算慢一点，无所谓的，钱不入急门，是你的最终一定会是你的。

第六节　综合市场作战：一切皆有可能

一、感悟

1. 残酷市场中最可怕的是面对失败爬不起来

这个市场非常残酷，关键时刻博弈的结果，要么大胜，要么受重创，无其他结果。不以大胜为喜，因未来还有很多关键时刻的博弈；更不以重创为悲，因失败不可怕，可怕的是面对失败爬不起来。

2. 让自己清醒就一切皆有可能

当市场的波动已经告诉你在往自己的反方向运行时，在期货市场上请务必严格执行止损策略，这样，至少你还能保留一定的战斗力，否则，一不小心，就是全军覆没，那将是非常惨痛的。当技术上已经明白告诉你错了的时候，请务必认错，让自己清醒，未来的路还很长，只要活着就一切皆有可能！

3. 稳重第一

期货市场风云变幻，稍一不慎，就会面临重创，在把握资本市场的同时，千万不可过于冲动，冲动是魔鬼。只要控制好风险，不贪心，稳定去把握属于自己的机会，赢面会很大，期货市场也会因此变得可爱起来。

二、总结

图 87 至图 91，共 5 幅图，这里着重探讨了做空期货铜如何失败的过程。

图 87 与图 88，告诉我们期货市场很残酷，阶段性方向把握错就要付出沉重代价。

图 89 与图 90，告诉我们美元波动是影响沪铜的关键因素，以及市场趋势的力量。

图 91 则是告诉我们股票市场的波动也是影响沪铜走势的重要因素。

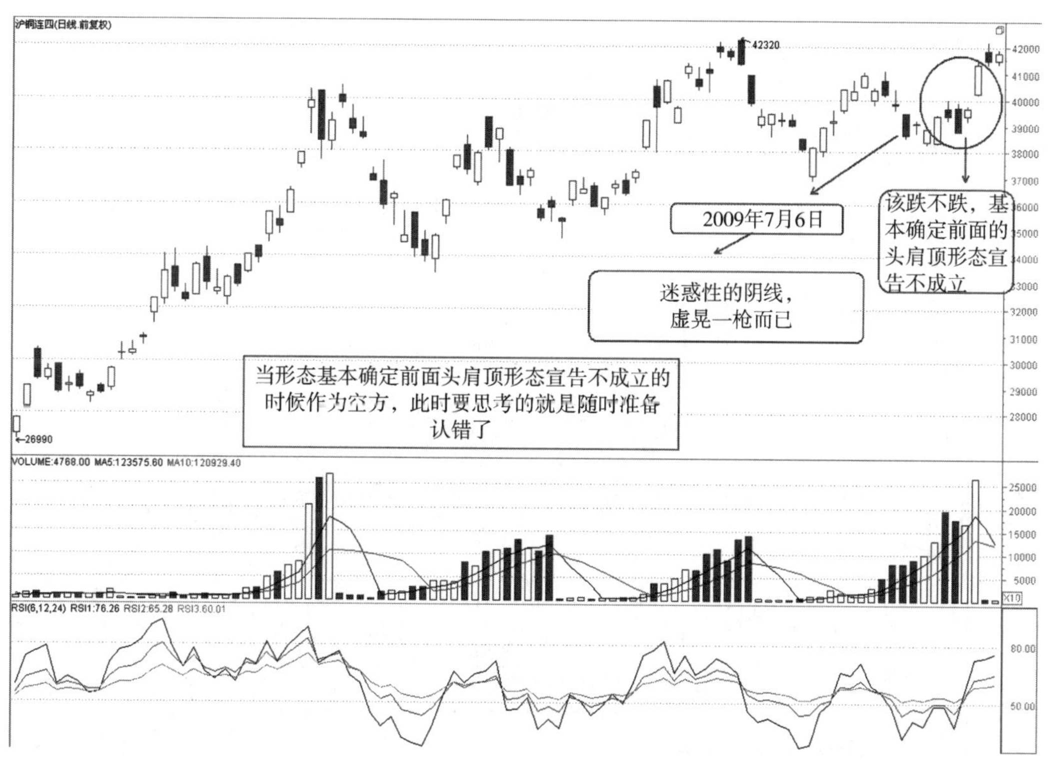

图 87

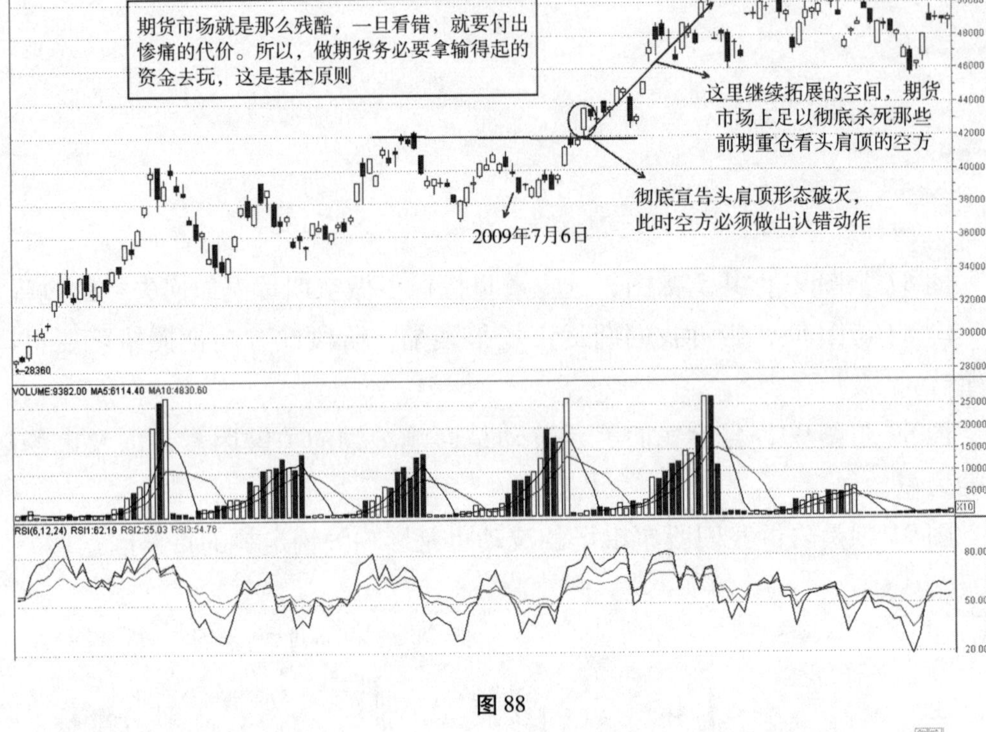
沪铜连四(日线 前复权)
期货市场就是那么残酷，一旦看错，就要付出惨痛的代价。所以，做期货务必要拿输得起的资金去玩，这是基本原则
这里继续拓展的空间，期货市场上足以彻底杀死那些前期重仓看头肩顶的空方
彻底宣告头肩顶形态破灭，此时空方必须做出认错动作
2009年7月6日
51350
28360
VOLUME:9382.00 MA5:6114.40 MA10:4830.60
RSI(6,12,24) RSI1:62.19 RSI2:55.03 RSI3:54.78

图 88

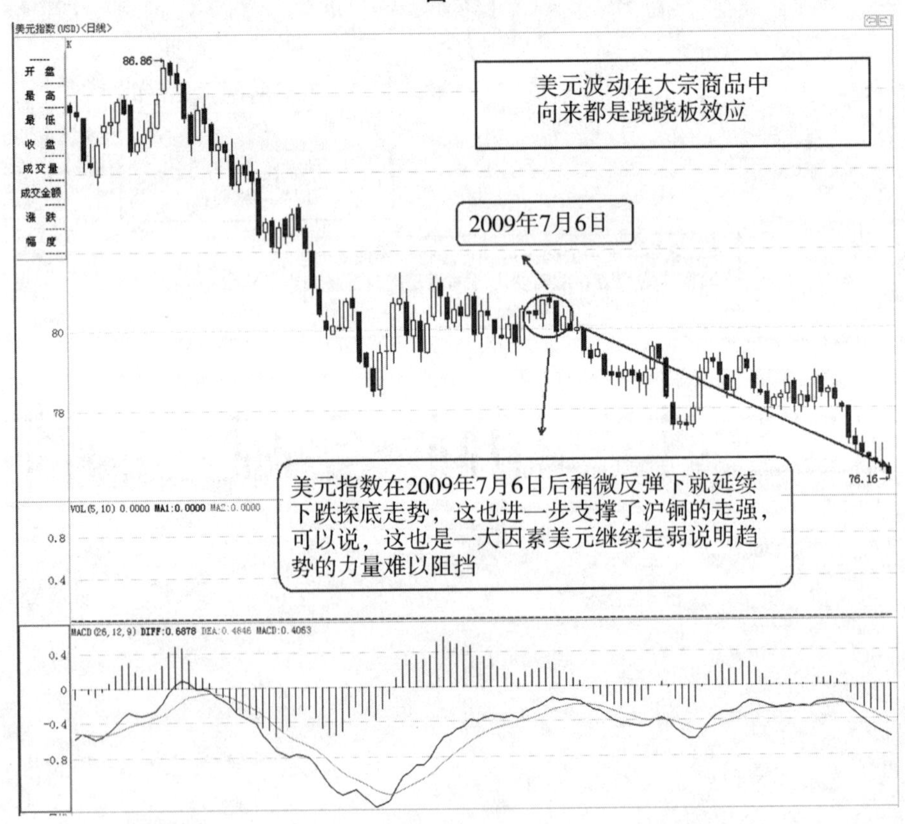
美元指数(USD)<日线>
86.86
开盘
最高
最低
收盘
成交量
成交金额
涨跌
幅度
美元波动在大宗商品中向来都是跷跷板效应
2009年7月6日
美元指数在2009年7月6日后稍微反弹下就延续下跌探底走势，这也进一步支撑了沪铜的走强，可以说，这也是一大因素美元继续走弱说明趋势的力量难以阻挡
76.16
VOL(5,10) 0.0000 MA1:0.0000 MA2:0.0000
MACD(26,12,9) DIFF:0.6878 DEA:0.4846 MACD:0.4063

图 89

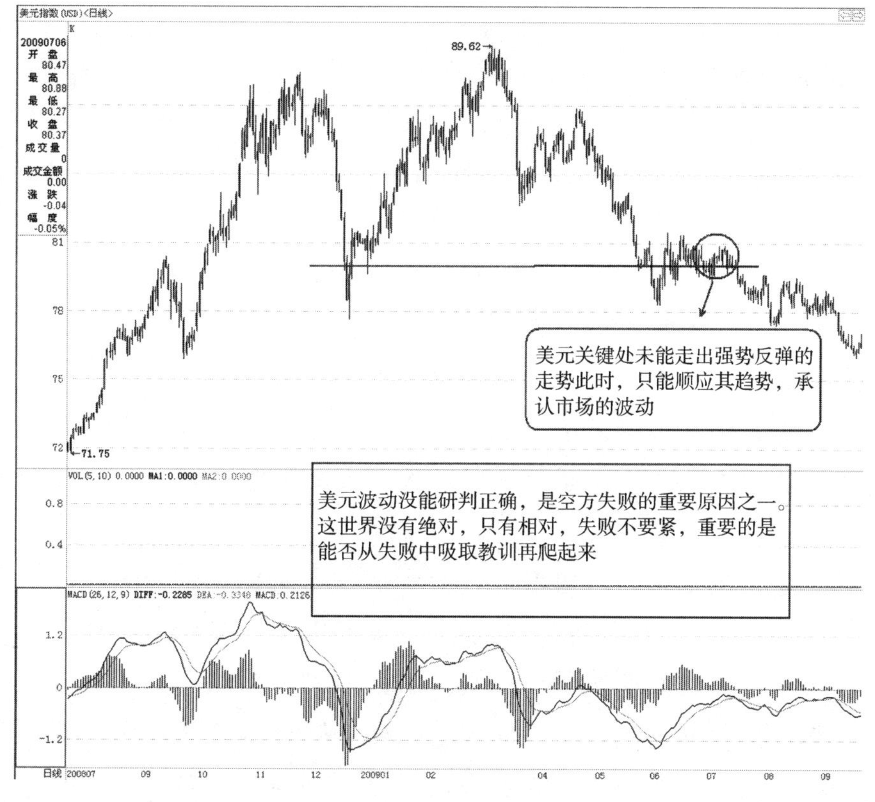
美元指数(USD)<日线>
89.62
71.75
美元关键处未能走出强势反弹的走势此时，只能顺应其趋势，承认市场的波动
美元波动没能研判正确，是空方失败的重要原因之一。这世界没有绝对，只有相对，失败不要紧，重要的是能否从失败中吸取教训再爬起来

图 90

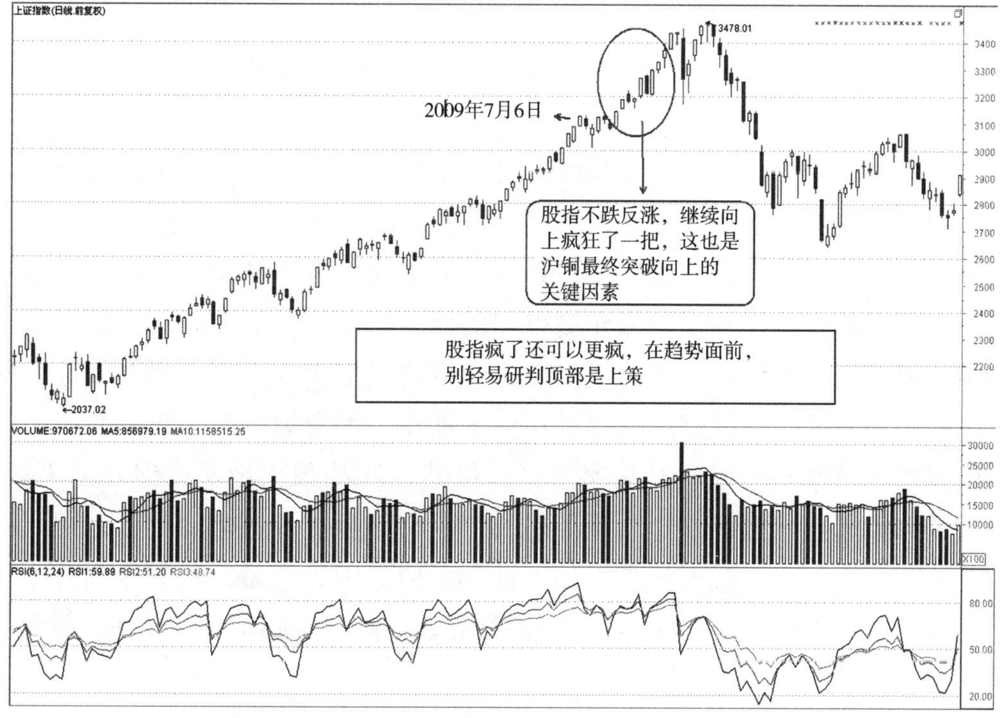
上证指数(日线,前复权)
3478.01
2009年7月6日
股指不跌反涨，继续向上疯狂了一把，这也是沪铜最终突破向上的关键因素
股指疯了还可以更疯，在趋势面前，别轻易研判顶部是上策
2037.02

图 91

1．没有谁是神仙

2009 年 7 月 6 日后，市场表现恰与前面的揣测相反，此时，对空方而言，是一次重大的考验。

沪铜进一步上攻突破原认为头肩顶的顶点，这彻底宣告了头肩顶形态的破灭，反而演变成上涨中继形态。

形成的原因，从市场相互影响的角度来看，则来自于两个市场。一个是外汇市场，美元指数没能走出大反弹，只是稍微反弹就进一步下跌的态势彻底宣告美元弱势格局进一步延续。这对大宗商品的铜而言，无疑是一股大的做多力量。

另外一个市场则来自股票市场，股票市场在疯狂过后继续疯狂，进一步提升了做多资金的人气与力量，沪铜进一步上攻也就在情理之中。

两大市场的波动都明确无误地支撑沪铜的做多力量，而在沪铜之前形成的上涨趋势面前，能不进一步突破向上疯狂一把吗？答案显然是肯定的。

前面两节的剖析其实也不无道理，只是市场是变幻万千的，前面的剖析只是其中一种可能性而已，不是绝对，只是相对。当市场呈现与预期相反的走势时，这是最考验人的时候，此时，心态以及策略都将显得异常关键。

心态：作为空方而言，虽然痛苦但也只能坦然面对，毕竟未来的路还很长。

策略：作为空方而言，及时的退出认错是必要的，期货市场不比股票市场，一不小心就可能全军覆没，而且所需要的时间可以非常短暂。

沪铜这一次做空使我再次认识到自己的渺小，庆幸的是，自己做期货一开始就是有原则的——仅仅操作输得起的钱。同时，自己在心态上以及策略上都还算不错，虽然最终这次战役以失败告终，但至少没有全军覆没，在基本确认形态失败的时候坚决认错，保留了能量。最重要的是，自己在心态上及时调整了过来——胜败乃兵家常事，虽然这次战役失败了，但总的来说，胜利的大天平依然在我这边，路还很长，一切都会变得更好！

在资本市场中，没有谁是神仙，谁都可能失败，只是，我们比的并不是谁阶段性赢得有多大，而是谁才是最后的大赢家。巴菲特也失败过，但他是笑到最后的大赢家。

2. 把握超跌后的暴利机会

阶段性图（图 92）：

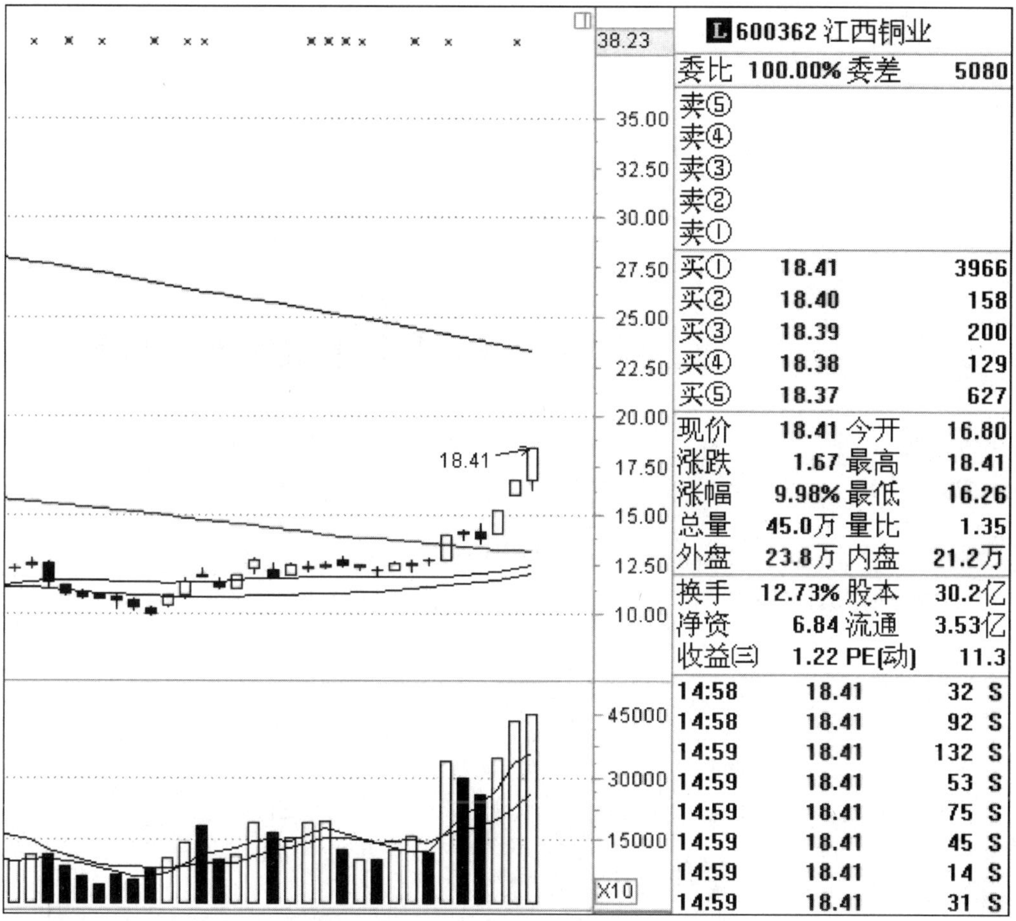

图 92

阶段放大图（图93）：

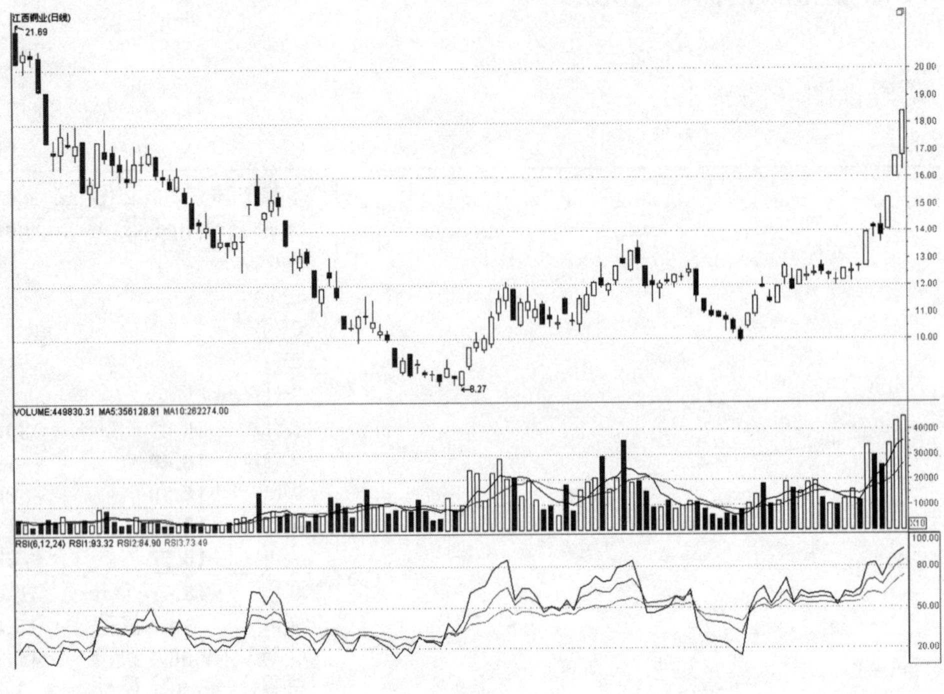

图93

全景图（图94）：

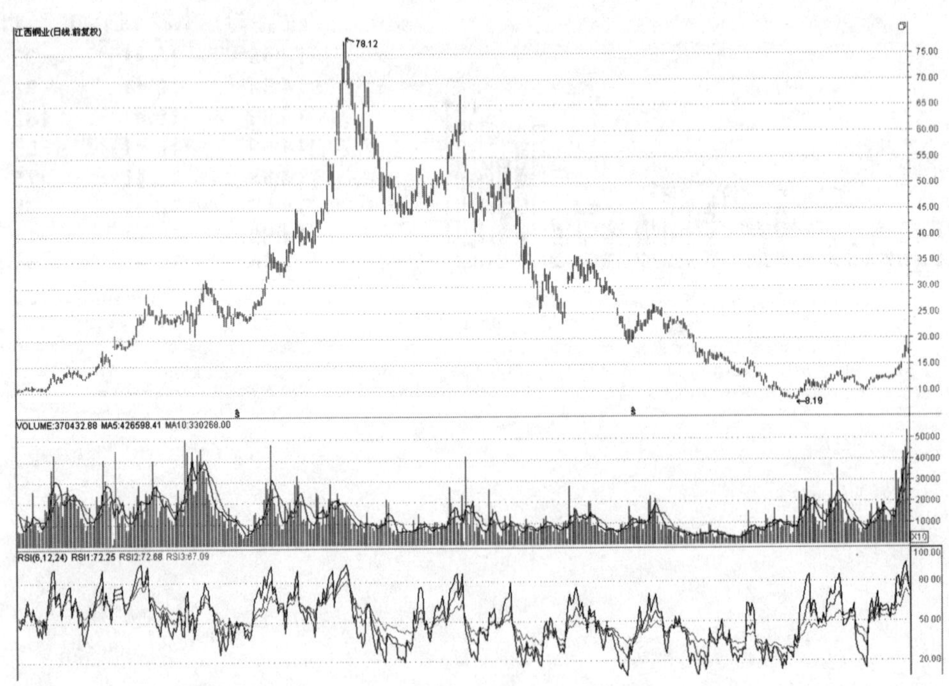

图94

"跌多了自然会涨，而且一涨起来往往就非常凶悍"，江西铜业阶段性的反弹走势，足以说明这个道理。

从图 92 中，我们可以看到，最后六个交易日是四涨停夹两连阴，成交量也呈现放大突进的态势，如果能够捕捉到这样的阶段性短期机会，那不就是一次获取暴利的过程吗？因此，我们不妨研究一下这个暴利的产生过程，为以后的操作带来启迪。

（1）放量涨停突破长期均线是重要条件。

从"图 92"我们可以看到，当放量涨停突破长期均线后，就拉开了阶段性疯狂的序幕。放量涨停突破长期均线，至少从心理方面来说，对空方是带来相当大的冲击。僵局打破，心理层面出现微妙变化，那么，一切也就具备爆发的基础了。

（2）强势放量十字星整理是继续疯狂的必要条件。

放量突破长期均线只有一天显然是不足以把整个局势改变过来，这需要增量部队。而在长期均线附近，多空双方争夺势必相当激烈。如果多头能够在这区域把那些空方的筹码全部暗暗吃掉，那么，具体的盘面特征必然是量能不能够萎缩同时波动保持相对强势。因此，强势放量十字星也就成了继续疯狂的必要条件了。当然，按照刚才的思路，只要放量且保持强势就可以，因此，不一定非要十字星，但却必须要放量且强势整理！

（3）持续涨停往往是突破后的重要表现特征。

放量突破长期均线且持续强势整理后，多方往往会发动疯狂攻击，持续涨停很难避免。而在具体操作上，出现继续大幅上攻且第一个涨停的时候，可以考虑毫不犹豫继续大胆跟进，因为背后还有几个涨停在等着你呢！为何能够出现持续涨停的疯狂走势？不妨看看图 93 与图 94，短期看起来好像很疯狂，但对于其长期格局图来看，可以发现，这不过是对其大幅下跌后的一种修正，而且这修正对历史高点而言，目前价格也仅仅是几分之一，多方能不疯狂一下吗？

市场的规律很多时候是不研究不知道，一研究吓一跳，多点研究总是好的，多点总结对自我的提升也总是好的，这市场要长期赢利，无他，赢利系统的建立至关重要。

3."势"的举例感悟

自从把股市与期市两者结合起来去感悟与把握之后，我发现自己越来越灵敏，越来越进入佳境，内在的能量似乎由此得到极大的充实与扩延。只是，目前还没全方位深入的系统总结，总觉得缺乏点什么，如果那点也被我攻破的话，那真的就是“无往而不利”。

今天有一点感悟：技术分析虽然看上去复杂，去繁就简就是看势的问题，商品也好，股票也好，外汇也好，甚至一切有趋势波动的物体或事件等，都可以利用“势”来阐述分析把握。

就拿技术分析中的上涨矩形或上涨旗形来说，为何它们都是看涨形态，就是“势”的问题。上涨一段后保持一种强势横盘的运行格局，从而形成矩形或旗形等，形态并不重要，重要的是那种“势”，强的“势”，就表明背后有股力量在推动着，等各种力量达到一定共鸣状态之时，接“势”再上一层楼也就顺理成章了。

不过“势”也有物极必反的状况，如果你仔细观察，你会发现，当疯狂上涨或疯狂下跌后，总是容易出现相反的短期剧烈波动，那就是阶段性力量衰歇，“势”用完带来的反效果了。这里的反效果，是要好好注意的，尤其是在期货市场上，太疯狂冲过去，或者有时候后奋力突破关键点位之时，出现反效果的概率会非常大。

那么，“势”到底是什么？就拿动漫《七龙珠》中的龟波的气功的产生、持续、突破与结束来作比喻吧。龟波气功，是孙悟空最常用的一种攻击方式，就以这种武功与股市中“势”的全过程作对比来讲吧。

首先，产生。在正式打出那气波之前，需要做的是“积蓄能量，摆出架势”，这就如同一只股票在正式大推升前，总有一些异常的放量以及特别的波动形态展示出来一样，毕竟没有这些量能与形态的支撑，贸然就启动大推升的话，不论是气势还是内在，都会大打折扣，从而影响到杀伤力。再回到龟波气功，你会发现，正式发出前的时间越长，能量积蓄越充分，架势越有力量，最终推出的气波就越有杀伤力。在股票市场中，底部或顶部积蓄的能量越大以及构筑形态的时间越长，最终转势带给市场的杀伤力也就越大，两者异曲同工。

其次，持续。气功波发出去以后，对方也会同样发出气功波，两股力量的气功波会撞击在一起。这就正如在资本市场波动的过程中，当做多力量累积爆发开来，促使价格出现急促上涨，但同时上方也很快就出一股做空的力量，与这股做多力量迎面碰撞在一起，价格会出现区间震荡的状态，同时成交量出现急剧的放大。成交量的急剧放大正是说明多空双方博弈得非常激烈，在很多时候，这两股力量都会出现阶段性的平衡。在动漫世界中，两股冲击波也就形成了一种相持状况。此时，决定最终胜负的，无他，就是各自持续赶来的能量的较量，如果其中一方持续的能量更为强大或更为持久，那么，胜利的天平就会往那一方倾斜。此时，反映在动漫冲击波的抗衡过程中，就是胜利一方的冲击波会逐渐吞噬力量较弱的一方，冲击波就会越发逼近对方本人。

再次，突破。当阶段性平衡开始打破，力量明显往另一方倾斜之时，就是“突破”之时。这里的“势”某种程度上跟“产生”的状况类似，不同的是，“产生”的势是对自身的突破，而“突破”的势是对对手攻击波的胜利。我们可以发现，一旦平衡被打破，力量开始呈现一面提升之时，那时出现的势如破竹的推进态势，往往也就是股价进入疯狂演绎逼空的阶段，这时候，非常凶悍，非常暴利。动漫世界中，你则很容易发现，当有一方的力量在阶段性平衡后取得胜利，气功波将呈现出逐步吞噬对手的气功波，并随后加速推进对方，此时，作为对方而言，生死也就到了命悬一线的阶段了。

最后，结束。其中一方气功波取得了压倒性胜利，波球逼近对方，并即将取得最后胜利之时，一切都要结束了，一旦对手被气功波完全吞噬，那么，也就是宣告正式结束，那时，一切都将会重新恢复平静。

在资本市场中，我们可以发现，当股价打破平衡突破后进入疯狂向上推进取得决定性胜利后，股价向上的波动会突然在一个高潮过后戛然而止，进入滞涨或者马上很快回落的态势。为何？道理就跟冲击波结束后一样，高潮过后一切都会回归平静的，当最后的能量都已经使出来了，虽然对方或许是被消灭了，但自身此时的力量也会因此被极大地消耗，股价继续向上冲的动力将会消失，能不停顿或自由落体吗？如果说什么时候能再次疯狂，那也只有等能量再次储备之时。因此，最后的结束阶段，虽然精彩，但往往都是昙花一现，也就是最后的精彩了，或者可以说是强弩之末。不过无论如何，毕竟其中一方已经取得了决定性的胜利，那么，大的方向将不会改变，只是，这需要时间。当然，有时候也有例外，那就是明明已经突破，但却是对手的诱敌策略，当以为确定成功准备松懈下来之时，对手马上给你个措手不及，一股更强大的力量出现，迅速反攻，直至消灭对手，这就是所谓的“假突破”了。

产生—持续—突破—结束，在上攻过程中的“势”如此，其实反过来，下跌过程也是一样的。把动漫的世界跟我们市场波动的一些具体动作联系起来，不仅可以大大加深对波动的理解，更是能够带来不一样的乐趣，何乐而不为呢？

生活，需要多点乐趣，学习其实也是一样的，只要我们懂得联想，深入思考联系下，一切也就是顺理成章的事情了。你说呢？

4. 把握好心理是获得暴利的关键

图95至图99，共5幅图，这里着重探讨了权证暴利机会与市场的关系。

图95至图97，告诉我们权证暴利机会出现后要注意相关板块的联动效应。

图98至图99，则告诉我们在权证出现暴利机会时，所需要的大盘状态。

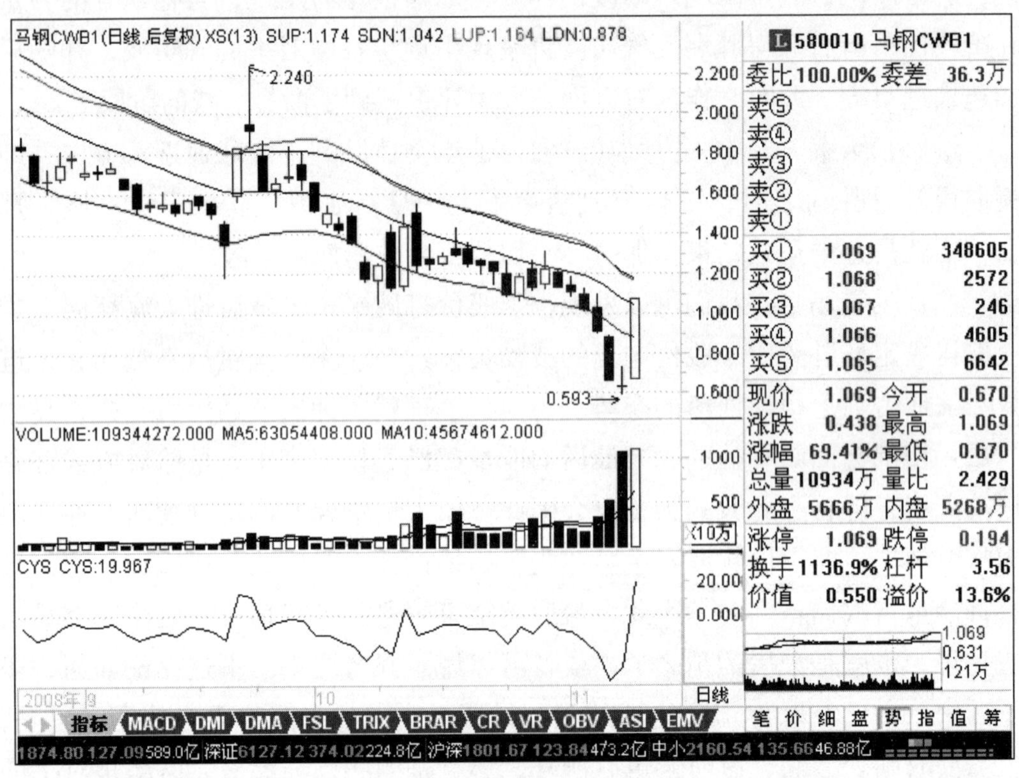

图95

宝钢CWB1分时 均线 成交量 [宝钢股份:5.04▲ 认购价:12.50]
580024 宝钢CWB1
委比 100.00% 委差 26.3万
卖⑤
卖④
卖③
卖②
卖①
买① 1.536 228029
买② 1.535 12631
买③ 1.534 2100
买④ 1.533 12752
买⑤ 1.532 7912
现价 1.536 今开 1.299
涨跌 0.288 最高 1.536
涨幅 23.08% 最低 1.293
总量 6622万 量比 2.699
外盘 3663万 内盘 2959万
涨停 1.536 跌停 0.961
换手 413.9% 杠杆 1.64
价值 -3.730 溢价 209.0%
15:00 1.536 3737 S
15:00 1.536 54316 S
15:00 1.536 10025 S
笔 价 细 盘 势 指 值 单
09:30 10:30 13:00 14:00
1874.80 127.09589.0亿 深证6127.12 374.02224.8亿 沪深1801.67 123.84473.2亿 中小2160.54 135.6646.88亿

图 96

宝钢CWB1(日线,后复权) XS(13) SUP:1.340 SDN:1.188 LUP:1.421 LDN:1.072
1.738
0.936
VOLUME:66226464.000 MA5:34588960.000 MA10:33303344.000
CYS CYS:18.064
580024 宝钢CWB1
委比 100.00% 委差 26.3万
买① 1.536 228029
买② 1.535 12631
买③ 1.534 2100
买④ 1.533 12752
买⑤ 1.532 7912
现价 1.536 今开 1.299
涨跌 0.288 最高 1.536
涨幅 23.08% 最低 1.293
总量 6622万 量比 2.699
外盘 3663万 内盘 2959万
涨停 1.536 跌停 0.961
换手 413.9% 杠杆 1.64
价值 -3.730 溢价 209.0%
指标 MACD DMI DMA FSL TRIX BRAR CR VR OBV ASI EMV
1874.80 127.09589.0亿 深证6127.12 374.02224.8亿 沪深1801.67 123.84473.2亿 中小2160.54 135.6646.88亿

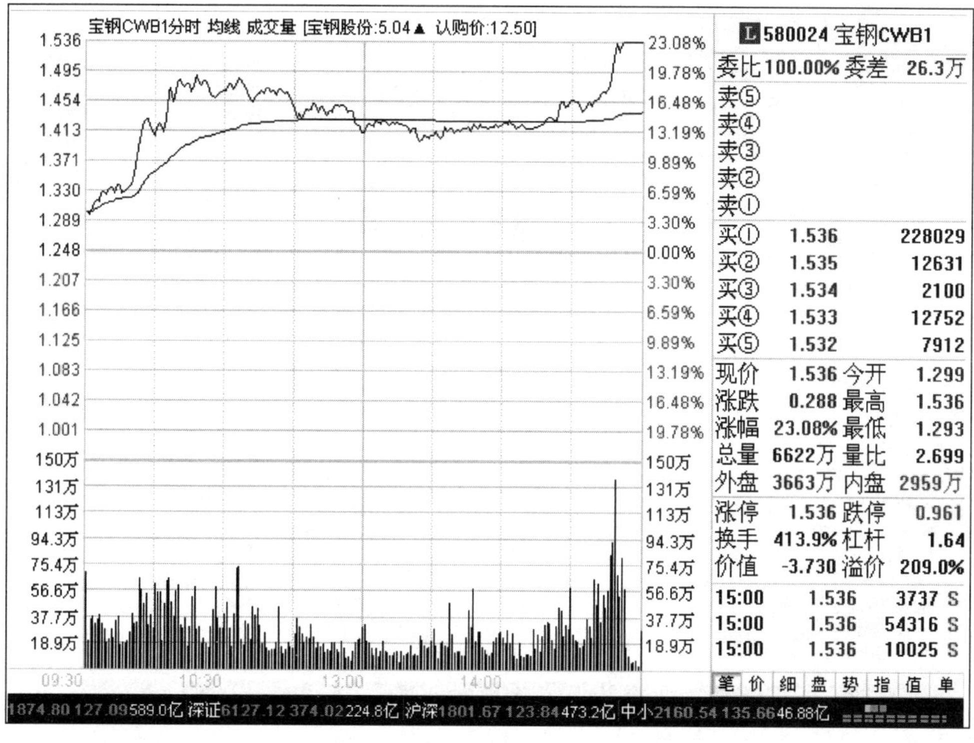

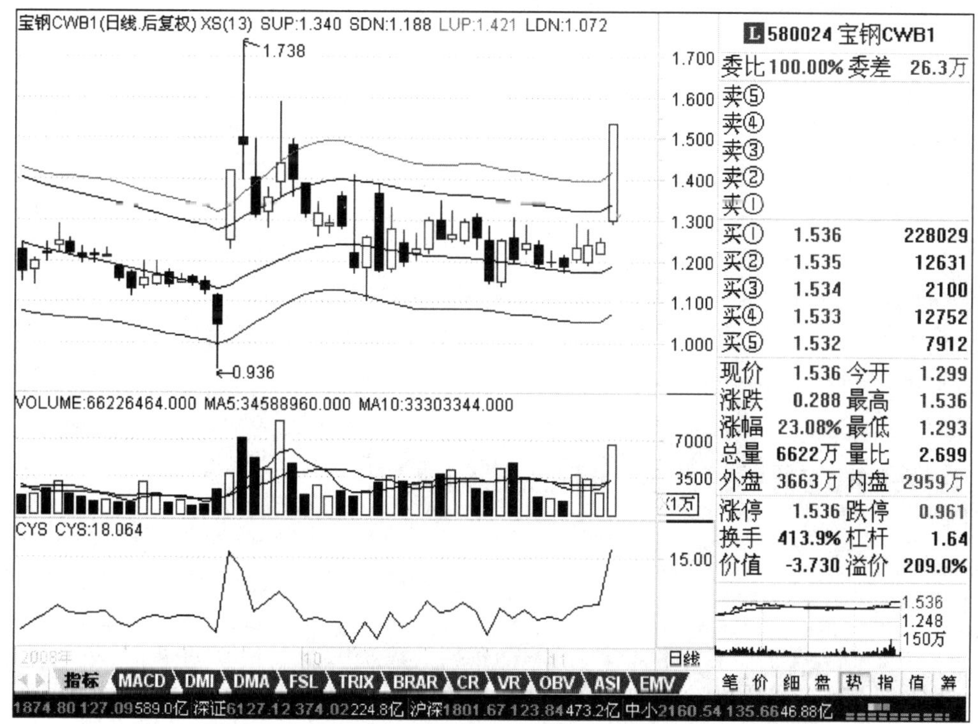

图 97

上证指数 分时 成交额(万元)
999999 上证指数
A股成交 5663293万
B股成交 23436万
国债成交 1836773万
基金成交 203171万
权证成交 6379712万
债券成交 41693万
其它成交 8635万
最新指数 1874.80
今日开盘 1782.31
昨日收盘 1747.71
指数涨跌 127.09
指数涨幅 7.27%
指数振幅 5.37%
总成交量 107350833
总成交额 5889900万
最高指数 1876.16
最低指数 1782.31
上证换手 2.1%
涨家数 932 跌家数 7
15:00 1874.80
15:00 1875.15
15:00 1874.80
笔 价 细 盘 势 指 值 单
09:30 10:30 13:00 14:00
1874.80 127.09589.0亿 深证6127.12 374.02224.8亿 沪深1801.67 123.84473.2亿 中小2160.54 135.6646.88亿

图 98

上证指数(日线,后复权) XS(13) SUP:1974.09 SDN:1750.61 LUP:2025.14 LDN:1527.7
2420.85
1664.93
VOLUME:1073508.38 MA5:656012.69 MA10:616868.19
CYS CYS:229.56
2008年
10
11
日线
指标 MACD DMI DMA FSL TRIX BRAR CR VR OBV ASI EMV
999999 上证指数
A股成交 5663293万
B股成交 23436万
国债成交 1836773万
基金成交 203171万
权证成交 6379712万
债券成交 41693万
其它成交 8635万
最新指数 1874.80
今日开盘 1782.31
昨日收盘 1747.71
指数涨跌 127.09
指数涨幅 7.27%
指数振幅 5.37%
总成交量 107350833
总成交额 5889900万
最高指数 1876.16
最低指数 1782.31
上证换手 2.1%
涨家数 932 跌家数 7
笔 价 细 盘 势 指 值 筹
1874.80 127.09589.0亿 深证6127.12 374.02224.8亿 沪深1801.67 123.84473.2亿 中小2160.54 135.6646.88亿

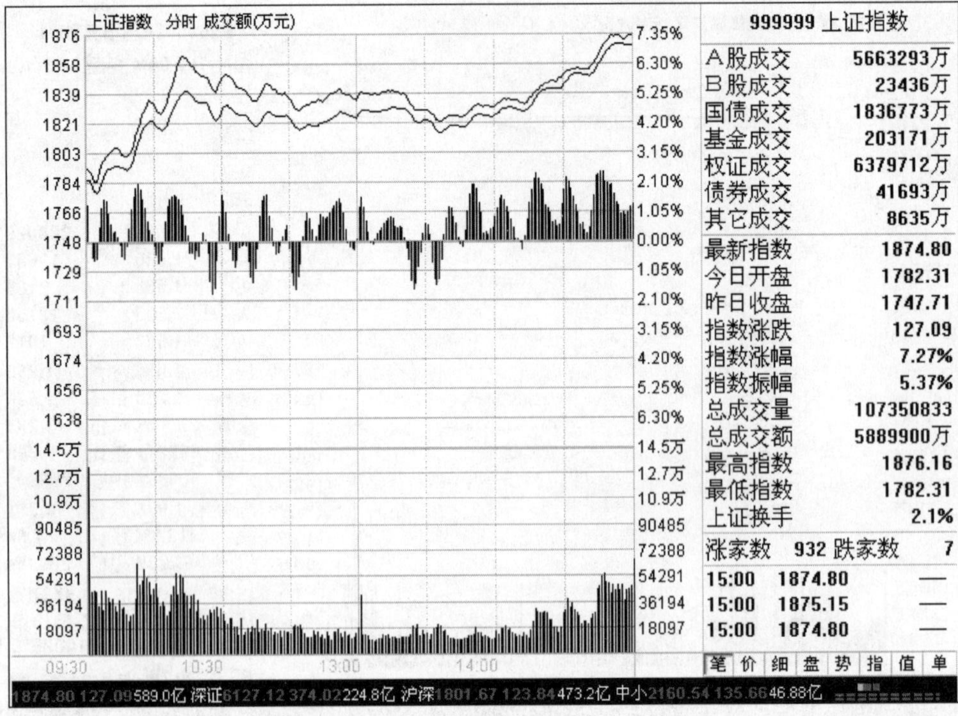

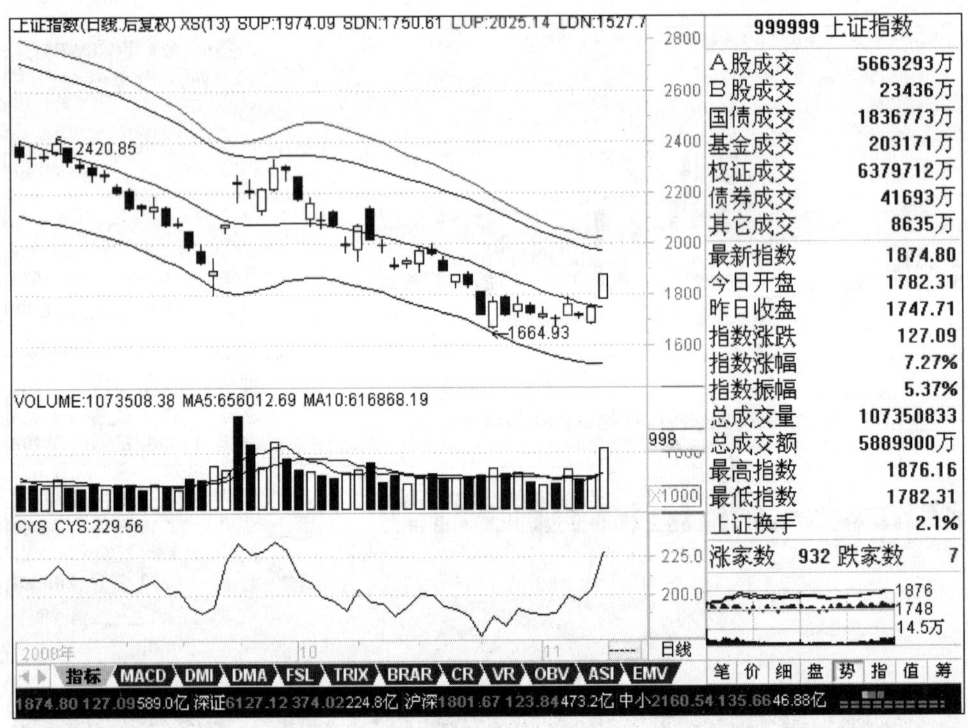

图 99

2008 年 11 月 10 日星期一，是个值得纪念的日子，在周末货币政策和财政政策重大调整，以及国务院出台十项措施扩大国内需求的实质利好刺激下，货币走出了大幅反弹的行情，很漂亮。

只不过，我要具体讨论的，不是有关行情的内容，而是我是如何做到成功预判市场，正确操作权证品种的。通透过上面的图我逐步谈谈这过程。

在星期一开盘前，我就已经很深刻地感受到马钢、武钢、宝钢等钢铁本股与权证都会走出类似涨停的走势，尤其是对马钢认购权证，翻看它当天的最大涨幅可以达到 60 多个点的时候，我的直觉就告诉我它今天完全有可能冲击涨停。结果呢，最后还真封在 60 多个点的涨停上了。我做的是宝钢，这是从相对稳健的思路出发的，毕竟马钢认购权证是末日轮，大单对它做多的勇气我还没有，我只能做我自己觉得把握最大的，宝钢认购权证 20 多个点涨停的走势，赚起来更踏实。

我的直觉是怎么来的呢？

我做权证的感觉是如何来的呢？

我对市场的判断是如何形成的呢？

我要把这现象背后的答案找出来，这不论对我，还是对更多的人，都是有意义的。

心理！

把握住人的心理！

为何我敢于判断马钢认购权证能拉开 60 多个点呢？这是因为，马钢认购认购目前本身是具有一定价值的，而且只要其本股在今天涨停基础上再拉一个涨停，那么现在的价格就大概等于其价值了。换句话说，目前其溢价率是 10 个点左右，这是相对具有投资价值的！

马钢本股累计跌幅已经非常巨大，在人心思涨背景下，其本股短期拉几个涨停问题是不大的，而一旦如此，其权证就有很大的操作空间了。另外，其权证本身的累计跌幅更是巨大，一旦上涨，也很容易吸引到一些跟风盘进来疯狂共舞，这也是为何大资金敢于疯狂做多的根本原因。退一步讲，其目前具有价值，就算套了，大不了最后出钱把权证换成马钢股份。但是，一旦把握住人的心理，成功做出波段，吸引大量资金进来，那么，炒作资金最终全身而退是非常容易的。这从其庞大的换手量就可以说明，要让资金全身而退简直是易如反掌！

把握住人的心理真的非常关键，有时候，一次准确把握就是暴利，就如这里的权证机会一般！

5. “动静结合”乃赢家之道

某人持有着某只品种。某日，一个大涨，使得其持有品种的价格迅速脱离了他的成本；第二天震荡巩固过程中，这个人有点不耐烦，而且，他突然发现了个新品种，直觉告诉他可能马上就要大涨；这时候，这个人，回头看看那震荡巩固没有太多波澜却已获利的品种，没有多加思索就转换成那新品种。

这样做无可厚非，如果选择的新品种真的马上大涨，那么，这决策还非常英明。只是，每一次这样都能成功吗？答案显然是否定的。

试想一下，经常这样做的人，是不是面临失败的概率就会增大呢，失败的概率增大，收益是否就会逐渐缩小甚至最终什么也没有或者亏损呢。事实上是这样的，就怕你不经常这样做，如果只是偶尔这样做，那失败的概率则会大大减小。

这就有点像去赌场玩，如果你天天去泡赌场，不管赚多少，从概率的角度来说，最终你都会面临输回去的境地。但是，如果你只是偶尔玩一下，或者说一年就那么一次而已，那么，至少输赢的概率都是50%，你还是有机会赢着出来的。

当然，如果你懂得运用一些分析手段以及保持良好的心态，出击成功后懂得吃大波段的话，那么，最终综合起来，你赢的概率还是有望超过50%的。

所以，当你出击品种大涨后，最好的方式并不是急着套现换新品种，而是耐心等待其给你更多的回报。如果每次都是急着换新品种，你迟早都会碰到一些让你输的新品种，操作越多，错的概率就越大。相反，如果你耐心等待，不急于操作，这个出击成功的品种带给你的回报完全有可能大大超出你的预期，从而奠定更为坚实的赢利基础，从而进入良性循环状态。

只要该品种仍有上涨的潜力，那就耐心等待吧，很多时候，稍微再多等待一下，更惊人的上涨行情就可能在那里等着你了。

不过，话说回来，依然还有相当多的人热衷那样频繁的操作手法。为何？其实本质上就是“短视”，经受不住一些活跃品种的诱惑，没有太多耐心去等待本身品种的进一步上涨。也由于很多人喜欢那种“动”起来的感觉，好像没“动”起来就没在资本市场一样，是赢是输反倒其次了。

这里，我提个比较综合的方法，那就是“动静结合”。把你的大仓位，至少80%留下来做不动吃大波段的策略，至于那20%，你可以保持“动”的策略，这样，有至少80%仓位做“后勤保障”，20%是输是赢问题也就不大了，但同时也可以让你“动”起来，保持跟市场的感觉。

记住，频繁做“短”如同天天去赌场，要想最终赢着出来，概率较小；做“中长”则如偶尔去赌场玩玩，要想最终赢着出来，只要你心态好，工夫够深，机会还是相当大的。

6. 巨大差距背后的距离可能就是那么几步而已

无意中看到沈傲君在《鲁豫有约》里的部分访谈，里面有个让我印象颇深的一段，那就是沈傲君问40年你知道是多少天吗？80年又是多少天吗？我一听愣了一下，然后她说40年乘以365天也就是14600天，80年乘以365天也就是29200天而已。看得出主持人与在场的观众都跟我一样，也是一愣的，愣的一是确实没算过多少天，二是这天数好像也不算多。

人一辈子可能也就80年，半辈子也就40年，我知道她想透露的就是生命其实很短暂，一天天过，其实就是在消耗着这短暂的生命，要好好珍惜生命。

在此，倒不是想借此来进一步讨论生命的意义，我只是联想到资本市场的波动而已。很多人总觉得一个大行情很复杂，看到就头痛，其实不然，仔细去算，其实交易日并不算多的，每一大波段不论是上或是下，交易日全部算起来能上千的，其实就绝对算得上大行情了，而这大行情也仅仅是上千而已，上万的天数都不觉得多，何况这上千呢，那不更短暂？

历史是会反复重演的，多研究下过去的历史，对未来不就有很大的启迪吗？其实，有些事看上去挺艰难，其实并不算太难，就看你有没有真的深入思考而已。

此时，我更联想到，现实生活中，人与人差距看起来确实很大，但其实，真正的距离并不远，只是，有些人一开始就认为不可能，所以也不敢深入，不敢尝试，不敢冒险，结果当然是真的不可能了。因此，在我看来，亿万富豪与白领看上去差距大，其实背后的距离可能也就是几步而已。

再回到资本市场，一个万人敬仰的股神与一个没人关注的散户，其实真正的距离也不会太远，就是那关键的几步而已。

人的一生，结果如何，不就是因那关键几步决定的吗？所以，人别自以为是，更别妄自菲薄，尤其是在资本市场里！

附　录
证券私募基金发展的未来之路

在谈证券私募基金之前，先简单了解下什么是私募基金，这是很有必要的。直白点来说，金融市场中常说的“私募基金”，是一种非公开宣传的，私下向特定投资人募集资金进行的一种集合投资，这跟公募基金的模式集合模式刚好是相反的。这两者在金融市场中，互为补充，都是市场的主力军，只不过，在目前成熟资本市场中，私募基金的实力是最为让世人所瞩目的，巴菲特、索罗斯领导的基金都属于私募，在全球具有举足轻重的影响力。至于我国，由于目前私募的制度环境严重落后于西方，因此，其整体发展状况是不足以跟国外做横向比较的。现在，某种意义上，目前国内的私募基金，这里特指证券私募基金，还是处于幼儿阶段，对比国内的公募基金，说得夸张点，还真有点像“个体户”与“国有企业”的对比状况一样，当然，部分实力出众成为“私营企业”的私募基金，也因目前的制度环境不完善，在发展壮大的过程中不可避免会遇到瓶颈，有些难以逾越的鸿沟导致最终难以做到超越公募基金的状况。随着资本市场的不断发展，作为参与市场的各个主体，都是需要保持好的发展才能成就未来更好的资本市场，作为私募基金这个群体里的一分子，我就我的理解谈下证券私募基金发展的未来之路，希望能起到抛砖引玉的效果，能给管理层或业内人士一定启发。

一、冲出重围，中西结合是未来发展的必修课

我们目前大多数人所认识到的证券私募基金，由于目前投资群体的相对不是很成熟，以及投资渠道的相对狭窄，目前其最主要的投资品种多集中在股票身上，这也就导致目前国内大部分私募基金的操作视野受到很大局限，一旦融入国际资本市场，难免要交学费。因此，证券私募基金本身要想在未来的市场中走得更远，目前多了解国外情况，中西结合，是未来发展过程中的必修功课。

从我国证券私募基金未来的发展趋势反过来推导我们的制度建设的话，那么建立一种中西结合、具有中国特色的证券私募的发展环境则顺理成章了。透过这次华尔街引发的“金融海啸”，我们从中可以得到不少启示。至少让我们明白了一点，资本市场对各类金融衍生品种过度开发，信用的无限

度扩张等达到质变时，往往就是致命的。对中国而言，未来既是风险更是机会，虽然冲击不可避免，但冲击过后或许就是迅速站上国际舞台的机会。如何把握机会站上国际舞台？我想，这是管理层需要好好深思的，至少，对于证券私募基金这块，抓紧制定制度让这股力量有机会突出重围，放手去国外参与资本博弈，这是必经之路。我认为，从中长期的角度来看这个时候应是非常好的放开推进时机。道理不复杂，因为兵法有云：最好的防守就是进攻，既然国际金融海啸过后带来的环境变得复杂恶劣，与其固定防守，不如积极进攻。这个时候，采取进攻，是对中国力量的最好宣传。

只要制度较为合理完善，中国力量会涌现出一些令世界侧目的精英出来的，对这点，我是非常有信心的。越是担心，越是保守，往往最终就什么也没有。

二、存在的即是合理的，尽快规范证券私募基金的制度建设

资本市场是个充分博弈的市场，需要各路主体进行参与才能有生命力，缺一不可。公募基金的发展壮大我们有目共睹，尤其是其制度性的建设，体系已经显得比较完善。证券私募基金的发展也有所突破，借道信托模式的突破则表明私募基金阳光化已经取得了一定成绩，但借道信托模式的私募基金的资金量对比那些潜伏地下发展的私募基金的资金而言，无疑是小巫见大巫。

存在的即是合理的，既然那么多的私募基金没有借助信托来发展，至少说明目前私募基金的发展模式并非都适合于信托模式，显然，信托模式有其局限性。究其原因，一是借助信托本身的门槛比较高，对于不少私募证券基金而言，这是可望而不可即、心有余而力不足的事情。二则是借助信托会束缚一些私募证券基金的手脚，目前情况下的众多条条框框在具体操作过程中，会压缩私募证券基金很多空间。最重要的是，私募证券毕竟是借助信托公司，很多东西还是要受制于信托公司，有时候会没有太大的自主权，这也是很重要的一个原因。

另外，虽然目前公司合伙制的推出，为私募证券基金发展提供了另一条发展之路，但就目前的情况来看，显然，这也仅仅是放在那里，没有实质发

展。究其原因，两点应为主要原因：一是管理层也没有明确证券私募基金如何采取公司合伙制发展的制度，没有大力推行的意图。试问如何敢积极响应，大家担心没有具体制度的规范，会给未来带来极大的不确定风险。二是目前手续显得相对较为烦琐，同时很多具体的细节也没有出来，尤其是针对证券私募基金这块，没有动力放手去做。

因此，目前更多私募证券基金往往就采取了契约方式（书面或口头契约）来操作，而契约方式往往只能采取分账户模式操作（集中操作跟现行法律有关非法集资的条款相悖）。这样的弊端也非常明显，鱼龙混杂，没有统一的规范，容易发生道德风险，而分账户带来的操作层面上的烦琐等都是使得这一形态只能以近似“个体户”或“私营企业”来形容。因此，我们国家如果真的要大力培养本国金融投资人才，让更多人引领中国进入国际舞台，我认为，大力发展并推动私募证券基金这一领域的力量，让这些“个体户”或“私营企业”能够有机会成为类似巴菲特、索罗斯私募界中的“跨国企业”就是最好的模式。而要做到这一点，弄好土壤与环境无疑就是关键了，没有好的土壤与环境怎么能够诞生那样的人才呢？这是非常现实的问题。

三、培育好的土壤与环境，不妨从“小”做起

中国人做事往往求大喜大，这从宝马来到中国后要“变大”才更好卖多少也就可见一斑了。因此，这也就不难理解目前私募证券基金合法化唯一做得比较像样的就是信托模式，这一模式就是需要私募证券基金达到一定规模后才有可能实现的，也完全符合“变大”的特征。

我的看法是，私募证券基金是个非常庞大的群体，是需要充分竞争而优胜劣汰的。目前借道信托发展的证券私募基金数量还不足千，对比国内有可能上万的隐藏数量，再对比美国上万的真实数量，可谓不值一提，也从一个侧面反映我国私募证券基金的阳光化发展状况还处于相对萌芽阶段，真正的茁壮成长仍需要努力才是。

而要做到这点，那就不妨从“小”做起：

1. 门槛不妨降低

成立资产管理公司的门槛不妨降低，目前最低千万的注册金，对大部分有志于在私募行业发展的人才而言，这是一个初期很难逾越的门槛。道理很简单，大部分人创业史都是从小开始，初期千万的注册金，无疑就扼杀了很多有可能成为金融投资大师的人才。要知道，股神巴菲特也是从 10 万美元开始起步的。这市场不怕竞争，最怕就是缺乏竞争的舞台。

2. 制定合理的税收制度，是能否让私募基金更好发展的关键

建议实行税收区别制度，如果该资产管理公司在资本市场博弈的最终回报率能超越市场至少 50%（标准可以结合实际变动）以上的话，那么，可以考虑实行零税收的政策，从而支持成绩突出的私募基金更好发展。当然，这只是举出一例，可以衍生出非常多的模式。但无论如何，税收原则应尽可能照顾到那些优秀的基金，从而也可以利用税收制度达到优胜劣汰的效果。

3. 制定好细化规则

制定好规则，现在这一领域就是处于相对灰色地带，没有细化的规则，比如一般民众参与证券私募基金的最低门槛（不同的类型应有不一样的门槛），比如私募基金经理的资格要求（原则我觉得应是不拘一格降人才），比如私募基金的道德规范（要有相应的法律来制约是有必要的）。

要真正促进我国证券私募基金质的发展，是一个相对庞大的工程，毕竟这里涉及的环节太多，公司法、证券法、税法等，每一个环节的变动都不是一朝一夕的事情。我想，对于管理层而言，是需要拿出魄力与智慧的时候了。面对日益复杂的国际金融环境，尤其是面对华尔街金融风暴过后带给世界的金融变革，我们不进则退。对于我们而言，由于过去一直奉行的量力而为的传统思想，使得我国的整个金融体系或者整个国民经济，在这次危机面前，幸运地化险为夷。虽然很幸运，但伤害总是有的，最重要的是，就算安全，也要居安思危。

当美国 7000 亿美元救市政策打破了其一贯以来奉行的不干预自由经济

政策底线后，其实就已经宣告进入新的世界金融格局了。对我们而言，现在世界金融在发生变革的过程中，无疑就是冲上去好好抓住这变革机会的时候了。创业板的推出以及商品期货市场的逐步做大等动作是对市场本身制度的一种完善，但除了市场本身的推进外，市场外围的环境也是需要大力变革的时候了。对于我国的证券私募基金的发展，中长期我是坚定看好，在目前还不尽如人意的背景下，不少私募机构本身的规模等发展也比过去有了质的飞跃，这就是一种征兆，这也是好事，只是，相关的各种细化制度等如果一直跟不上去的话，最终必然是会衍生出很多问题的，可别到了最后出了问题才想解决方法。可以说，证券私募基金的发展已经到了尽快培育更好土壤与环境的时候了，就不妨多点打破常规的动作吧。

要知道，既然美国敢打破常规进行救市，这一举动被一些媒体冠上资本主义开始进入社会主义的高帽，那么，我们是否该把具有中国特色的社会主义更为淋漓尽致地展现给世界呢？证券私募基金发展的制度突围，正是时候！为此，本人愿参与其中尽自己的微薄之力，本文仅是抛砖引玉而已，期待“证券私募基金发展的制度突围”早日到来，期待中国的投资天才能够早日屹立于世界舞台中心！

后记一

吴国平转型新开始的自白

2016 年 5 月，当我剃掉胡子的时候，其实已经暗示自己要面对新的开始、新的未来；当我站在北京私募国中岛发布会讲台上的时候，其实则已经确定要转型了；当我现在忙着梳理好自己私募国中岛的商业模式，准备第一轮融资的时候，则已经意味着自己已经在转型路上前行了。

一直以来，市场人士都知道我是一位基金经理，直接面对市场博弈。没错，这是我过去的主要角色，现在呢，要转变了，投资不是没有了，而是所占据的比例大幅度降低。比如过去我手中有 10 个亿，那么，可能 8 到 9 个亿是在我手上操盘的；现在呢，如果资金依然是 10 个亿，我最多拿 1 到 2 个亿操盘，剩下的资金会交给培养出来的基金经理手上，我更多的是充当一种协助的角色。我会转型为基金经理的导师、私募国中岛平台的设计师和运作者。

这对我来说，我想是一种水到渠成吧。这样的念头，其实很早就有，也一直在做，同时取得了一些成果。比如我公司的基金经理其实就是我这个导师一路带出来的，现在都可以独当一面，外派威海、参股私募公司的两位弟子陈波和陈旭，就是突出的例子。公司内部还有彭钦海，也是个出色的基金经理，风格相当稳健。这三位可以说是三大干将，从大概 2010 年熊市开始，一路磨炼成长起来的。

过去授课的时候，点拨的学生保持一定联系的也还有几十位，当然，他们没在我公司内跟随一起前行，他们在各自的地方自我成长。当然，贴身跟随在公司的学生虽然数量不多（目前大概 5 位左右），但也蛮有潜力。如果说三大弟子是第一批学生，这后面的就算是第二批学生了。看着他们成长，我也越发明白，一个稳健的平台对他们是多么重要的事情。

我公司目前的平台只是一个层次，现在我要打造的是整个行业的平台，这无疑更上了一个台阶，这样，我也才能把很多打造优秀人才的理念和方法更好地展现和推广出去，最终成就更多人，同时也最终成就自己。

跟过去做股票的区别，主要是这次面对的更多的是人，过去面对的更多的是股票。找到有潜力的人，跟找到有潜力的股票，很多逻辑是相似的。

这次转型的底气在于过去这个行业丰富的经历。历经几次牛熊，失败过也成功过，什么滋味都尝试过，可以说，我是最了解这市场的人之一。另外，自己一直也在培养人才，在推动金融文化方面沉淀了相当多的内容，可以说是推动资产管理和金融文化完美结合与健康发展的第一人吧。

不论横向还是纵向，我都有相当的核心竞争力，所以，转型做金融文化推广，也是相当具有竞争力的事情。人生嘛，总要不断向前，不断创新，投资是我一辈子坚守的事情，只是投资的模式改变了，从投资股票到投资人、打造平台、整合行业资源，最终一定能为这行业带来一种新气象，自己也乐在其中。为什么不遵从自己的内心，坚定地迈向新的未来呢？

我一直觉得，自己在资本市场一定具有非凡的价值，现在我更清楚地觉得，这非凡的价值对于我，不仅仅是资产管理的增值，更在于如何更好地去推动行业的资产管理增值，如何更好地让金融文化融入行业里，所以，我这最亲民的私募孵化和最干货的供应平台也就横空出世了。

我最终落地去做了这些事情，而且，此刻我如此坚定，感到由衷的高兴。不论未来如何，至少我遵从了内心，希望你也跟随我一起前行，为这个平台的精彩未来而努力！

（2016年5月27日下午，杭州回广州的动车上）

后记二

我为什么是私募国中岛一定成功的核心竞争力

我是谁？我是吴国平。

看完简介，你应该知道，我蛮有特点，从千点牛市而来，经历几波牛熊，对行业生态相当熟悉，不仅对资产管理有相当丰富的经验，对金融文化则有其他私募所不可比拟的沉淀，这点是很明显的唯一性。

操盘规模和操盘业绩虽然目前算不上业内第一梯队，但结合目前拥有的优秀弟子和本身所沉淀的操盘能力来看，未来，那是迟早的事情。本身有巨大潜力，同时金融文化又有唯一性，你说，如果是股票，这不是很有机会成长为未来私募行业最牛的股票吗？你懂的。

做平台是需要整合资源的能力和天马行空的思维的，看看马云就知道了。在资本市场里长久折腾，是将资产管理和金融文化完美结合并推动发展的第一人，你说整合资源能力会差吗？天马行空的思维，这点，看看我昔日专栏的文章，还有长久跟随在我身边的小伙伴，包括很多媒体朋友，应该完全举双手双脚赞成才是。所以，两者我都具备，而且相当优秀，那么我做平台，做私募行业的平台、金融文化的平台、资本和金融文化相结合的平台，你说我会差吗？

这不是我一时的冲动，其实两年前，券商都还没有私募孵化平台的时候，我就有了，只是那时候时机不是很成熟，自己的思路也没现在那么清晰，也就搁置在那放着，自己也没真正当回事去做。现在，则是一种内心油然发出的情感，感觉这不仅是为了事业，还是一种使命。你想，如果做好了，对于私募行业，对于资本市场，难道不是一件非常有意义的事情吗？

两年前我有了这样的想法，那时候我没有落地认真去做，其实也是在等待市场是否有更合适的人去做。现在，两年时间过去了，我发现这个市场依然还处在混沌状态，没有真正有能力的人去做好这件事，你说，我此时不站出来，还什么时候站出来呢？

当然，这两年里，我确实也做了一些孵化的事情，比如在威海参股公司，就是一种孵化模式。当然，我是对自己多年跟随的弟子进行一种孵化，而且成功了。现在那家公司运作良好，等发行产品后，会是阳光私募大军里一支不容忽视的力量。

我还对一些多年跟随的弟子也进行了孵化，不过只是在公司基金管理层面上给予他们一定的机会，让他们可以更快地成长起来。走到现在，他们现在也是完全可以独当一面的大将。还有不少业内同行在地下私募转变为阳光私募过程中，也确实来找过我，请教我在资本市场成长的方式，现在，我也确实看到他们有些最终成长起来。为朋友在私募成长路上给点意见，其实早有之。还有更多的就是那些曾经上过我培训课程的学生，想走上私募之路的有一大群，都希望我能带带他们，原来没当回事，也没那么多时间，关注的重点也没在这里，所以有不少就搁置在那了。现在，完全不一样了，我真的从内心油然而发要去做好这个平台，这样我不是可以真正帮助到更多人吗？凭着过去的积累和沉淀，真要做好做大，舍我其谁嘛！

一切都是新的开始……

（2016 年 5 月 27 日下午，杭州回广州动车上）